옵티멀

**매일 변화를 이끄는
최적의 하루를 만드는 법**

대니얼 골먼, 캐리 처니스 지음

Optimal

Copyright © 2023 by Daniel Goleman
Korean translation rights © 2025 by SangSangSquare
All rights reserved.

This edition is published by arrangement with Brockman, Inc.

이 책의 한국어판 저작권은 Brockman를 통한 독점계약으로 주식회사 상상스퀘어에 있습니다.
저작권법에 의하여 한국 내에서 보호를 받는 저작물이므로 무단전재 및 무단복제를 금합니다.

매일 변화를 이끄는 최적의 하루를 만드는 법

옵티멀

대니얼 골먼, 캐리 처니스 **지음**
김잔디 옮김

상상스퀘어

목차

서문 | 당신만의 최적 지대를 찾아라 · 8

1부 | 최고의 성과를 끌어내는 감성지능

1장 · 자기 최적화 · 16

2장 · 감성지능이 왜 중요한가 · 32

2부 | 감성지능 이론편

3장 · 돌아온 감성지능 · 52

4장 · 건전한 자기 인식을 깨워라 · 64

5장 · 자기 관리 전략 · 81

6장 · 번아웃을 넘어 회복탄력성으로 · 104

7장 · 공감의 기술 · 128

8장 · 인간관계 전략 · 158

목차

3부 | 감성지능 실전편

9장 · 감성지능의 수많은 이름 · 184

10장 · 감성지능으로 리드하라 · 201

11장 · 감성지능이 높은 팀 · 233

12장 · 효과적인 감성지능 교육 · 265

13장 · 감성지능을 문화로 · 287

4부 | 감성지능의 미래

14장 · 시너지를 일으키는 조합 · 312

15장 · 혁신과 시스템 · 340

감사의 글 · 360

미주 · 362

서문

서문: 당신만의 최적 지대를 찾아라

2022년 US 오픈 테니스 대회가 4라운드에 접어들었을 때 아일라 톰리아노비치Ajla Tomljanović는 과연 어떤 심정이었을까? 톰리아노비치는 세리나 윌리엄스Serena Williams의 은퇴 경기에서 윌리엄스를 꺾은 인물이다. 윌리엄스는 그랜드 슬램에서 23회나 우승을 거둔 전설적인 선수였고 그날은 선수 생활의 정점을 찍은 날이었다. 윌리엄스는 세계 최대의 테니스 경기장을 가득 채운 테니스 팬 2만 4천 명이 가장 좋아하는 선수기도 했다.[1]

거의 모든 팬이 '윌리엄스의 승리를 목청껏 외쳤고' 수백만 명이 온라인으로 경기를 지켜봤다. 상상해보라. '윌리엄스를 응원하는 함성, 톰리아노비치가 서브를 놓치자 따라붙던 야비한 환호, 관람석에 앉은 수많은 유명인, 윌리엄스에게 바치는 영상'을.

하지만 톰리아노비치에게는 비밀 무기가 있었다. 전직 프로 핸

드볼 챔피언이자 톰리아노비치의 첫 코치였던 아버지는 신경을 차분히 가라앉히고 집중하는 법을 가르쳤다. '그는 톰리아노비치에게 영화 〈사랑을 위하여For Love of the Game〉에서 케빈 코스트너가 연기한 투수가 완벽한 경기를 펼치며 어떤 행동을 했는지 보여줬다. 코스트너는 포수의 글러브에만 무섭도록 집중했고 경기장에 있던 다른 모든 것은 무시했다.' 톰리아노비치는 아버지의 조언에 따라 끝까지 예리하게 집중했다. 그는 경기 후에 이렇게 말했다. "코트에 들어서는 순간부터 주변은 별로 보지 않았어요. 혼자 거품 속에서 존재하는 듯했죠." 톰리아노비치는 그 집중력을 세 시간 이상 유지했고 커리어를 통틀어 가장 훌륭한 경기를 펼쳤으며 결국 3회전에서 윌리엄스를 꺾었다.

톰리아노비치의 놀라운 경기는 인간이 완전히 집중해서 최상으로 기능하는 상태인 몰입을 보여주는 전형적인 사례다. 이 책에서 자세히 살펴보겠지만 이런 극도의 집중력을 발휘하면 누구나 최고의 기량을 끌어낼 수 있다. 그리고 감정 상태도 무척 중요하다. 좋지 않은 생각은 완전한 몰입을 방해하기 때문이다. 세계의 일류 운동선수들이 멘탈 게임mental game(정신력이 중요하게 작용하는 운동 경기_옮긴이)를 자주 언급하는 이유가 여기 있다. 그들은 각자 자기 분야에서 최고를 달성한 선수들과 경쟁한다. 따라서 내면의 상태와 집중력이 승리를 가져오는 핵심으로 작용한다.

하지만 '몰입'은 주로 심오하고 모호하기까지 한 상황을 가리킬 때가 많다. 그래서 우리는 좀 더 현실적이고 이룰 수 있는 목표를 선호한다. 좋은 날을 보내서 만족하고 뭐든 당신에게 효과 있는 기준에 따라 성과를 내면 된다. 이것이 우리가 말하는 '최적'이다.

우리는 톰 리아노비치 같은 극단적인 성취에만 주목하면 현실적으로 최적 상태에 진입해서 최고의 성과를 낼 수 있는 조건과 단서를 간과할 위험이 있다고 본다. 톰 리아노비치가 테니스로 이뤄낸 명성에 필적하는 것이 각자 무엇이든, 가장 높은 기준을 적용하면 완벽주의에 치우칠 수 있고 피로와 번아웃으로 이어지기 쉽다. 항상 능력을 최대로 발휘할 수는 없지만 늘 최선을 다하려고 노력할 수는 있다. 쉴 새 없이 몰입을 추구하면 극단으로 향하게 되지만 최선을 다하면 현실적인 목표가 생긴다.

우리가 추구하는 최적의 성과 모델은 자녀 양육과 개념이 비슷하다. 매 순간 완벽한 엄마나 아빠가 되기보다는 최선을 다하는 게 중요하다. 완벽한 몰입은 완벽주의자가 바라보는 '그들만의 최선'처럼 지나치게 높은 기준을 추구하는 경향이 있다. 그러나 최적의 기준은 끊임없이 자기비판에 빠지지 않고 여유롭게 즐길 수 있게 해준다. 머릿속에 맴도는 비판적인 목소리를 지우고 당면한 문제에 집중할 수 있다.

이 책의 1부에서는 수백 명이 쓴 일기를 분석해서 기분 좋은 하루를 보냈을 때 내면이 어떤 구조를 이루는지 살펴보고, 최적 상태가 어떤 느낌인지 간단히 소개한다. 그다음 뛰어난 업무 성과를 기준으로 그 내적 체계가 외부에서는 어떻게 보이는지 살펴본다. 우리는 둘 다 심리학자인 만큼 지침으로 삼을 만한 탄탄한 연구 자료를 물색했다. 이런 연구를 추적하는 과정에서 감정을 감지하는 능력, 즉 감성지능이 최적 상태로 가는 핵심 요소라는 사실을 알아냈다.

기업이 측정하는 외적 성과 지표와 사람들이 알려주는 최적의 내적 경험이 사실상 같은 것을 다른 관점에서 바라본 거란 사실을 알아챈 순간 우리는 큰 깨달음을 얻었다. 감성지능이 개인적 성과로 이어지는 관문이 될 수 있다는 뜻이었기 때문이다. 감성지능 역량은 오늘날 다양하게 불리지만 우리는 최적의 성과를 가져오는 실질적 요인이 감성지능에 달렸다는 결론을 내렸다.

우리는 감성지능과 관련한 연구 자료 수십 년치를 동원했고, 최적 상태에 직접 영향을 주는 요인과 가로막는 요인을 확인할 수 있었다. 몰입에 돌입해서 경이로운 정점을 경험하기보다 만족스러운 하루를 보내는 게 성과와 보람의 핵심이다. 물론 번아웃도 피할 수 있다. 감성지능은 다양한 방식으로 사람들이 각자 최적 상태에 쉽게 다가갈 수 있는 내부 자원을 마련해준다. 이 책에서는 당신을 몰입 속에 던져줄 모호한 조건을 기다리지 않고 쉽게 최적 상태에 진입할 수 있는 실용적인 방법을 소개한다.

왜 지금 감성지능이 중요한가?

대니얼 골먼은 거의 30년 전에 감성지능이 우리의 최선을 찾아내는 지도 역할을 한다고 생각했다. 이 책은 그 예감의 정점이자 확인이라고 할 수 있다. 이 책은 감성지능을 다룬 골먼의 다섯 번째 저서로서 풍부한 연구 결과를 활용해서 예감을 뒷받침한다. 골먼과 캐리 처니스는 1990년에 처음 이 주제로 학술 논문을 발표했고 조직 내 감성지능 연구 컨소시엄Consortium for Research on Emotional Intelligence in Organizations, CREIO을 공동 창립했으며 25년 동안 공동 의장을 지냈다. CREIO의 사명은 학술 이론을 조직 운영의 실용적 필요에 맞춰 통합하는 건전한 연구를 장려하는 것이다.[2] 또한 기업이나 학교 같은 조직에서 감성지능을 적용하고 싶어 하는 실무자와 이런 연구에 방법론을 적용할 수 있는 학술 연구원을 통합하고자 한다.

30년 가까이 지난 지금 이런 연구가 많이 진행되고 있다. 초기에 이 개념은 성과나 리더십에 감성지능이 왜 중요한지 뒷받침할 증거가 부족하다는 (정당한) 비판을 받았다. 지금은 다양한 효과를 입증하는 사례가 대단히 많이 나왔다. 특히 자기 통제와 공감, 사회성, 스트레스 회복탄력성이 요구되는 수많은 순간에 중요한 역할을 한다.

우리는 풍부한 연구 자료를 활용했다. 이 책의 1부에서는 누군가 빛을 발할 때 어떤 일이 일어나는지, 그곳에 도달하기까지 감성지능이 어떤 역할을 하는지 자세히 살펴볼 예정이다.

2부에서는 감성지능을 효과적인 행동으로 바꿔주는 핵심 역량에 관한 기존 지식을 보완한다. 인식 속에 존재하는 감성지능의 기본 요소를 밝히고, 자기를 관리하고 타인과 조율하는 법을 알아본 다음 이 모든 사실을 종합해서 효과적인 관계를 구축하는 방법을 살펴본다.

3부에서는 우리 삶에서 특히 중요한 측면을 다룬다. 어떻게 하면 역량을 최대한 발휘할 수 있을까? 감성지능이 어떻게 개인이나 리더, 팀원으로서 최적으로 일하도록 도와주는지 알아볼 예정이다. 당신이 어떤 위치에 있든 감성지능은 효과를 극대화한다. 감성지능이 개인의 업무 성과를 개선하는 방식을 연구한 결과와 최적 상태는 놀라울 정도로 비슷하다. 이런 능력을 키우는 데 도움이 되는 방법을 자세히 살펴보자. 더불어 우리는 감성지능이 높은 조직이 무슨 뜻인지 알아볼 것이다. 이런 조직에는 감성지능이 문화의 DNA로 자리 잡고 있다.

마지막으로 4부에서는 감성지능의 미래를 살펴본다. 지금까지 설명한 역량과 다른 정신적, 감성적 역량을 합쳐서 앞으로 맞닥뜨릴 불확실한 미래를 대비할 방법을 다룬다.

특히 요즘 이런 연구가 더 시급해졌다. 최근 무례함이 바이러스처럼 퍼지고 있기 때문이다. 비행기에 탄 승객이 제멋대로 행동하다가 체포되는 일이 비일비재하다. 어린아이들과 학교에 다니는 10대 사이에서 싸움, 괴롭힘, 우울, 불안이 증가하는 비율을 보인다.[3] 3부에서 살펴보겠지만 감성지능 역량은 오늘날 힘겨운 경영 환경에서 무척 중요한 우위를 제공한다. 감성지능은 개인의 삶뿐만 아니라 사회에서도 그 어느 때보다 중요성이 커지고 있다.

1부
최고의 성과를 끌어내는 감성지능

1장
자기 최적화

 일이 가장 잘 풀릴 때를 생각해보자. 효율이 극대화되어 재능을 마음껏 발휘할 때 당신의 내면은 어떤 상태인가?
 이런 탁월한 상태는 마냥 흔치 않은 순간을 넘어 아주 만족스러운 하루라는 좀 더 일반적인 경험으로 인식된다. 중요한 일을 잘해냈고, 그 일이 가능한 상태였으며 어떤 어려움이 뒤따라도 감당할 수 있겠다는 기분이 든다. 이것이 바로 최적optimal(옵티멀) 상태다.[1]
 지금 당신의 상태가 최적인지 알아볼 방법이 몇 가지 있다. 이 영역에 진입한 사람들은 평소보다 창의적이며 소설을 쓰거나 쓸 만한 해결책을 생각해낸다.[2] 높은 생산성을 유지하면서 훌륭한 성과를 올린다. 어떤 어려움이 닥쳐도 자기 일에 열정을 잃지 않는다. 이들의 내면이 어떤 상태인지는 주변 사람들을 대하는 태도에서 엿볼 수 있다. 이들은 긍정적이고 협조적이며 유쾌하다.

이런 상태는 정신력을 최대로 발휘하는 '최대 인지 효율maximum cognitive efficiency'의 일종으로 볼 수 있다. 우리 정신생활에서 이렇게 개인의 인지력이 최대로 발휘되는 건 결국 감정 상태에 달렸다. 재능을 최대한 활용하게 해주는 뇌 영역은 불안한 감정을 다스리고 깊이 몰두할 때 활성화되기 때문이다.

뇌의 경보 체계가 잠잠하고 긍정적인 동기 부여 회로가 활발하게 돌아갈 때 인지력이 극대화된다. 우리가 차분해질수록 사고력은 더 예리하고 분명해진다. 무슨 재능이든 최대한으로 발휘할 수 있다.

기분이 좋을 때는 높은 성과를 올릴 수 있고 집중력과 의지가 강해진다. 예를 들어 사소한 부분에 사로잡히기보다 큰 그림이 보이고, 광범위한 프로젝트와 업무를 맡을 때도 의욕이 넘친다.[3]

맥킨지 컨설턴트들이 관리자와 임원 5000여 명을 대상으로 설문 조사를 한 결과 일부는 하루 중 최대 50퍼센트까지 정신 상태가 최상이라고 했고 나머지는 겨우 10퍼센트에 불과하다고 했다.[4] 더 인상적인 답변은 이렇게 상태가 최상일 때 중립적인 '평균' 상태보다 생산성이 5배 정도 높다는 것이었다. 이 결과 자체는 비교적 주관적인 데이터라서 과학적 근거로 삼을 수는 없지만, 우리가 최적 상태일 때 스스로 얼마나 효율적이라고 느끼는지 보여준다.[5]

좋은 날의 힘

하버드경영대학원의 연구원들이 남녀 수백 명을 대상으로 근무 시간에 발생한 사건과 그때의 기분, 성과를 기록하게 했다. 그 결과 정말 기분이 좋을 때 개인이 무엇을 경험하는지 다양하고 구체적으로 살펴볼 수 있었다.[6] 우리는 그곳에서 인지 효율을 보여주는 지표를 찾아냈다. 복잡한 프로그래밍 문제 해결, 쓸만한 주방 도구 고안, 제품 제조와 유통 관리 등 정신적 도전 과제에서 거둔 성과가 바로 그 지표였다. 참여자들은 근무 시간이 끝날 무렵 그날 겪었던 일을 돌아보며 설문에 답했고, 그들의 내면을 설명하는 답변이 1만 2천 개 가까이 쌓였다. 이 데이터에서 만족스러운 날을 구성하는 요소가 밝혀졌다.

모든 참여자는 최고의 상태일 때 훌륭한 업무 성과를 올렸다.[7]

물론 생산성을 한 가지 수단으로 측정할 수는 없으며 개인적으로 어떤 결과를 중시하느냐에 따라 그에 맞는 척도가 필요하다. 예를 들어 더 큰 목표로 나아가게 해주는 '작은 승리'를 생각해보자. 소프트웨어 개발자에게 작은 승리란 사소한 버그라도 빠르게 수정해서 소프트웨어 프로젝트에 들어가는 시간을 절약하는 것이었다.[8] 비영리 재단을 창립한 섀넌 와츠Shannon Watts는 자신이 중요하게 생각하는 작은 승리를 이렇게 설명했다.

"저는 날마다 승리하고 싶어요. 매일 달라 보일 수도, 다른 사람 눈에는 사소해 보일 수도 있겠죠. 잘 쓴 기사도 제겐 승리예요." 대화가 잘 통하는 것도 승리라고 할 수 있다.[9]

섀넌이 덧붙였다. "늘 훌륭한 업적으로 보이진 않겠지만 무엇보다 진심을 쏟는 게 제일 중요해요."

물론 승리를 통해 거창한 목표를 추구할 필요는 없지만 당신이 중요하게 생각하는 가치와 통해야 한다. 만약 자녀가 다섯 명이고 당신이 주 양육자라면 빨래를 개거나 아이의 연극 의상을 준비하거나, 다들 숙제했는지 감독하는 것이 승리가 될 수 있다. 당신이 관리자나 임원이라면 급한 업무를 처리하거나 핵심 성과 지표key performance indicator, KPI를 최대화하거나, 조직의 목표를 향해 한 걸음 내디디면서 승리감을 느끼기도 한다.

사람들은 기분 좋은 날에 주변인과 자기가 속한 조직 그리고 업무의 본질을 좀 더 긍정적으로 바라보고 몰입하는 경향이 있다. 이런 날에는 특히 창의적으로 문제를 해결했다고 느낀다. 소프트웨어 개발자가 마침내 '버그'를 없애든 집에서 아이를 돌보는 부모가 다른 부모들과의 카풀 모임에 들어가든, 인지력이 예리하면 작은 승리(직면한 문제를 해결했다는 만족감)를 거둘 가능성이 커진다.

참여자들은 이런 승리로 기분이 들떴다고 회상했다. 사소한 승리로 기분이 좋아진 것이다. 기분 좋은 날이라는 기록 가운데 4분의 3에 승리가 언급됐고, 이렇게 신나는 날에는 장애물도 드물었다(그리고 '신날 때'는 장애물을 감당하기가 쉬워진다). 특히 다른 사람이나 사건 덕분에 일이 잘 풀린 날에는 더 기분이 좋았다. 예를 들어 주변 사람들이 자신을 존중하고 격려해준다고 느꼈다.

우리 앞을 막아서는 문제와 어려움을 쉽게 해결할 수 있으면 자연히 낙관적인 기분이 든다. 상황을 긍정적으로 보기 때문에 '문제'를 해볼 만한 도전으로 인식하고, 주변 사람들이 우리에게 호의적이라고 느끼며 우리도 그들을 친근하게 대한다.

반대로 모든 게 어려워 보이는 버거운 날에 사람들은 실망스럽고 불안하고, 심지어 슬프다고 답했다. 믿고 일을 맡긴 사람이 덜 협조적이었고 지금 가진 자원은 부족하다고 느꼈다. 뇌 연구에 따르면 스트레스받을 때 지나치게 많은 신경 화학 물질이 분비되면서 인지력을 공격할 수 있다고 한다. 예를 들어 스트레스를 제어하지 않으면 부적절한 반응을 억제하는 능력과 집중력이 손상된다.[10]

이런 과정에는 당연히 순환 고리가 존재한다. 기분이 긍정적이면 문제를 해결하고 좋은 하루를 보낼 가능성이 커지며 해냈다는 느낌은 단순한 만족감을 넘어 큰 기쁨을 가져온다.

같은 이유로 기분이 안 좋으면 문제 해결이 어려워지고 문제가 해결되지 않으면 실망하게 된다. 심지어 자기 연민과 혐오에 빠지기도 한다. 사람들은 기분이 최악인 날에 좌절했다고 기록했다. 예를 들어 다른 사람이 정신적으로 지지해주지 않거나 어떤 사건 때문에 의욕이 꺾이면 기분에 나쁜 영향을 미친다. 하루를 마무리하면서 즐거운 기분이 전혀 들지 않는다면 그날 뭔가 차질이 생겨서 언짢았을 가능성이 크다. 슬픔이나 공포, 단순한 실망도 일을 어긋나게 한다.

몰입을 다시 생각하라

지금껏 경험했던 좋은 날 중에서도 가장 훌륭한 성과를 올렸던 날을 골라 보자. 세리나 윌리엄스를 꺾은 아일라 톰리아노비치의 극적인 테니스 경기와 맞먹는 날이 당신에게는 언제였는가?

예를 들어 한 신경외과의는 성공할지 확신하지 못하고 아주 힘든 수술에 들어갔다. 처음에는 불확실하다고 생각했지만 결국 성공했다. 그는 수술을 마치고 나서 수술실 구석에서 자갈 무더기를 발견했다.

"저게 뭐예요?" 의사가 간호사에게 물었다.

"수술하시는 동안 천장이 무너졌어요. 워낙 집중해서 모르셨던 거죠." 간호사가 대답했다.

이 일화는 시카고대학교 연구진이 수집한 수천 가지 사례의 핵심을 전형적으로 보여준다. 연구진은 역량을 최대한 발휘할 때 발생하는 순간적인 몰입 상태를 최초로 포착했다.[11] 이렇게 몰입에 돌입하는 순간은 수술, 농구, 발레 등 어떤 분야든 절정의 성과에 초점이 맞춰진다.

몰입에 관한 최초 연구에서 연구원들은 체스 챔피언, 외과 의사, 농구 선수, 발레 무용수 등 다양한 사람들에게 스스로 놀랄 정도로 엄청나게 잘했던 날이 어땠는지 질문했다.

구체적으로 어떤 놀라운 성과를 올렸든, 작품에 몰입한 예술가든 체스의 달인이든 수술하는 외과의, 까다로운 공을 던진 야구 선수, 빙글빙글 회전하는 무용수든 모두 내적으로 같은 경험을 했다. 연구원들은 이런 내면 상태를 '몰입'이라고 했다.

'몰입'은 일반적으로 누군가 최고조에 달하는 순간과 같은 뜻으로 쓰인다. 회사에서는 직원들이 몰입 상태에 돌입할 수 있게 독려한다.[12] 하지만 몰입에는 문제가 있다. 우리가 최상으로 기능하는 순간은 당연히 무척 드물기 때문이다.

몰입은 경이로운 경험이고 기적에 가깝다. 하지만 그것만 믿고 있을 수는 없다. 외과 의사가 극도로 집중하듯이 중요한 요소가 갖춰졌을 때 갑자기 발생하는 게 몰입이다. 우리가 최적 상태를 선호하는 이유가 여기 있다. 절정에서 몰입에 돌입하기보다 노력하면 훨씬 자주 일어나기 때문이다.

표적을 넓게 설정하면 스스로 기대치를 좀 더 현실적으로 잡을 수 있다. 언제나 가장 좋은 이상적인 상태에 있을 수는 없다. 그 최고조를 경험하지 못한다고(의지로 가능한지는 둘째치더라도 유지할 수 없다) 자책하기보다 좀 더 큰 목적을 향해 꾸준히 개선하면서 만족감을 느낄 수 있다. 좋은 하루를 보냈다는 건 혼자 조용히 축하할 만큼 잘했다는 뜻이다. 찰나의 몰입과 달리 좋은 하루는 거창하게 자랑할 건 없어도 무척 만족스럽다.

몰입 vs. 최적화

몰입에 관한 광범위한 연구 결과 최고조에 달했을 때의 중요한 특징이 구체적으로 밝혀졌다. 하지만 이렇게 몰입에만 집중하다 보니 가장 뛰어난 결과만 포착됐다(그래도 일부 연구에서는 우리가 생각하는 최적 상태에 점차 초점을 맞추고 있다). 몰입과 최적 상태를 구분하는 가장 큰 특징은 무엇일까? 우리가 보기에 최고의 성과를 내는 요소는 한 가지 사건이 아니라 광범위한 여러 지점으로 구성된다. 노력한 만큼 만족스러운 하루를 보내려면 이 범위 자체가 핵심이다. 몰입 연구에서는 다음과 같은 구체적인 요소를 지목했다.

- 해결해야 할 과제와 역량이 균형을 이룬다

- 자의식이 사라진다
- 시간이 길어지거나 짧아지는 등 시간 개념이 무너진다
- 기분이 좋다
- 쉬워 보인다

하지만 이런 요소를 아주 드물게 찾아오는 '몰입'의 순간에만 제한할 필요는 없다. 각 요소는 훨씬 자주 일어나는 최적의 순간으로 이어질 수 있다.

예를 들어 스스로 얼마나 잘하고 있는지 의식하지 않으면 회의에 빠지거나 다른 사람이 나를 어떻게 볼지 고민할 일이 없다. 이렇게 자의식이 약하다는 건 나, 자신, 내 것에 대한 일반적인 집착을 버린다는 뜻이다. 내가 잘하고 있는지 걱정하면서 비판하는 습관을 버리면 엄청난 에너지를 쏟아서 보호하고 부풀리고, 방어해야 했던 자의식이 약해진다.

이런 자의식 과잉은 행위에 몰입하면서 흩어진다. 당장 닥친 행위에 몰두하려면 마음의 짐을 버려야 한다. 그 짐을 내려놔야 온전히 집중할 수 있기 때문이다. 이렇게 집중한 순간에는 평소 흘러가던 생각은 방해가 된다. 미래에 대한 고민을 접어 두자. 앞으로 무슨 일이 일어날지 걱정하지 마라. 과거의 기억, 특히 후회도 마찬가지다. 지금 당면한 문제에 다시 집중해야 한다.

예를 들어 한 암벽 등반가는 등반을 좋아하는 이유로 모든 움직

임에 완벽히 집중할 수밖에 없어서 걱정을 잊게 된다는 점을 꼽았다. 해야 할 일, 그날 있었던 문제, 개인적인 희망과 두려움까지 자기 존재를 잊어버릴 정도다. 그래서 주의가 해방되고 당면한 문제에 집중할 수 있다.

이 최적 상태를 가장 효과적으로 보여주는 신호가 좋은 기분이다. 연구원들은 이런 기쁨을 묘사할 때 '자기 목적적autotelic'이라는 용어를 사용한다.[13] 기분이 무척 긍정적이고 지금 어떤 일을 하고 있든 그 행위 자체를 사랑한다는 뜻이다(금전적 대가는 이런 순간의 동기와 별로 상관없어 보인다).

이제 수월함을 생각해보자. 몰입에 돌입한 사람을 외부에서 보면 엄청난 노력을 하는 것 같지만 상대적으로 힘이 들지 않는다. 우리는 최적 상태에서 이런 특징이 나타나는 건 숙련도가 높기 때문이라고 본다.[14] 어떤 분야에서 거장이 된 사람의 뇌에 관한 흥미로운 연구 결과를 살펴보자. 체스 챔피언이든 농구 선수든 전문가의 뇌는 일련의 과정을 진행하는 동안 초보자가 퀸스 갬빗queen's gambit(체스 초반부 전략_옮긴이)이나 페널티 라인에서 슛하는 법을 배울 때보다 힘을 적게 들인다. 그 분야에서 거장의 행위가 수월한 건 뇌가 습관적으로 따라가는 순서를 만들어냈기 때문이다.

이렇게 습관이 형성되는 원리에 따르면 수월하다는 건 신경 변화가 일어났다는 뜻이다. 일련의 행위가 습관이 되어 의식하지 않고 자동으로 일어난다. 이런 습관적인 행위는 뇌 아랫부분에 있는 원초적 부위인 대뇌핵basal ganglia에서 활성화된다. 학습된 연속 행위를 대뇌핵이 장악하면 따로 생각하지 않아도 새 습관을 쉽게 수행할 수 있다. 여기서 몰입이 떠오르지 않는가? 하지만 이 과정은 잘 연마한 기술을 의미한다.

그다음은 완전한 몰입을 살펴보자. 몰입은 눈앞의 과제에 완전히 흡수돼서 집중이 흔들리지 않는 상태다. 지금 하는 일에 빠져들어서 시간의 흐름을 잊어버린다(더 빠르거나 느려진다). 이 완벽한 몰입은 무엇도 깨트릴 수 없다. 앞으로 자세히 살펴보겠지만 우리는 이런 일방성을 기존 몰입 이론에서 주장하는 부작용이 아니라 최적 지대로 들어가는 통로라고 본다.

몰입을 넘어서

시카고대학교 연구진이 정의했던 몰입의 요소를 다 포함해야 내면의 최적 지대를 파악할 수 있는 건 아니다. 더구나 '최적화'는 하거나 하지 않는 양자택일의 문제가 아니라 우리 내면에서 영역을 키워나가는 범위의 문제라고 본다. 우리가 경험하는 만족스러운 날, 예를 들어 기분이 좋은 날에는 딜레마에 맞닥뜨렸을 때 더 기민하게 대처하고 하는 일에 온전히 집중한다. 과시적인 '몰입' 상태에 있다는 게 아니라 그저 모든 게 잘 흘러간다는 뜻이다. 최적 상태는 몰입보다 인생에서 더 광범위하게 발생할 수 있다.

게다가 몰입의 패러다임에 깔린 기본 전제에도 미심쩍은 부분이 있다. 연구원들에 따르면 몰입으로 진입하는 핵심은 한 인간이 그 능력의 절정에서 시험을 당하고, 자기 실력(그 문제를 해결하려면 필요한 역량)의 최대치를 끌어내야 한다는 것이다. 연구원들은 몰입에 돌입한 사람은 매 순간 상황이 어떻게 변하든 기민하게 대처해야 한다고 했다. 이때 경험적으로 인간의 능력은 과업과 대등해야 한다. 업계나 학교에서 사람들에게 능력을 최대한 발휘하되 지나치게 무리하지는 않을 과제를 부여해야 한다는 뜻이다.

하지만 우리 생각은 다르다. 일각에서는 과업에 요구되는 조건이 사람들의 능력을 최대로 끌어낼 때 몰입에 접어들 확률이 높아진다고 주장하지만, 우리는 과업과 능력이 일치하는 것만으로는 최적 상태에 들어가기 힘들다고 본다. 훌륭한 재능을 발휘하는 건 그렇게 유도하는 상황과 갈고닦은 능력뿐만 아니라 내면의 상태에도 영향을 받는다. 정신적으로 잘못된 상태에서 그 일에 관심이 없거나 심하게 스트레스를 받는다면 아무리 좋은 잠재력이 있어도 최대로 활약할 가능성은 거의 없다.

예를 들어 건축을 전공하는 학생들에게 매일 자기 기분과 성과를 기록하게 했을 때, 실력과 과제가 구체적으로 일치했을 때보다 기분이 긍정적이고 어떤 식으로 일할지 자유롭게 선택할 수 있다고 느낄 때 몰입할 가능성이 커지는 것으로 나타났다.[15] 몰입에 관한 또 다른 연구에서는 실력과 과제의 일치율보다는 눈앞의 과제가 개인의 목표에 얼마나 중요한지와 관련이 있다고 봤다.[16] 우리가 보기에 완전한 몰입은 그 일에 의미가 있고 일하는 방법의 주도권을 쥐었다고 느낄 때 쉬워지며, 주어진 과제와 실력이 일치할 때보다 최적 상태가 더 중요한 요소로 떠오르고 있다.

  몰입에 관한 우리는 흔들리지 않는 집중 자체가 최적 상태로 들어가는 문을 열어준다고 본다. 달리 말하면 집중이 그날의 성과를 내는 것이지 그 반대가 아니라는 뜻이다. 자의식 감소 같은 다른 요소는 당면한 과제에 완전히 몰입했을 때 생기는 부수적인 효과다. 이처럼 관점을 바꿔서 집중력으로 몰입에 접근할 수 있다고 생각하면, 뜻밖의 행운이나 평생에 한 번 찾아오는 순간이 아니라 최적 지대에 들어가는 길이 열린다. 정말 기분 좋은 하루와 최적 상태를 가져오는 주관적 요소를 살펴보자.

- 장애물을 과제로 인식하는 창의성
- 뛰어난 결과물을 내는 생산성
- 낙관적인 분위기와 좋은 기분
- 작은 승리와 더 큰 목표를 연결하는 예리한 정신
- 최선을 다하는 긍정적인 시각
- 서로 도와주는 든든한 인간관계

  이렇게 최적 상태를 구성하는 주관적인 경험은 내면에서 바라보는 시각을 드러낸다. 다음 장에서 살펴보겠지만 이런 상태로 일할 때 외부에서 바라보면 놀라울 정도로 감성지능의 효과가 나타난다.

2장
감성지능이 왜 중요한가

 감성지능은 업무에 얼마나 도움이 될까? 25년도 지난 예전에 감성지능에 관한 골먼의 첫 책이 나왔을 때 우리는 그 질문에 답할 수 없었다. 감성지능과 업무 성과, 업무 몰입 간의 직접적인 연관을 다룬 의미 있는 연구가 거의 없었기 때문이다. 비즈니스 리더와 학술 연구원 사이에서도 상당한 비판이 있었다. 하지만 비즈니스처럼 학계에서도 비판은 유용하다. 옳다고 여기는 것을 증명하려고 노력하거나 관점을 고집하지 않고 정확한 데이터를 바탕으로 이론에서 잘못된 부분을 찾아낼 수 있기 때문이다.[1]

 비즈니스 성공과 관련한 일반적인 주제는 냉철한 연구원들이 철저히 검토하지 않는 경우가 많다. 이런 것들은 한때 유행일 뿐이고 새 유행이 나타나면 곧 사라진다. 다행히 감성지능은 그렇지 않았다. CREIO와 수많은 대학, 기업 관계자 덕분에 1990년대 중반부터 연구가 꾸준히 진행됐다. 그 결과 감성지능이 직급과 관계없이 조직 내 모든 이에게 큰 변화를 가져올 수 있다는 사실이 드러났다.

그중에서 미국 중서부 대학 학생들을 대규모로 추적 관찰한 연구가 특히 주목할 만하다.[2] 학생들은 졸업하기 전에 감성지능 시험을 보고 10~12년 후에 설문을 마무리했다. 연구 결과 대학에서 측정한 감성지능 시험 점수는 IQ, 성격, 점수, 성별보다 더 정확하게 졸업 후에 받는 보수를 예측하는 변수였다.

학계와 비즈니스 업계를 비교해보면 이 사실이 좀 더 명확해진다. 학계에서 영향력은 보통 발표한 논문의 인용 횟수로 측정된다. 그래서 학계에서는 석사나 박사처럼 개인의 역량을 증명하는 학위가 필요하다. 궁극적으로 교수가 되려면 개인의 전문성을 더욱 깊이 있게 쌓아야 한다. 여기서는 IQ, 즉 뛰어난 지적 능력이 큰 강점이 된다.

반면 업계는 학계와 크게 다르다. 학계에서는 개인이 관심 있는 주제를 선택해 독창적으로 연구하지만, 업계에서는 회사가 중요하게 여기는 전략에 맞추어 일해야 하고 혼자가 아닌 팀의 일원으로 움직여야 한다. 독창성과 개인 역량이 핵심인 학계와 달리 업계에서는 협업 능력과 조직 내에서의 위치가 훨씬 중요하다.

더욱이 종신 재직권이 있는 학계와 달리 업계에서는 단순히 성과만으로 자리가 무조건 보장되지 않는다. 팀의 예산 상황과 조직의 복잡한 유기적 구조를 파악하고 잘 헤쳐나가야 자리를 확보할 수 있다. 그래서 뛰어난 학문적 능력을 갖춘 박사들조차 복잡하고 현실적인 업계에서는 협업 능력과 적응력을 길러야 한다. 이러한 재사회화 과정을 거쳐야만 이들의 전문성이 산업 현장에서 진정한 가치를 인정받을 수 있다. 아무리 머리가 좋고 전문성을 갖추었다 해도 그것만으로는 개인의 잠재력을 제대로 발휘하지 못하는 것이다.

보수 체계 역시 학계와 업계가 크게 다르다. 기업에서 보수를 책정할 때 순수한 업무 성과보다는 조직 내 위치나 직급에 따라 결정되는 경우가 많다. 따라서 높은 연봉을 받는다고 해서 반드시 일을 잘하거나 업무 능력이 뛰어나다고 볼 수는 없다(주변을 살펴보면 직급이 높다는 이유만으로 고액 연봉을 받는 사례가 눈에 띌 것이다).

하지만 최근 연구들은 단순히 직급이나 보수로 성과를 평가하는 방식을 넘어서 감성지능과 실제 성과 간의 관계를 탐구하고 있다. 감성지능은 조직에서 진정한 성과를 내는 핵심 역량으로 주목받고 있다. 진정한 성과를 내는 힘은 결국 직급이 아니라 자신의 감정을 조절하고 타인과 공감하며 효과적으로 협업할 수 있는 능력이라는 사실에 초점을 맞추고 있는 셈이다.

그런 관점에서 영업 전문가는 특히 연구하기 좋은 그룹이다. 판매 데이터로 성과를 정확히 측정할 수 있을 뿐 아니라 판매하려면 감성지능 역량이 필요하기 때문이다. 예를 들어 국내 한 대형 부동산 기업에서 감성지능 점수가 높았던 중개인은 낮은 사람들보다 더 높은 매출을 올렸다.[3] 보험 판매원도 마찬가지다. 감성지능이 높으면 매출액과 고객 유지율이 높았다.

연구원들은 감성지능이 판매에 도움 되는 측면을 몇 가지 소개했다. 예를 들어 불안해하거나 실망한 고객과 소통할 때 평정심을 유지할 수 있다. 또한 고객이 왜 그렇게 느끼는지 공감하고 그 이유에 집중해서 메시지를 전달하며 방해가 될 수 있는 감정을 처리하게 해준다. 감정적 균형과 공감(감성지능의 두 가지 능력)까지 더하면 변화를 일으킬 수 있다.

이 연구가 미치는 영향은 부동산과 보험 판매 수준을 훨씬 넘어선다. 세상에는 무엇인가 '팔아야' 하는 직업이 많다. 사랑하는 이를 잃은 사람들을 대상으로 프로그램을 운영하는 마사를 예로 들어보자. 마사가 대표이사로서 가장 중요한 '영업'을 하는 건 기부하려는 사람을 만날 때다. 일을 시작한 초반에는 이런 자리에서 마사가 여덟 살일 때 암으로 세상을 떠난 아버지 얘기를 하곤 했다.

마사는 이 이야기를 할 때 방의 분위기가 바뀌는 걸 느꼈다. 청중의 집중도가 갑자기 올라갔다. 한두 명은 눈물을 흘리기도 했다. 마사 자신도 자기도 모르게 프로그램을 더 열정적으로 설명했다. 마사는 기부하려는 사람들과 가까워지려면 개인적인 사연이 유용하다는 사실을 깨달았다. 마사의 감성지능, 즉 자신과 상대의 감정을 인지하고 이해하며 관리하는 능력 덕분에 효과적으로 기부자를 얻을 수 있었다.

감성지능이 STEM 직종에 미치는 영향

무엇을 판매하든 감성지능이 최적 성과에 도움이 된다는 사실은 당연하게 다가온다. 하지만 엔지니어링 등 판매와 상관없는 수많은 분야는 어떨까? 케이스웨스턴리저브대학교Case Western Reserve University 웨더헤드 경영대학원Weatherhead School of Management에 재직하는 리처드 보야치스Richard Boyatzis와 학생들은 대형 자동차 기업의 연구 부문 엔지니어들을 연구했다.[4] 엔지니어들은 서로 동료의 능력에 점수를 매겼다. 그 결과 엔지니어의 감성지능은 능력과 상관관계가 높은 예측 변수였지만, 일반 지적 능력general mental ability, GMA(문제 해결과 일상 생활에 필요한 기본 인지 능력_옮긴이)으로 측정한 IQ를 포함해서 다른 개인적 특성은 변수로 작용하지 않았다.

최근 감성지능은 STEM 분야(과학science, 기술technology, 엔지니어링engineering, 수학mathematics)에 종사하는 엔지니어 등 관계자들에게 한층 중요해졌다. 엔지니어들이 팀으로 일하는 비중이 높아지고, 이 관계를 어떻게 관리하느냐에 따라 성과가 대부분 결정되기 때문이다. 성격과 문화적 배경, 전문성이 다른 사람들이 모여서 각자 일하는 방식을 다르게 인지하면 팀으로 일하는 게 쉽지 않다. 감정적 균형과 적응력, 공감력, 팀워크 등 감성적 역량과 사회적 역량이 있으면 어려움을 관리하고 까다로운 문제에 혁신적인 해결책을 낼 수 있다.

　인지력은 여전히 필요하다. 애초에 엔지니어로 고용되려면 지적 수준이 높아야 한다. 하지만 한번 문을 통과하면 IQ 차이는 성과에 큰 영향을 주지 않는다. 따라서 필요는 하되 인지력만으로는 충분하지 않다. 이제는 무엇보다 감성지능이 중요하다.

　다른 STEM 직종인 IT 분야를 살펴보자. 중견 기업이나 대기업에는 대부분 컴퓨터, 전화기, 기타 전자 시스템을 전담해서 운영하는 IT 담당자가 최소한 한 명 이상 존재한다. 그럼 이들에게 감성지능이 왜 중요할까? 몇 년 전 캐리는 IT 담당이 두 명 있는 대학 학부 사무실에서 일했다. 두 사람 다 능력이 검증된 사람이었다. 한 명은 기술적인 배경이 더 화려했지만 직원들은 컴퓨터에 무슨 문제가 생기면 보통 다른 한 명을 불렀다. 왜 그럴까? 그 사람이 더 친근했기 때문이다. 그는 사용자가 불안해하면서 기계를 '망가뜨린 건 아닌지' 걱정할 때 안심시키기도 했다. 감성지능이 더 뛰어난 IT 담당이 없었다면 직원들은 웬만하면 다른 담당자를 부르지 않고 스스로 문제를 해결하려 했을 것이다.

놀랍겠지만 재무 설계사 역시 감성지능이 큰 역할을 하는 분야다. 여론 조사 기관 해리스Harris에서 실시한 설문 조사에 따르면 기업은 자문가를 채용할 때 디지털 활용 능력보다 감성지능을 더 중요하게 생각한다.[5] 해리스에 조사를 의뢰한 기관인 백만 달러 원탁회의Million Dollar Round Table는 1년에 백만 달러 이상 매출을 올리는 보험 중개사와 재무 설계사로 구성된 협회다.

조사에 응한 사람은 2000명이 넘었고 그중 응답자의 절반 이상이 '고객의 니즈에 귀를 기울이고 인식하며', '쉽게 이해할 수 있게 소통하고' '자기가 한 말을 실천하고' '사람 대 사람으로 고객에게 신경 쓰는 것을 보여주는' 사람의 조언을 더 믿을 것이라고 답변했다.[6]

반면 응답자의 30퍼센트만이 '최신 웹사이트를 보유한' 설계사의 조언을 더 믿을 것 같다고 대답했다. 정기적으로 관련 자료를 추천하는 설계사가 믿음직하다는 의견은 4분의 1에 불과했다. 설계사의 전문성이 중요하지 않다는 뜻이 아니다. 하지만 재무 설계사를 고를 때 제일 중요하게 작용하는 신뢰 문제에서 사람들은 감성지능을 더 중시한다. 보고서에서는 이렇게 설명한다. '디지털 활용 능력이 기업 운영 효율성을 높이고 고객을 유치하는 데 도움이 되지만, 그 자체로 믿음을 주지는 않는다.'

이런 연구가 설득력 있긴 하지만 연구 결과가 하나뿐일 때는 이상 데이터일 가능성이 있다. 다양한 역할과 직업에 걸쳐 감성지능과 최적 성과의 관계를 이해하려면 여러 연구 결과를 종합해서 분석하는 메타 분석을 활용한다. 메타 분석에서는 대부분의 연구가 부정적인데 한 연구만 긍정적으로 나올 수 있다는 사실을 고려한다. 이런 차이는 이질적인 측정 방식이나 독특한 연구 대상, 개입의 전문성 등 수없이 많은 요인으로 발생한다. 연구를 진행한 시간대나 일자 때문에 달라지기도 한다. 하지만 측정 대상 그룹이 다르고 측정 방식에 차이가 나는 많은 연구를 메타 분석으로 종합하면 한두 가지 이례적인 결과는 상쇄할 수 있다.

이런 식으로 참가자만 1만 7천 명이 넘는 연구 99종을 종합한 결과 감성지능은 성과를 예측하는 중요한 변수였다.[7] 이 연구들에서 성과 측정에 사용한 방식은 무척 다양했다. 관리자가 매긴 점수를 측정하거나 재무 성과로 평가하거나 업무 성과를 직접 측정한 연구도 있다. 감성지능과 성과의 연결고리는 직업 간, 산업 간에도 달랐다. 예를 들어 은행가와 경찰은 감성지능과 성과의 관계가 특히 밀접하게 나타났다. 최소한 5건의 메타 분석에서 비슷한 결과가 나왔다. 감성지능은 사람들의 업무 성과를 예측하는 중요한 변수로 계속 떠오르고 있다.[8] 연구원들이 데이터를 자세히 들여다본 결과 직원이 감정을 조절해야 하거나 사회적 상호 작용 빈도가 높을 때 감성지능이 특히 중요하게 작용했다.[9] 하지만 자기 감정이나 관계를 관리하는 기술과 관련이 덜한 직업에서도 감성지능이 높으면 성과가 더 나은 것으로 나타났다.

몰입하는 근로자

한 개인 비서가 컴퓨터 앞에 앉아서 상사가 작성해준 이메일을 타이핑하고 있다. 타자에 능숙해서 못된 상사 생각 같은 딴생각을 하면서도 문제없이 일할 수 있다. 비서가 업무에 몰입한 건 아니지만 성과는 그런대로 괜찮다.

이렇게 결과물은 충분할지 몰라도 자세와 기분은 그렇지 않은 상황이 지나치게 많다. 최적의 성과는 단순히 일을 잘하는 수준을 넘어선다. 비서가 기술적으로 능숙할 뿐만 아니라 몰입해서 최대한 노력했다고 상상해보자. 한 전문가는 업무 몰입을 '긍정적이고 성취감이 있는 정신 상태로 활력이 넘치고 헌신, 몰두하는 특징이 있다'라고 했다.[10] 최적 상태에 들어선 근로자를 묘사하는 말이다.

고등학교 교사 유지니아 바턴Eugenia Barton의 경험을 살펴보자. 바턴은 즐겁게 직업 교육을 진행했지만 몇 년 지나자 약간 지루해졌고 좀 더 몰입할 수 있는 것에 눈을 돌렸다. 결국 학생들이 직접 운영하는 상점을 생각해냈다. 학생들은 바턴의 감독 아래 가게를 운영하면서 사업하는 법을 배운다. 상점은 크게 성공했고, 바턴은 학생들과 상점에서 일할 때가 가장 즐거웠다. 그는 이 경험을 '내가 생각한 것 중에 가장 훌륭한 일'이라고 묘사했다.

몰입은 직업 만족도뿐만 아니라 성과도 향상한다. 한 메타 분석에 따르면 직원의 몰입은 고객 만족과 생산성, 심지어 회사 수익에 영향을 미쳤으며 이직률과 사고를 줄이는 효과를 보였다.[11]

안타깝게도 직원의 몰입도는 최근 꾸준히 감소하고 있다. 2016년 갤럽 조사에 따르면 전 세계에서 직원이 몰입하는 비율은 겨우 32퍼센트에 불과했으며 2022년에는 21퍼센트로 감소했다.[12]

감성지능이 높은 근로자일수록 업무에 몰입한다는 연구 결과는 셀 수 없이 많으며 어 2100명이 넘는 간호사를 대상으로 한 연구도 있다.[13] 이와 비슷하게 교사의 감성지능은 몰입도와 연결됐고 학생들의 성취도 향상으로 이어졌다.[14] 또한 감성지능이 높은 경찰은 업무 몰입도가 높았고 그만둘 확률이 낮았다.[15]

감성지능이 뛰어나면 업무 몰입도와 만족도가 상승하는 이유는 자신과 잘 맞는 상황을 찾을 수 있기 때문이다. 감정적 자기 인식이 높은 사람은 어떤 직업이 만족스럽고 의미 있는지 인식하거나 업무에 몰입할 방법을 능숙하게 알아낸다. 예를 들어 변호사인 매기는 대도시의 법무팀에서 일했다.[16] 매기의 업무는 지루했고 보람이 없었다. 그러다 사무실에서 아무도 손대지 않은 채 쌓여 있는 오래된 파산 소송 건을 발견했다. 매기는 서류를 자세히 들여다보면서 시가 수십만 달러를 받을 권리가 있다는 사실을 알아냈다. 그렇게 소송 건에 집중했고 엄청난 성과를 올렸으며 시 금고에 수백만 달러를 채웠다.

매기는 인정과 존경을 받을수록 잘하는 유형이었고 무척 분석적이고 까다로운 업무를 좋아했다. 이 소송 건 가운데 일부는 예전에 작업했던 어떤 일보다 정신적으로 고무적이었다. 특히 한 소송 건을 연방 순회 법원에 올려서 국내 최고의 판사들 앞에서 입증했을 때 가장 짜릿했다. 마침내 물 만난 물고기가 되어 최적의 상태에 들어간 것이다.

매기는 자기 직업에 더할 나위 없이 만족했고 몰입도도 높았다. 업무 만족도는 몰입도와 밀접한 관련이 있지만 같지는 않다. 근로자가 업무에 만족한다고 꼭 몰입하지는 않는다. 바로 매기가 그랬다. 예전에 법률 구조 사무소에서 일했을 때와 파산 소송을 발견하기 전까지는 업무를 하면서 최적 상태였던 때가 거의 없었다.

감성지능이 뛰어난 사람들은 남들보다 업무에 더 만족하고 몰입하는 경향이 있다. 한 메타 분석에서는 근로자 2만 9천 119명을 대상으로 진행된 120가지 연구 결과를 종합한 결과 업무 만족도와 감성지능 사이에 상당한 관계가 있다는 사실을 발견했다.[17]

이 연구에서는 감성지능이 낮은 근로자가 직장을 그만두는 비율이 높다는 사실도 드러났다. 직원 이직률은 기업의 수익성에 큰 영향을 미친다.[18] 직원을 한 명이라도 교체하려면 엄청난 비용이 들기 때문이다. 갤럽 직장 현황 보고서 Gallup Workplace Report는 이렇게 밝혔다. '나가는 직원을 교체할 때 드는 비용은 직원 연봉의 절반에서 두 배에 달한다. 평균 연봉을 5만 달러로 가정하면 교체 비용은 직원 한 명당 2만 5천 달러에서 10만 달러인 셈이다.'[19] 고위 임원이라면 그 비용이 몇 배는 될 것이다.

게다가 누군가 교체되고 남은 직원들은 자신들에게 무슨 일이 벌어질지 몰라 불안해서 생산성이 떨어지기도 한다. 또한 보이지 않지만 값진 전문성이 사라지고 공백이 발생하면서 장기적으로 비용이 발생한다. 그뿐만 아니라 떠난 사람을 새 사람으로 교체할 때 발생하는 '조직 사회화' 기간이 동료들에게 오랜 기간 부담을 준다. 따라서 이직률이 낮으면 당연히 투자 수익이나 자산 수익, 수익성 등 기업의 성과가 좋아진다.[20]

개인의 조직 몰입도가 떨어지면 최적 성과도 감소한다. 한 메타분석에 따르면 몰입하는 근로자는 성과가 개선되며 감성지능은 이 몰입도를 향상한다.[21]

선한 조직 시민

최근 직장에서 무리해서 당신을 도우려고 노력한 사람이 있는가? 이런 사람의 존재는 일반적인 친절 이상을 뜻한다. 그는 직장에서 누군가에게 필요할 때 자기 직무를 벗어나 도와주는 유형을 대변한다.

이런 사람을 '선한 조직 시민'이라고도 하며 주어진 직위에서 일반적인 보상 체계를 벗어나 돕는 행위를 강조하는 개념이다.[22] 직장에서 선한 시민이 된다는 건 자기 업무를 한참 벗어나 동료를 돕는다는 뜻이다. 눈코 뜰 새 없이 바쁜 동료의 업무를 일부 넘겨받아 도와주거나, 회사 내부 행사가 끝난 후 정리를 돕기도 한다. 이런 행위 역시 감성지능과 연결된다. 일부러 고생해서 다른 사람을 돕는다면, 특히 많은 이가 이렇게 행동한다면 해당 그룹이나

조직 전체의 성과는 당연히 향상된다.[23]

1만 6천 명 이상의 직원을 대상으로 한 메타 분석에서 감성지능이 높은 사람은 선한 조직 시민이 될 가능성이 크다는 사실을 밝혔다.[24] 안타깝게도 감성지능이 낮은 사람은 근무 태만, 따돌림, 지각 같은 문제 습관을 보이는 경향이 있었다.[25]

몸이 좋지 않으면 최적 상태에 진입할 때 어떤 영향을 미칠까? 아침에 일어났는데 머리가 아팠다고 생각해보자. 그날 오전에 사무실에서 중요한 회의가 있고 상사에게 보여줄 보고서도 마무리해야 한다. 그래서 억지로 침대에서 일어나 옷을 입었다. 속이 거북해서 아침은 먹지 않았다. 그렇게 겨우 사무실에 가서 할 일을 했다. 하지만 온종일 몸 상태가 '별로'였다. 회의에 기여한 게 거의 없었고 보고서의 품질도 좋지 않았다. 이런 일이 매달 며칠씩 일어난다고 상상해보자.

심한 병은 물론이고 두통, 수면 장애, 가벼운 위장 문제가 있으면 근로자는 최선으로 일할 수 없다. 몸과 마음을 아프게 하는 요인은 여러 가지가 있지만 연구에 따르면 감성지능과도 중요한 관계가 있다.[26] 6장에서 살펴보겠지만 감성지능이 높은 사람이 더 건강한 이유는 스트레스에 대처하고 회복력을 높일 때 도움이 되기 때문이다.[27]

자기 인식Self-awareness과 자기감정 조절 능력은 스트레스에 압도당하기 전에 이를 인식하고 효과적으로 관리할 수 있게 한다. 예를 들어 분노 조절 프로그램은 사람들이 좌절감이나 짜증이 발생할 때 초기 신호를 인식하도록 돕는다. 그다음 감정이 폭발하기 전에 흥분을 가라앉히는 방법을 가르친다.

자기 관리Self-management 능력은 규칙적인 운동, 균형 잡힌 식단, 충분한 수면을 원활히 실천하여 건강을 증진하는 데 도움을 준다. 또 자기 관리 능력이 뛰어난 사람들은 의사의 지시를 따를 가능성이 더 크다.[28] 게다가 공감, 팀워크와 같은 감성지능 역량을 갖춘 사람들은 강력한 사회적 지지를 받을 확률이 크며, 이는 다양한 질환으로부터 위험을 낮추는 데 기여한다.[29]

한눈에 보는 감성지능의 효과

연구 결과 발견된 다양한 효과에 따르면 감성지능이 뛰어난 사람은 조직에서 중시하는 가치를 기준으로 외부에서 바라봤을 때 최적 상태로 보인다.

직장 연구에 따른 경험적 증거에 따르면 감성지능이 뛰어난 사람에게는 다음과 같은 특징이 있다.

- 업무나 직위와 상관없이 더 생산적이고 몰입도가 높으며 성과가 향상된다
- 커리어가 발전한다
- 영업이라는 단어에 담긴 모든 의미에서 뛰어난 성과를 보인다
- 조직의 수익이 확대된다
- 엔지니어링이나 IT 같은 STEM 직종에서도 효율성이 증가한다

- 믿을 수 있는 사람으로 보인다
- 일에 더 만족하고 몰입한다
- 그만둘 확률이 낮아진다
- 도움이 필요한 사람들을 도와준다
- 누군가를 괴롭히거나 자주 늦거나 업무에 태만하지 않다
- 건강하다

우리는 이 모든 것이 외부에서 바라본 개인의 최적 상태라고 생각한다. 몇 가지만 주목해보자. 최적 상태를 가리키는 한 가지 신호는 긍정적인 관계이며 동료를 도와주는 형태로 나타난다. 주어진 과제에 고도로 집중한 상태를 최적 지대의 지표로 보기도 한다. 외부적 시각으로는 상당한 몰입으로 보이며, 일터에서는 이런 가치를 중시한다. 최적 상태에서는 강한 헌신과 만족감도 엿볼 수 있다.

개인의 감성지능과 연결되는 직장 지표는 최적 상태를 염두에 두고 설계된 건 아니지만 직원에게 가장 중요한 기준을 반영하고 있다. 외부에서 바라본 감성지능의 신호와 최적 상태라는 개인의 경험이 공명한다는 건 경이로운 일이다.

2장에서는 우리가 최적 지대를 구성하는 요소로 보는 감성지능 역량을 더 깊이 들여다볼 예정이다. 감성지능의 각 요소는 개인이 성과를 낼 수 있는 최적 상태에 돌입하고 머무르도록 저마다 다른

방식으로 도와준다. 자기 인식은 내면 상태를 잘 관리할 수 있는 기반이 된다. 타인의 감정을 느끼는 공감력은 관계에 작용하여 같은 역할을 한다.

2부
감성지능 이론편

3장
돌아온 감성지능

보비의 엄마는 골먼이 4학년 때 일요 학교 교사였고 보비는 골먼보다 몇 학년 위였다. 언제부턴가 골먼의 눈에 띄지 않더니 수십 년 후에 나타났다. 1995년에 골먼이 《EQ 감성지능》을 출간하고 얼마 지나지 않은 시기였다. 그때 보비는 이스라엘에 이민해서 레우벤 바온Reuven Bar-On으로 개명했다. 그는 골먼에게 연락해서 감성지능과 겹치는 주제로 박사 학위 논문을 막 완성했다고 했다. 주제는 웰빙이었다.

레우벤이 남아프리카대학교에서 받은 학위 논문의 주제는 웰빙이었지만, 감성지능을 평가할 때 쓰이는 특징을 다른 수단으로 측정했다. 당시로서는 개인 역량과 대인 관계 기술을 새롭게 바라보는 흥미로운 접근법이었다. 레우벤은 연구에서 감성지능을 바라보는 수많은 시각 중 하나를 포착했고, 그가 활용한 측정법에서 다른 측정 방식과 여러 가지 연구가 파생됐다. 덕분에 이제는 누군가 감성지능의 효과가 정확히 무엇이냐고 질문하면 제대로 연구된 상세한 대답을 내놓을 수 있다.

'감성지능'을 검색하면 수많은 결과가 나온다. 그 용어(짧게 줄여서 'EQ'라고도 부른다)가 워낙 흔해졌고 최근에는 여기저기 느슨하게 사용되기 때문이다. 이렇게 감성지능의 개념이 모호해지고 이론이 급증하다 보니, 감성지능이라는 용어가 무슨 뜻인지 정확히 되짚어보고 혼란스러워할 독자를 도와야겠다는 생각이 든다.

감성지능에 관한 유력한 이론 모델은 10개가 넘으며 모두 예일대학교 심리학자 피터 샐러비Peter Salovey(결국 예일대 총장이 됐다)와 샐러비의 대학원 제자인 존 D. 메이어 John D. Mayer가 1990년에 처음 그 개념을 주제로 논문을 쓴 이후에 생겨났다.[1] 두 사람은 감성지능을 측정하는 방법을 설계했고 지금도 이 주제에 관한 학술 연구에서 널리 쓰이고 있다.

몇 년 후 골먼은 《EQ 감성지능》 집필을 마무리하면서 처니스와 함께 조직 내 감성지능 연구 컨소시엄을 설립했다. 레우벤을 포함해서 그 분야의 많은 전문가가 참여했다.

지난 25년간 우리 컨소시엄에는 여러 분야의 실무자와 연구원들이 합류했다. 이들은 샐러비와 메이어의 논문 이후로 다양한 감성지능 모델을 구축했다. 이렇게 적극적으로 퍼진 건 처음부터 '감성지능'의 의미를 궁금해했다는 뜻이다. 감성지능 분야 내에서 논란은 있지만 기본적으로 몇 가지 동의하는 부분이 존재한다.[2] 컨소시엄에서 주요 감성지능 학파를 대표하는 구성원을 대상으로 설문 조사한 결과 아래 모델이 대다수에게 적용된다고 응답했다.

	앎	실천
자신	자기 인식	자기 관리
타인	사회적 인식	사회적 상호 작용

[표 1] 모든 학파에서 용인하는 감성지능의 기본 틀은 자기 인식, 자기 관리, 사회적 인식, 사회적 상호 작용 등 네 가지 영역으로 구성된다. 그다음 접근법에 따라 나름의 방식으로 각 영역이 배치된다.

이 감성지능 사분면은 필수적인 개인 역량과 대인 관계 기술을 분해하고 정의하는 수많은 방식을 대표한다. 자기 인식은 우리가 어떤 기분을 느끼고 왜 그렇게 감정적으로 반응하는지, 그 반응이 어떻게 생각과 느낌, 충동을 형성해서 행위로 이어지는지 계속 감지할 수 있게 해준다. 자기 관리는 내면의 의식을 활용해서 감정을 효과적으로 다스리게 한다. 거슬리는 감정 때문에 활동에 방해받지 않고 긍정적인 기분을 강화하며 속상할 때 다시 회복하고, 무엇인가 방해하더라도 계속 목표에 시선을 고정하며 변화하는 문제에 기민하게 대응할 수 있다. 이런 능력은 최적 지대에 머무르도록 도와준다.

공감력은 다른 사람을 이해하게 해준다. 타인이 상황을 어떻게 바라보고 무엇을 느끼는지 감지하며 그들의 행복에 관심을 기울이게 한다. 그 결과 긍정적인 관계를 형성하고 전형적으로 '기분 좋은 날'이 이어진다. 마지막으로 관계 관리와 상호 작용은 다른 사람을 이끌고 설득하며 최선을 다하도록 영감을 주기까지 한다. 사람들을 가르치고 지도할 수 있으며 능력 있는 팀원이 되고, 들끓는 갈등을 드러내서 가라앉힐 수 있다. 모두 타인이 그들의 최적 상태에 진입하고 머무르도록 돕는다는 뜻이다.

감성지능 이론은 대부분 이 네 가지 영역을 받아들이지만, 감성지능 이론가가 각자 영역을 채우는 방법은 상당히 다를 수 있다. 10개가 넘는 감성지능 모델과 정의(그만큼 많은 평가 수단 포함)는 저마다 측정 대상에 대한 기본 가정이 다르다.[3] 모델이 많다는 건 그만큼 과학적이고 실용적인 흥미가 강하다는 뜻이고 결과적으로 좋은 신호다.

파격적인 제안

하버드대학원에서 골먼의 멘토였던 데이비드 맥클리랜드David McClelland는 당시 기준으로는 파격적인 제안을 했다. 주요 심리학 저널에 기고한 논문에서 직원을 채용할 때 다른 재능 지표보다 역량을 기준으로 삼아야 한다고 주장한 것이다. 그는 지원자의 지능이 아니라 역량을 시험하라고 했다.[4]

무슨 뜻일까? 주어진 업무를 가장 잘할 수 있는 사람이 누구인지 알고 싶으면 지능 지수나 학교 성적을 들여다봐선 안 된다. 대신 해당 조직에서 그 역할을 맡은 사람 가운데 어떤 지표로 특정하든 상위 10퍼센트인 사람들(역량이 가장 훌륭한 사람들)을 들여다봐야 한다. 그 분석 결과를 역할은 같은데 성과는 평범한 사람들과 비교한다. 그다음 체계적인 분석을 거쳐 일반 성과자에겐 없지

만 스타 성과자에겐 있는 능력이나 역량을 정의한다.[5]

그 결과 '역량 모델'이 탄생했다. 오늘날 고급 인력으로 운영되는 조직은 대부분 핵심 위치에 역량 모델을 사용한다. 이 모델은 누구를 고용하고 승진시켜야 하는지, 경력을 개발하려면 무엇이 도움 될지 결정할 때 활용한다.

세상에는 두 가지 역량이 존재한다. 한계Threshold 역량은 업무를 담당하고 유지하는 능력이다. IQ나 사업 전문성 같은 인지력은 크게 한계 역량에 포함된다. 어떤 업무에 지원해서 해당 분야의 인지 복합성을 감당할 지능과 경험이 있다는 사실을 보여주고 싶을 때 필요하다. 하지만 한번 고용되면 당신만큼 똑똑한 사람과 협력하고 경쟁해야 하며, 결국 IQ의 바닥 효과floor effect(하위 수준에 해당하는 실험 대상자를 가려내기 힘든 현상_옮긴이)'가 발생한다. 즉 특정한 인지력은 그 자리에 있는 사람이라면 누구나 보유한 기본 능력이라는 뜻이다.

두 번째는 차별화된distinguishing 역량으로 어떤 업무든 평범한 사람과 뛰어난 성과자를 구분하는 능력이다. 승진을 결정할 때나 스타 성과자, 뛰어난 리더에게는 차별화된 역량이 중요하다.

골먼은 구글에서 감성지능 역량을 주제로 강연하면서 적지 않은 반론을 마주했다. 한 임원은 골먼이 말하는 '차별화' 역량의 일부가 구글에서는 이제 한계 역량처럼 누구나 갖추어야 할 역량이 됐다고 주장했다. 구글에서 성과를 내려면 일부 차별화 역량이 누구나 갖추고 발휘해야 하는 기본 능력이 됐다는 뜻이다. 따라서 뛰어난 성과에 중요한 역량이 무엇인지는 각 조직의 기준, 규범, 문화에 달렸다는 결론이 나온다.

그래도 감성지능 역량은 누구에게나 유용한 기준으로 작용한다. 신체검사에서 콜레스테롤과 중성 지방 같은 생체 지표를 최대치와 최소치 범위로 알려주는 것과 비슷하다. 개인의 감성지능 정보는 앞으로 더 잘하려면 무엇부터 시작해야 하는지 도와줄 수 있다. 12장에서 자세히 살펴볼 예정이다.

감성지능의 숨겨진 역할

처니스는 대학 첫 학기에 플라톤의 대화론 강좌 기말고사를 앞두고 있었다. 강좌 성적이 최종으로 결정되는 아주 중요한 시험이었다. 게다가 쉽지도 않았다. 강좌에서 다룬 플라톤의 대화 8개 가운데 3개를 외워야 했다.

그는 기말고사를 준비하면서 모든 대화를 거의 다 암기했다. 하지만 세 시간짜리 기말고사 시간에 교수가 시험지를 돌릴 때부터 얼어버렸다. 머릿속이 하얗게 지워졌다. 땀이 줄줄 흐르고 심장이 두근거렸다.

영원 같은 시간이 흐르면서(하지만 5분이 채 안 됐을 것이다) 처니스의 신경계가 차차 잠잠해졌다. 신경이 가라앉자 머리가 다시 돌아가기 시작했다. 스트레스는 여전했지만 머릿속은 정상으로 작동했다. 첫 번째 대화가 기억나자 그 뒤로는 순조로웠다. 답을 쓸수록 더 차분해지고 자신감이 생겼고 시험을 잘 치를 수 있었다.

처니스가 스스로 진정한 덕분에 지식이 떠올랐고 결국 시험을 망치지 않고 좋은 성적을 거뒀다. 이렇게 인지력과 날뛰는 감정이 상호 작용을 한다는 건 감성지능이 성공에 중요한 이유를 보여준다.

학업이나 인지력이 필요한 분야에서도 감정 통제가 중요하지만 학교에 다닐 때는 알아차리기 힘들다. 이렇게 생각해보자. 학교에서 성적을 평가할 때는 창의력은커녕 팀워크, 리더십을 거의 반영하지 않는다. 그보다는 보통 새 지식을 익히는 재능이나 벼락치기 능력이 훌륭하면 상을 준다. 하지만 사회에 나와서 성공하려면 학교에서 충분히 보상받았던 인지력이 필요할지는 몰라도 리더나 뛰어난 팀원이 되기에는 충분하지 않다.

많은 조직에서 KPI로 직원의 업무 성과를 평가한다. 기업 버전의 학교 성적이라고 할 수 있다. 하지만 KPI는 조직의 전략적 성공에 가장 중요한 지표를 측정한다. 예를 들면 특정 기간 신규 고객 등록률, 기존 고객 유지율, 고객의 점포 방문 횟수 및 실제 구매자 수, 온라인 링크의 다운로드 횟수 등이다.

이렇게 측정해서 좋은 결과가 나오려면 관련 분야에서 한계 인지 역량이 필요하지만, 이때도 다양한 방식으로 감성지능이 요구된다. 그리고 이 사실은 앞으로 더욱 중요해질 것이다. 예를 들어 어떤 브랜드의 고객 경험을 감지하는 능력을 생각해보자. 이런 공감력은 소비자와 직접 대면하는 기업의 생존에 필수적이며 오늘날 일반적으로 KPI를 도출하는 방법보다 훨씬 심오하다.

인지력과 감성지능은 복잡하게 상호 작용한다. 둘 다 성공하고 최적 지대에 진입할 때 중요하지만 중요한 이유는 다르다.

'일반 지적 능력'은 이름은 다르지만 보통 우리가 생각하는 IQ나 인지력을 뜻하며 학교 성적, 나중에 버는 수입, 직장에서의 일반적인 성공을 가장 잘 예측하는 변수로 끊임없이 지목됐다.[6] 하지만 이 규칙에서 큰 예외는 삶이나 업무에서 감정적으로 요동칠 때다. 공감이 무척 중요한 관계 역시 예외로 꼽혔다. 이럴 때는 자기 관리와 대인 관계 능력이 두각을 나타낸다.[7]

자료에 따르면 IQ와 감성지능 역량은 서로 다른 뇌 회로에서 관장된다. 인지력은 작업 기억working memory(정보를 기억하고 이해하며 실행하는 과정_옮긴이)과 속도 등으로 결정되고 나이가 들수록 약해지는 경향이 있다. 반면 감성지능은 잘 보존되고, 심지어 나이 들수록 적극성과 감정 통제, 안정성 측면에서 개선되기도 한다.[8]

이제 이 역량을 구성하는 요소를 구체적으로 살펴보자. 우리는 이 용도에 맞춰 아래의 표 2를 활용할 것이다. 이 표는 골먼과 케이스웨스턴리저브대학교 경영학과 교수 리처드 보야치스가 감성지능의 각 네 가지 영역에 해당하는 역량을 수십 년간 조사한 끝에 개발했다. 우리는 이 표로 감성지능에서 비교적 덜 조명됐거나 새롭게 떠오르고 있으며 최적 지대에 진입할 때 유용한 역량을 살펴보려 한다.

이 모델에서 소개하는 감성지능은 네 가지 영역 내에서 스타 성과자와 평범한 근로자를 구분하는 구체적인 역량에 기반을 두고 있다.[9] 원래 일터에서 상위 10퍼센트 스타 성과자를 구분하는 기준에 쓰인 데이터를 사용했지만, 어떤 분야에서도 누구에게나 도움이 될 수 있다.

컨소시엄 멤버가 작성한 일반적인 감성지능 표에 네 가지 영역별로 요구되는 역량을 채우면 다음과 같다.

	앎	실천
자신	자기 인식 감정적 자기 인식	자기 관리 감성 균형 적응성 성취 긍정성
타인	사회적 인식 공감 조직적 인식	사회적 상호 작용 영향력 코칭 갈등 관리 영감 팀워크

[표 2] 일반적인 감성지능 영역에 알맞은 역량을 배치했다. 각 감성지능 역량은 영역에 따라 달라진다.

표 2에 소개된 12가지 감성지능 역량은 리더에게 자주 적용된다(리더에게만 적용되는 건 아니다). 하지만 정확히 누가 '리더'인가

라는 개념을 확장해보자. 리더십의 핵심은 어떤 식으로든 타인에게 영향력을 미치는 데 있다. 그런 의미에서 우리는 각자 리더라고 할 수 있다. 누구나 크든 작든 영향력을 미치는 영역이 존재한다. 교사, 가장, 친구 모임 등 우리는 모두 어떤 형태로든 리더다. 따라서 감성지능 역량은 우리에게도 적용된다.

다음 장부터는 12가지 감성지능 역량을 하나씩 살펴보고 이 시기에 가장 적절한 측면을 살펴볼 예정이다. 우리는 감성지능 역량을 신선한 시각으로 바라보고 감성지능의 효과가 과소 평가되는 사례를 중점적으로 살펴본다. 이미 이 개념에 익숙한 사람들을 일깨우는 한편, 자신과 리더, 팀, 전체 조직을 운영하면서 감성지능의 구성 요소를 다시 생각할 기회가 될 것이다. 물론 각 역량은 우리가 순조롭게 최적 상태에 들어갈 수 있게 도와준다.

4장
건전한 자기 인식을 깨워라

운동선수들은 '무아지경zone'에 빠진다는 개념에 지대한 관심을 보인다. 무아지경은 경기를 가장 잘 펼칠 수 있고 실수가 없으며 무슨 일이 생겨도 한발 앞서 나가는 정신 상태를 말한다. 이 상태에서는 자의식을 상실하고 여유롭게 집중하며 힘을 들이지 않는다…[1]

시카고 불스, 로스앤젤레스 레이커스 같은 NBA 농구 팀에 소속된 일류 운동선수들과 오랫동안 함께 일하고 있는 조지 멈퍼드George Mumford가 최적 상태를 위와 같이 요약했다. 멈퍼드는 선수들이 최적 상태에 도달할 수 있도록 돕는 주의력 향상 훈련 프로그램을 운영하고 있다.

"주의를 집중하면 저절로 무아지경에 돌입할 수 있다는 걸 선수들에게 알려줍니다. 그 순간이 시작되고 경기에 몰입하면 최상의 기량을 발휘할 수 있어요."

몰입을 연구하는 사람들은 어떤 행위에 완전히 몰입하는 걸 집중의 결과물로 보지만 우리는 지금 해야 할 일에 동화되는 것을 최적 상태로 들어가는 입구라고 본다. 집중하려면 방해 요소를 멀리해야 한다. 집중할수록 거슬리는 생각과 기분은 줄어들고 최선을 다하는 동안에는 주의가 흐트러지지 않는다.

신경 과학에서는 이렇게 최상으로 작동하는 뇌 상태를 '신경적 조화neural harmony'라고 한다. 이때 지금 하는 일에 필요한 신경 회로는 완전히 활성화되고 상관없는 회로는 비교적 잠잠하다. 그 결과 우리는 일에 온전히 집중할 수 있다. 섬세하게 주의를 집중하면 최선의 상태로 들어가는 입구가 열리고, 방해 요인이 발생해서 해야 할 일과 상관없는 회로가 활성화되면 무아지경에서 순식간에 빠져나오게 된다. 멀티태스킹을 할 때(더 심하게는 SNS를 강박적으로 확인할 때), 시급하고 중요한 일과는 상관없는 행위에 빠져 있을 때 이런 현상이 나타난다. 그러다 급기야 지쳐서 나가떨어지기도 한다.

누군가 비디오 게임에 빠졌다고 생각해보자. 소행성이 휙휙 날아다니는 와중에 우주에 떠다니는 수정을 잡아야 한다. 이 게임을 하는 사람들의 뇌를 MRI로 촬영했더니 게임에 몰입할수록 특정 뇌 패턴이 강하게 나타났고, 집중 회로가 작동하면서 뇌의 쾌락 네트워크에 연결됐다.[2] 온전히 집중하는 건 기분 좋은 일이다. 이렇게 최적 상태로 넘어가는 완벽한 집중에는 또 다른 이점이 있다. 걱정과 자기 회의를 일으키는 신경 네트워크가 잠잠해지면 자신감이 생기고 자의식에서 해방된다.

다행히, 수십 년간 이어진 연구에 따르면 온전히 집중하는 능력은 연습해서 익히고 개선할 수 있다.[3] 물론 운동 경기 코치와 요가 수련자들은 처음부터 알고 있었다. 조지 멈퍼드는 프로 야구 선수들이 집중하고 평정을 유지하는 방법을 배워서 최적 상태에 들어갔고, 경기력이 좋아졌다고 한다.[4] 물론 요가 수련자들은 영적인 맥락에서 비슷한 집중력을 연습한다.

마이애미 대학에서 집중을 연구하는 아미시 자Amishi Jha는 대학 미식축구 팀이 고되고 스트레스가 심한 시즌 대비 훈련을 시작하기 전에 호흡 집중법을 가르쳤다.[5] 오랜 시간 이 집중 훈련을 진행한 선수들은 스트레스가 큰 훈련 기간이 끝날 무렵 집중력과 기분을 측정했을 때 모두 훌륭한 결과를 보였다. 이 밖에도 수많은 연구에서 올바르게 훈련하면 집중력 같은 주의 능력을 향상할 수 있다는 사실을 보여준다. 이렇게 연습하면 감성지능 근육이 발달한다.

감성지능을 구성하는 근본 역량은 자기감정을 인식하고 이 감정이 생각과 인식, 기억, 충동을 어떻게 행동으로 빚어내는지 인식하는 것이다. 이런 인식 능력이 생기려면 내면에서 일어나는 경험에 귀를 기울여야 한다.

자기 인식의 기본 개념에 따르면 '자기 인식 능력이 있으면 지금 기분이 어떤지, 왜 그런지 파악해서 해야 할 일에 이롭거나 해로운지 알 수 있다.'[6] 그 밖에도 타인이 보는 나와 내가 생각하는 나를 조화시키고 자기 한계와 강점을 정확히 파악해서 현실적인 자신감이 생기며, 목적의식과 가치를 명확히 인식해서 결단력이 향상된다.

인지 과학자들은 이런 자아 성찰적 주의력을 '메타 인식meta-awareness'이라 부른다. 자기 생각과 느낌이 오고 가는 것을 바라보고, 주의가 어디로 향하는지 알며 원한다면 그 방향을 바꾸기도 한다. 이렇게 주의가 향하는 곳을 의도적으로 조절하는 건 정신 능력이다. 우리의 머릿속은 연습으로 정신 근육을 키우는 일종의 헬스장이라고 생각하면 된다.

앞서 살펴봤듯이 몰입에 관한 연구 결과는 몰입에 접어든 사람의 집중력이 100퍼센트에 가깝다고 한다. 이들은 하나만 생각하고 그 순간에 완전히 몰두했다. 이런 몰입은 스스로 집중력을 관찰하고 관리하는 능력인 메타 인식을 뜻한다. 하지만 항상 그렇게 다이아몬드처럼 강력한 집중력이 필요한 건 아니다. 주의력이 강해지면 최적 상태에 진입할 가능성이 커진다.

원하는 곳에 원할 때 주의를 기울이는 능력인 집중력은 그 쓸모가 무궁무진하다. 대상이 무엇이든 자신에게 중요한 무언가에 의도적으로 집중하는 그 순간 최고의 결과를 낼 수 있다. 그러나 주의가 흐트러지면 노력이 무용지물로 돌아간다. 주의력을 통제한다는 건 정신의 심장이 건강하다는 뜻이다. 신체적으로 어떤 활동을 하든 건강한 심장이 받쳐주는 것처럼, 온전한 집중력은 무슨 일이든 더 잘하게 해준다.

자기 인식을 키우는 법

마음챙김을 연습하라. 집중력을 강화하는 단순한 마음챙김 연습법을 살펴보자. 특히 일터에서 하는 사람이 많고 학교에 다니는 아이들도 벌써 연습하고 있다. 호흡에 집중해서 온전한 들숨을 인지하고 들숨과 날숨 사이에 잠깐 멈췄다가 완전히 숨을 비운다. 가능한 오랫동안 자기 호흡에 집중하라. 하지만 계속 의식해야 한다. 잡념이 들면(틀림없이 들 것이다) 그 사실을 알아차리고 다시 호흡에 집중하면서 들숨과 날숨으로 주의를 가져온다. 이 연습을 계속하면 된다. 그게 전부다. 아주 간단한 연습이다.

사실 생각보다 간단하지 않을지도 모른다. 계속 연습하다 보면 호흡과 잡념 사이에서 정신적 줄다리기가 시작된다. 호흡에 집중하려면 다른 생각이 들 때 알아차리고 다시 주의를 가져와서 다음 호흡에 신경 써야 한다. 여기에는 자기 인식이 필요하다. 실제로 이런 마음챙김은 자기 인식이 활성화된 상태다.

신경 과학자들은 이 루틴을 많이 연습할수록 관련 신경 회로망이 더 강해진다고 한다. 이렇게 주의를 기울이고 산만함을 떨치는 연습을 하면 이 행위 자체의 집중력이 더 강해진다.[7]

수시로 자기 내면을 확인하라. 이를 닦을 때, 컴퓨터가 제대로 돌아가길 기다릴 때 등 일상적인 순간을 이용해서 자신의 내면 상태를 평가해야 한다. 이런 내면 평가는 지금 자신을 지배하는 감정에 이름을 붙이거나 온몸의 감각을 살펴보고 좀 더 주의가 필요한 곳을 찾아서 편하게 풀어주는 형태로 나타난다.[8]

자신과 어떤 대화를 하는가? 한 공중 보건 간호사는 여러 만성 질환에 시달리는 노인 환자의 가정을 계속 방문했다. 마지막으로 만났을 때 환자는 이런 말을 했다. "나한테 왜 신경 쓰나 모르겠네요. 그냥 죽고 싶어요." 보통 간호사들은 환자가 우울증이나 잘못된 사고방식 때문에 이런 말을 한다고 생각할 것이다. 하지만 세라는 자기 잘못이라고 생각했다. "'대체 난 왜 이럴까? 무슨 짓을 한 거지?'라는 생각이 들었어요. 뭔가 잘못한 것 같다고요."

이런 자기비판을 해결하는 간단한 방법이 있다. 좀 더 현실적으로 기대하는 것이다. 모든 학생을 깨우칠 수는 없다는 걸 이해하는 교사, 패배한 소송에서 교훈을 얻어서 앞으로 더하겠다고 생각하는 변호사처럼 말이다. 이들은 여전히 야심 찬 목표로 무장하며 성공할 수 있다고 믿으면서도 실패를 준비한다.

계속 집중하라. 예리한 집중력의 반대말은 당연히 잡념이다. 한 고전적인 연구에 따르면 사람들은 하루 동안 절반 정도 잡념에 빠진다.[9] 출퇴근할 때, 영상 화면을 바라볼 때, 일할 때 등 세 가지 상황에서 잡념에 빠지는 비율이 가장 높다. 당장 하던 일에서 마음이 떠나 방황하면 당연한 말이지만 성과는 저조해진다.[10] 하지만 정신이 빠졌을 때 주의를 전환하고 알아차리도록 훈련하면 일에 계속 집중하고 방해 요인에 슬기롭게 대처하며 능력을 최대한 발휘할 수 있다.[11]

연구 결과 이렇게 주의가 한 곳을 향하면 다음과 같은 효과가 있다.[12] **평정심이 생긴다.** 불안과 걱정, 감정이 불러온 충동을 '단호하게 거부'한다. 데이터에 따르면 감정적 충동을 억제하는 전전두엽 피질prefrontal cortex회로를 마음챙김 수련으로 단련할 수 있다. 매일 마음챙김을 실천하는 사람들은 감정이 덜 예민하며 애초에 감정적 폭발이 드물고 실제로 폭발하더라도 속상한 기분을 빠르게 회복한다.

집중력이 강해진다. 모든 명상과 마음챙김 수련에서 주의 훈련을 중요하게 생각한다. 특정 신념 체계가 기반이 돼야 집중력을 체계적으로 향상할 수 있는 건 아니다. 다른 훈련 방법론으로도 얼마든지 집중력을 체계적으로 개선할 수 있다.

멀티태스킹이 수월해진다. 인지 과학자들은 일반적인 멀티태스킹 개념이 허구라고 말한다. 여러 가지 일을 한꺼번에 하는 건 불가능하다. 연구에 따르면 사실 한 과업에서 다른 과업으로 빠르게 전환하는 것이다. 스탠퍼드대학교에서 진행된 획기적인 연구에서 호흡 훈련을 한 사람은 잠깐 정신이 팔려도 중요한 일에 쉽게 다시 집중한다는 사실을 밝혔다.[13]

학습 능력이 향상된다. 집중력이 좋아지면 뚜렷한 효과가 하나 나타난다. 어떤 순간이든 기억을 붙들 수 있는 작업 기억이 개선된다.[14] 다른 데 정신이 팔릴수록 작업 기억이 훼손되고 집중할수록 나아진다. 학습할 때는 주의를 집중해야 새로운 지식이 작업 기억에 등록될 수 있기 때문에 상당한 이점으로 볼 수 있다. 당연히 이런 주의 훈련은 교육의 기본이 돼야 한다.[15]

사고력이 향상된다. 주의 훈련은 주의 자체를 넘어 기억력 같은 인지력을 향상하며 심하게 스트레스받아도 정신적으로 최상의 상태에 있게 해준다.[16] 그 결과 최적 지대의 범위가 확장되기 때문에 법조계부터 의료, 회계, 특수부대에 이르기까지 인지력을 기준으로 선발하는 분야에서는 하나같이 이런 훈련을 선호한다.

집중력이 단단하면 방해 요인에 면역이 생긴다. 요즘처럼 정보가 밀려들고 디지털 기기의 유혹이 넘치는 시대에는 무척 귀한 자산이다. 집중력이 있다는 건 주의가 빠져나갈 만한 통로가 등장해도 중요한 목표에 전념할 수 있다는 뜻이기도 하다. 또한 집중력의 근본 요소인 자기 인식은 최적 상태로 가는 입구 역할을 한다.

내면의 나침반

마크 코너Mark Connor는 어렸을 때부터 아이들과 일하고 싶었다. 그는 대학을 졸업한 뒤 도심에 있는 학교에 취직했다.[17] 코너는 어려움을 겪는 아이들과 일대일로 대화할 수 있어서 좋다고 생각했다.

하지만 처음에 학교 심리학자로 부임했을 때는 재앙이나 마찬가지였다. 거의 온종일 시험을 관리하고 보고서를 쓰고 회의에 참석했다. 게다가 상사는 특히 골칫거리였다. 코너의 업무는 무의미했고 스트레스가 극심했다. 굳이 자기 인식을 하지 않아도 하루하루 기분이 끔찍하다는 건 금방 알 수 있었다.

그래서 학교에 등록해서 시간제로 심리 치료사 교육을 받았고 생활비를 마련하기 위해 다른 학교에서 심리학자로 일했다. 놀랍게도 새 업무는 무척 보람찼다. 시험 부담이 가벼워져서 아이들 상담과 치료에 시간을 쏟을 수 있었다. 이 일을 할 때 코너는 가장 행복했다. 상사도 무척 협조적이었다. 그는 자주 최적 상태를 느꼈다.

이렇게 최적 상태가 주는 느낌은 성장하기 마련이다. 코너는 몇 년 후 인턴들을 감독하는 역할을 맡았고 업무가 상당히 만족스러웠다. 지역구 단위로 인턴십 프로그램을 진행하면서, 자신이 뜻 깊게 생각하는 일을 더 오랫동안 할 수 있었다. 그는 공립 학교에서 일하면서 다양한 학생들을 돌보고 차세대 심리학자들을 감독하며, 협조적인 상사와 마음 맞는 동료들과 일하는 건 개인적으로 고객에게 영업하는 것보다 더 보람차다고 말했다.

코너는 자신과 가장 잘 맞는 업무 환경을 인식하는 능력 덕분에 보람된 경력을 이어갈 수 있었다. 감성지능의 핵심인 감정적 자기 인식은 직장을 선택할 때 특히 유용하고, 오랫동안 최적 상태를 유지할 수 있는 곳에서 일하게 해준다는 사실을 코너가 밟아온 길에서 엿볼 수 있다.

맥킨지의 컨설턴트들이 최적 상태에 들어간 사람들의 비결을 분석한 결과 놀라운 에너지와 자신감, 효율성, 생산성이 드러났다.[18] 컨설턴트들은 다음과 같은 결론을 내렸다. 탁월한 성과의 동력은 본인이나 아끼는 사람들에게 정말 중요한 의미를 알아보는 굳건한 감각이다.

집중력과 함께 과소평가된 자기 인식의 효과는 우리에게 중요한 것, 즉 목적의식을 찾도록 도와주는 데 있다.

내면의 목소리에 귀를 기울여라

애플의 공동 창립자 스티브 잡스는 죽음에 이른 원인이었던 췌장암에 걸렸다는 사실을 알게 된 후 스탠퍼드대학교에서 감동적인 연설을 했다. "남들의 의견 때문에 자기 내면의 목소리가 묻히면 안 됩니다. 무엇보다 중요한 건 용기 있게 여러분의 마음과 직감을 따라가는 겁니다. 마음과 직감은 이미 여러분이 진정으로 바라는 바를 알고 있으니까요."

신경 과학계는 이 현명한 조언을 뒷받침했다. 우리 뇌의 신경 회로는 삶의 의미와 목적을 가리키는 나침반, '내면의 목소리'를 언어로 분명히 드러내기 어렵게 한다. 이 나침반은 올바른 방향을 가리키지만 우리가 향하는 길에 이름 붙일 말을 건네주지는 않는다.

뇌 회로의 가장 깊숙한 곳에는 삶의 지혜와 그동안 지나갔던 모든 경험이 보관되어 있다. 이 깊숙한 회로는 신체적 느낌을 감시하는 중간 구조인 뇌도insula와 연결된다. 잡스가 말했듯이 '당신이 진정으로 바라는 바를 알고 있는' 회로다.

이 회로는 언어로 사고하는 부위, 즉 뇌 최상층에 있는 언어 피질과는 전혀 연결되어 있지 않다. 더구나 이 상향식 회로는 뇌의 최상층인 신피질에 있는 사고 회로보다 반응이 빠르다. 대니얼 카너먼Daniel Kahneman이 베스트셀러 저서에서 생각의 속도에 관해 처음 사용했던 용어를 빌려서 표현하면, 직감은 이성보다 빨리 찾아온다.[19]

이런 직감 회로가 언어 피질에 직접 '말을 걸' 수는 없지만 위장관과는 밀접하게 연결되어 있다. 지극히 중요한 질문을 떠올려보자. 내 의미와 목적을 찾는 감각을 지키기 위해 지금 무엇을 해야 하나? 뇌의 연결 방식 때문에 그 답을 언어로 얻지는 못한다. 그 대신 '육감gut feeling'으로 느낀다.

예를 들어 오프라 윈프리Oprah Winfrey는 일을 처음 시작하던 시기에 볼티모어 방송국 뉴스 프로그램에서 아나운서로 일했다. 하지만 그 일이 순수하게 편했던 적은 없었고 자신이 겉돈다는 느낌이 들었다. 그러다 담당을 바꿔서(사실 좌천이었다) 방송국의 낮 시간대 토크쇼인 〈피플 아 토킹People Are Talking〉의 진행을 맡았다.

오프라 윈프리는 그 프로그램을 시작하던 순간을 이렇게 회상한다. "내 안에서 조명이 탁 켜지는 듯했어요. 집에 온 것처럼요.

그 시간이 끝났을 때 심장이 울리고 뒷덜미가 짜릿해지는 깨달음이 찾아왔죠. 내가 할 일은 바로 이것이라고 온몸이 말했어요."[20]

신경 과학자 안토니오 다마시오Antonio Damasio는 어떤 결정이 틀리거나 맞는다는 걸 몸으로 느끼는 감각을 '체감 표지somatic marker'라고 했다. 이 내부 신호는 결혼할 사람을 결정하거나 목적의식을 행동으로 옮기는 등 살면서 중요한 결정을 할 때마다 우리를 인도한다. 하지만 느낌이 먼저 오고 행동은 뒤따라온다. 합리적인 장단점을 따지는 의사 결정을 무시하는 게 아니라, 이렇게 느껴지는 감각 역시 믿을 만한 데이터라는 뜻이다.

예를 들어 한 경영 컨설턴트는 아이를 낳고 나서 극도로 피곤하고 벅찬 기분이 들었다. 그는 몸의 감각에 귀를 기울이는 법을 알려주는 감성지능 강좌를 들었고 '이상적 자신'이 되는 연습을 함께했더니 직장에서 컨디션이 최상이었고 자주 최적 지대를 경험했다.[21] 일을 그만두고 싶을 때는 그 기분을 상사와 상담했다. 알고 보니 상사는 놀라울 정도로 이해심이 풍부하고 협조적이었고, 가족들과 자기 건강을 돌보면서 사랑하는 일에 계속 전념할 방법을 함께 찾아줬다.

한편 자기감정에 귀를 기울이면 상당히 다른 결과를 가져올 수 있다. 똑같은 감성지능 강좌를 수강한 다른 여성도 가족과 자녀, 직장이라는 비슷한 짐을 지고 있었고 컨설턴트와 같은 기분 훈련을 했다. "이 여성은 업무 때문에 번아웃이 왔고 좌절했지만, 이렇게 연습하면서 몸에 어떤 느낌이 들 때 일을 그만두겠다는 결정으로 이어지는지 감지할 수 있었어요." 감성지능 강좌에서 이 여성이 속한 그룹을 지도했던 마이클 스턴Michael Stern이 말했다.

자신의 육감을 잘 읽을수록 삶의 경험을 의사 결정에 제대로 반영할 수 있다. 자기 인식이 뛰어나면 중요하게 생각하는 가치와 목적의식이 명확해지고, 더 단호하게 행동 방침을 정하게 된다. 물론 스스로 육감을 따른다고 생각하지만 실수하는 사람들도 있다. 자기 인식을 발휘하면 이런 느낌을 더 정확히 읽을 수 있다.

자기 인식은 어떤 가치를 창출하는가

 자기 인식은 무엇을 왜 느끼는지 깨닫고 지금 하는 일이 도움이 될지 해가 될지 파악하는 데 도움이 된다. 하지만 새로운 시각에서는 이런 일반적인 이해를 훨씬 넘어서는 효과에 주목한다. 최적 모델에서는 자기 인식에 두 가지 가치가 있다고 본다. 첫 번째는 자기 인식을 적용해서 집중력을 예리하게 가다듬고 방해 요인을 찾아서 멀리하는 것이다.

 두 번째, 지금 하는 일이 최적 상태로 이어지는지 아닌지 몸이 말하는 모호한 감각을 감지할 수 있다. 맥킨지 컨설턴트들이 최적 상태가 되면 평범한 상태일 때보다 다섯 배는 효율적이었다는 추정치 보고를 다시 떠올려보자. 맥킨지 컨설턴트에 따르면 최적 지대에 진입하고 머무르려면 자신에게 가장 중요한 것과 의미, 목적의식을 느끼고 그런 가치와 공명하려는 노력이 무엇보다 중요했다.

 자기 인식에서 출발해서 최적 지대에 들어가거나 유지하게 해주는 중요한 능력이 하나 더 있다. 철저한 자기 관리다. 예를 들어 세스는 스트레스가 큰 업무와 수면 문제를 해결하기 위해 컨소시엄 멤버이자 예일대학교에서 감성지능 센터를 운영하는 마크 브래킷Marc Brackett이 개발한 자기 인식 강화 시스템을 활용했다.[22] 세스는 하루를 보내면서 드문드문 순간적인 기분을 확인하고 '기분 측정기'를 활용해서 수십 가지 기분의 명칭을 사분면에 배치했다. 이 사분면으로 '진이 빠졌다(에너지가 낮음)'거나 '절망했다(대단히 불쾌함)' 등 감정에 이름을 붙일 수 있었다.

 감정을 분류하는 건 브래킷이 만든 5단계 RULER 체계 중 하나에 해당한다. 분류Labeling(L) 단계에서는 그 순간 자기 기분을 알아차리고 왜 그렇게 느끼는지, 그 기분이 무슨 행동으로 이어지는지 이해한다. 그다음 단계에서는 감정을 표현Express(E)한다. 세스는 이렇게 말했다. "아들 덕분에 행복해지면 그 감정을 웃음과 놀아주기로 표현합니다. 하지만 직장에서 좌절해서 에너지가 높으면서도 기분 나쁜 상태가 되면 잠깐 산책하며 머리를 식히거나 대화를 미뤄요. 잠깐 멈추고 현재 상황을 파악하는 거죠. 내게 일어나는 일은 항상 통제할 수 없지만 내 반응은 늘 맘대로 할 수 있어요."

 마지막 단계인 조절Regulating(R)에서는 우리 감정에 잘 대처하려면 먼저 인지하는 게 중요하다고 본다. 다음 장에서 살펴보자.

5장
자기 관리 전략

뉴잉글랜드의 눈 내리는 겨울날을 상상해보자. 다섯 살배기 아이가 밖에 나가서 눈밭에서 놀고 싶어 한다. 아이 엄마는 이렇게 말한다. "그래, 대신에 따뜻하게 입으렴."

그러자 다섯 살 아이는 발끈하며 짜증 냈다. "싫어요!" 반항적으로 소리를 지르고 울음을 터뜨렸다.

그러다 아이가 갑자기 울음을 멈추더니 조용히 방에 들어갔다. 잠시 후 방에서 나와서 방한복을 입고 나갈 준비를 했다.

엄마가 놀라서 말했다. "얘, 대체 어찌 된 거니?"

아이가 대답했다. "아, 집 지키는 강아지Guard Dog가 화를 내길래 똑똑한 부엉이Wise Owl랑 얘기하게 했어요."

이 아이는 엄마에게 기초적인 뇌 과학을 설명했다. 아이가 학교에서 배운 개념인 집 지키는 강아지는 감정 회로와 주의 회로를 가리키며 위험을 감시하고 응급 상황에 대비하라고 경고한다. 현대 사회에서는 실제 위험에 비해 과도한 혼란(분노나 공포)을 일으킬 때가 지나치게 많다. 심지어 상징적인 위협(나가서 놀기 전에 방한복을 입으라는 엄마의 말)도 개를 자극할 수 있다.

원할 때 원하는 대상에 주의를 기울이는 능력 자체는 '인지 조절cognitive control'이라는 정신 능력과 밀접한 관련이 있다.[1] 인지 조절 능력이 있으면 주어진 일에 집중하는 한편 강한 감정에 휩싸인 방해 요인이 생겨도 무시할 수 있다.

심리학자들은 '인지 조절'이라는 용어를 정신적인 자기 관리 능력을 가리킬 때 사용한다. 처음 충동이 들 때 억제해서 머릿속에 떠오르자마자 행동하지 않고 가장 합리적인 대안을 선택하는 능력이다. 반복되는 부정적인 생각(가장 심각한 방해 요인)을 중단하는 능력도 있다.

누구에게나 기폭제가 되는 사건이 있다. 그럴 때 인지 조절 능력을 발휘해서 부정적인 생각과 충동을 관리해야 한다. 2022년 아카데미상 시상식에서 벌어졌던 유명한 사건을 살펴보자. 코미디언 크리스 록Chris Rock이 윌 스미스의 아내인 제이다 핑킷 스미스Jada Pinkett Smith를 두고 민망한 농담을 했다. 핑킷 스미스의 대머리를 웃음거리 삼았지만 탈모로 고생했다는 속사정은 말하지 않았다. 그 농담에 윌 스미스가 폭발해서 무대로 뛰어 올라가서 록의 뺨을 쳤다.

중요한 건 록이 뺨을 맞고도 침착함을 유지했다는 것이다. 시상식 사회자였던 록은 스미스에게 뺨을 맞았을 때 간단한 스탠드업 코미디를 진행하고 있었고 분위기를 가볍게 띄우면서 이 사건에 대해 초월적으로 발언했다. "TV 역사상 가장 멋진 밤이네요." 그는 차분하게 베스트 다큐멘터리Best Documentary 상에 〈소울, 영혼 그리고 여름Summer of Soul〉의 감독 아미르 '퀘스트러브' 톰슨Ahmir 'Questlove' Thompson을 호명했다.

록의 침착한 대응은 전전두엽 피질과 그 뒤쪽 실행 센터인 똑똑한 부엉이 덕분일 것이다. 이 회로는 나쁜 기분을 다시 생각하고 합리적인 행동 방식을 찾도록 도와준다. 이것이 록과 다섯 살 아이가 겪은 과정이다.

개인의 감정적 삶에서 수많은 행동이 두 가지 뇌 영역의 상호작용으로 이뤄진다. 감정 센터에서 출발하는 충동성과 여기에 '안돼'라고 말할 수 있는 전전두엽이다. 뇌에서 얻을 수 있는 중요한 교훈은 감정적으로 북받쳤을 때 첫 충동에 반응하지 않는 것이다.

응급 상황에서는 편도체와 관련 회로가 전전두엽 대신 힘을 얻으면서 자주 반복되던 습관이 수면 위로 올라온다. 다시 습관에 기대어 뭘 할지 생각하기 전에 행동하기 쉽다. 예를 들어 새로 부임한 경찰관이 날뛰는 용의자를 제압하려고 테이저 총을 쏘려다 실수로 권총을 쏜 비극적인 사건이 있었다. 그는 "테이저 쏜다, 테이저…"라고 소리를 질렀으면서도 권총을 들고 쏴버렸다.

헬리콥터 조종사는 안전벨트 푸는 법을 꼭 다시 배워야 한다. 이유는 간단하다. 헬리콥터의 안전벨트는 자동차 벨트와 디자인이 다르기 때문이다. 조종사는 안전벨트를 가슴에 가로질러 맨다. 자동차에 탔을 때 허리 쪽 안전벨트 버튼을 눌러서 수천 번쯤 풀어봤던 습관은 헬리콥터의 응급 상황에 치명적일 수 있다. 조종사가 가슴 쪽에 맨 벨트를 풀어야 한다고 깨닫기까지 귀중한 시간이 몇 초 허비되기 때문이다. 따라서 신입 조종사들은 생명이 걸린 이 새로운 습관을 여러 번 반복해서 훈련한다.

이런 순간에는 인지 훈련이 대단히 중요하지만, 언제든 파괴적인 충동과 제멋대로 날뛰는 생각을 관리해야 한다. 이 재능은 원할 때 집중력을 유지하고 최적 지대에 머무르며 온갖 자기 통제 능력을 키워주는 기본 역량이다.[2]

다들 알다시피 격렬한 감정은 최선을 다하지 못하게 방해한다. 연구에 따르면 일부 감정적인 자극(예를 들어 교사가 해주는 감동적인 이야기)는 학습과 지적 성과에 도움이 된다. 하지만 감정이 폭발하면 노력이 무용지물이 된다.[3]

어떤 감정이 언제 생기고 얼마나 강렬할지는 통제할 수 없다. 하지만 그 기분이 들 때 하나는 선택할 수 있다. 감정을 행동으로 옮길 필요가 없기 때문이다. 처음에 드는 충동과 충동에 대한 반응이 멀어지면 성숙한다고 정의하기도 한다.

충동적이고 제멋대로이기로 유명한 취학 전 아동과 훨씬 집중력이 있고 품행이 바른 3학년을 비교하면 그 차이를 알 수 있다. 발달 과학에서는 이런 변화를 '5-7 전환'이라고 하며 이 시기에 충동적 감정을 억제하는 전전두엽 피질 회로가 급성장한다. 이 자기 통제 능력은 아이에게 여러모로 긍정적 영향을 미친다. 무엇보다 선생님 말씀에 집중할 수 있다.

이렇게 중요한 자기 통제 능력은 감정적 균형을 유지하고 목표를 이루려고 노력하며 변화하는 난관에도 유연하게 대처하고 긍정적인 시각을 유지하는 등 자기 관리와 관련된 모든 감성지능 역량의 핵심이다. 인지 조절 능력이 부족하면 이 모든 게 하나하나 어려워진다. 자기 관리는 근본적으로 인지 조절에 달렸다.

마시멜로의 귀환

　인지 조절 능력을 측정하는 수단 중에서 가장 잘 알려진 것은 심리학자 월터 미셸Walter Mischel이 스탠퍼드대학교 교수 시절 팀으로 진행했던 '마시멜로 실험'이다(이 유명한 연구를 이미 아는 독자에게는 미안하지만 잘 모르는 이들을 위해 소개한다).[4] 네 살 먹은 아이들에게 마시멜로 하나를 지금 먹어도 되지만 실험 담당자가 볼일을 보고 오면 두 개를 먹을 수 있다며 선택하게 했다. 14년 후, 기다렸던 아이들(두 개를 먹었던 아이들)은 당장 마시멜로를 움켜쥐었던 아이들에 비해 또래와 잘 어울렸으며 목표를 위해 쾌락을 지연했다. 연구원들이 특히 놀라워한 건 고등학교를 졸업한 후 훨씬 훌륭한 성취를 이뤘다는 점이었다.[5]

　게다가 이렇게 인생에서 성공하는 방법을 가르칠 수 있다. 인지 조절에 서툰 네 살 아이들 가운데 8살까지 이 정신 능력을 습득한 아이는 타고난 아이들과 같은 효과를 봤다. 인지 조절 능력이 뛰어난 중학생은 IQ가 뛰어난 학생보다 더 좋은 성적을 보였다. 교사들이 시험 점수뿐만 아니라 수업 참여도, 출석률, 숙제 완료율, 노력 여부 등 IQ와 관련 없는 요인도 고려하여 성적을 부여했기 때문이다.[6]

어린 시절 인지 조절의 효과는 평생에 걸쳐 꾸준히 유지되는 것으로 보인다. 실험 참여자들을 30대까지 추적 관찰한 결과 네 살 때 충동적으로 마시멜로를 먹은 아이는 손대지 않고 억제했던 아이보다 재정 상태가 좋지 않고 신체 건강이 나쁜 편이었다. 그리고 놀랍게도 네 살 때 마시멜로 두 개를 받으려고 기다린 아이(혹은 8살에 이 능력을 습득한 아이)는 40년 후에도 신체 노화가 느리고 뇌가 더 젊을 것으로 추정된다.[7] 성인의 인지 조절 능력은 출신 가문과 어린 시절 IQ와는 독립적이었다.

다행히 이 내면 역량을 키우려면 지금도 늦지 않다. 언제든 충동을 억제하고 더 나은 선택을 기다릴 때 뇌의 인지 조절 회로가 강해진다. 이렇게 자기 통제를 강화하는 전략은 알코올부터 폭식, 강박적 도박까지 중독 치료의 핵심이다. 분노 조절 문제를 치료할 때도 같은 과정을 거친다. 심지어 행동하기 전에 10을 세기만 해도 충동이 부채질하는 분노, 공포 같은 감정도 잠깐 멈춘다.

이 인지 조절 능력을 어릴 때 습득하지 못하고 중년기에 들어서 개선했다고 해도, 이런 변화를 통해 신체적, 경제적, 사회적으로 노년을 잘 준비할 수 있다. 지금 당신의 나이대에서 충동적이었던 사람들보다 장수하고 건강할 가능성이 커진다.

인지 조절은 다른 면에서도 중요하다. 예를 들어 성인 1만 6천 806명을 대상으로 메타 분석을 진행한 결과 성인의 인지 조절 능력 부족은 말년에 나타나는 만성 우울증의 신경 특성이었다.[8] 인지 조절력이 뛰어나면 전두엽 피질의 기능이 뛰어났고 중독 같은 문제(인지 조절 능력이 떨어진다는 신호)로 이어지는 충동에 지지 않고 사려 깊은 의사 결정을 할 수 있다. 좀 더 일반적인 사례를 들면, 기분 나쁜 쪽으로 생각이 자주 흘러갈수록(자꾸 곱씹고 걱정한다는 뜻이다) 불안 장애 같은 심각한 감정 문제를 일으키는 경향이 있다.[9]

한편 비즈니스나 스포츠, 예술, 그 외 다른 분야에서도 훌륭한 정신 상태는 뛰어난 성과를 가져온다. 최적 상태를 구성하는 요소 가운데 감정 숙달emotional mastery은 감정적 균형을 유지하고 어려움이 있어도 계속 회복하는 능력이다.

이런 상태에 돌입하면 변화하는 요구 사항에 기민하게 적응할 수 있다. 기분은 변하지 않거나 무슨 일이 생겨도 긍정적으로 되돌아간다. 물론 성과가 뛰어나면 감정도 고조된다. 이 모든 건 감정 숙달이 성인의 똑똑한 부엉이라는 사실을 보여준다.

자기 절제의 힘

그 해는 1905년이었다. 러시아 숲 깊숙한 곳에 농노들이 둥글게 모여서 차르czar(러시아 제국의 군주를 일컫는 말_옮긴이)군인이 오는지 망봤다. 들키면 즉결 처형이었기 때문이다. 원 가운데에는 12세 소녀가 큰 소리로 연설문을 읽었다. 근방에 사는 또래 소녀들과는 달리 가정 교사에게 글을 배운 아이였다. 소녀는 농노들에게 분연히 일어나서 계약 노역을 강요하는 지주들을 타도하자고 촉구했다. 제정 러시아 정권에 대항하다 실패한 혁명이었다.

이 12세 소녀의 이름은 에마로, 골먼의 외할머니였다.

에마는 목숨을 건지기 위해 러시아를 떠나 미국으로 도망쳤다. 에마가 필라델피아로 가던 배에서 만나 남편이 된 제이컵도 이민자였다. 제이컵은 엔지니어가 되고 싶었지만 교육받을 형편이 아니었다. 골먼의 할아버지와 할머니도 이민자였다. 골먼이 알기로는 (태어나기 전에 돌아가셨다) 정규 교육을 거의 받지 않았다고 한다.

하지만 미국에서 태어난 골먼의 어머니와 아버지, 주변의 이민자 자녀들은 학업에 열중했고 몇 시간이고 꼼꼼히 학교 숙제를 했다. 또래 친척들도 다들 성취를 중요하게 생각했다.[10] 골먼의 어머니는 시카고대학교를 졸업하고 스미스대학교에서 사회 복지 석사 학위를 받았다. 어머니의 형제 역시 시카고에서 공부했고 물리학자가 되어 결국 국립 실험실의 책임자로 임명됐다. 마찬가지로 이민자 자녀였던 골먼의 아버지는 예일대학교에서 문헌학을 전공한 고학력자가 됐다. 골먼의 부모님은 수많은 이민자 자녀의 전형이었다. 이민자들은 가난하고 교육받지 못한 채 미국으로 왔지만 학교에서 좋은 성적을 받으면 경제적 안정을 얻을 수 있다고 생각했다.

다른 아이들보다 공부를 오래, 열심히 하면 평균 성적이 오르는 건 당연하다. IQ와 학교 성적을 대규모로 메타 분석한 결과 발견한 사실이다. 숙제뿐만 아니라 공부도 열심히 하는 성실성은 높은 IQ보다 성적 기여도가 아주 약간 낮았다.[11] 순수한 노력의 힘은 또 다른 효과를 가져왔다. IQ가 그리 높지 않은 학생들도 노력하면 인지 능력이 좋은 또래보다 좋은 성적을 받을 수 있다.[12] 달리 말하면 반에서 머리가 가장 좋지 않아도 열심히 공부하면 성적이 잘 나온다(그래도 IQ가 높으면 힘들이지 않고 그 성적을 얻을 수 있다는 뜻이다). 동료 검토를 받은 연구까지 동원해서 이 사실을 증명할 필요는 없다. 상식이기 때문이다.

감성지능의 관점에서 이렇게 성공하고 싶어 하고 다른 사람보다 열심히 하는 투지는 '성취Achieve' 역량에 해당한다. 이 능력의 배경은 골먼의 대학원 멘토였던 데이비드 맥클랜드가 '성취동기achievement motive'라고 했던 기념비적인 연구에서 시작한다. 그가 강조했던 동기를 참고해서 골먼은 동기 부여를 감성지능의 5개 요소에 포함했다. 하지만 지금은 스스로 동기를 부여하는 방식을 성취 역량에 해당하는 자기 관리의 일종으로 본다.

고성과자는 자기 목표에 극도로 집중하고 중간 단계를 인식하며 그 목표를 향해 어떻게 가고 있는지 보여주는 측정 수단을 열린 자세로 받아들인다. 역경이나 장애물이 있어도 목표를 향해 꾸준히 정진하는 투지도 있다. 이는 성취에 결정적인 역할을 하는 투지에 해당한다. 펜실베이니아대학교 심리학자 앤절라 더크워스Angela Duckworth가 연구한 성공 요인인 '그릿' 개념에서 집중적으로 다루는 내용이기도 하다.[13]

그릿에는 앞으로 나아가기 힘들어도 멀리 있는 골문을 계속 바라보는 체력과 인내심, 목표에 대한 열정이 필요하다. 더크워스는 그릿을 확인하면 평균 성적이 높은(TV 보는 시간은 가장 적은) 고등학생과 미국 육군 사관학교U.S. Military Academy at West Point에서 중퇴하지 않을 사관 후보생, 철자법 대회 챔피언을 가릴 수 있다는 사실을 확인했다. 예를 들어 철자법 대회에서 우승하려면 몇 년에 걸

쳐 끈질기게 연습해야 한다.[14]

더크워스는 7학년을 가르치면서 이런 성공 요인의 힘을 처음 느꼈다. 골먼의 부모님이 속한 이민자 자녀 세대처럼, 성취를 위해 강하게 밀어붙이고 어떤 어려움에도 꾸준히 노력하는 학생은 지능이 똑같은 아이들이 허우적대는 동안 성공했다.

그릿은 회복력과 자신감, 중간에 가끔 실패하더라도 계속하는 용기로 무장하고 장기 목표를 추구할 수 있게 해준다. 더크워스가 성취동기에 관한 맥클리랜드의 초기 연구를 알았던 건 아니겠지만 더크워스가 연구한 결과는 맥클리랜드의 논지와 일맥상통한다. 예를 들어 맥클리랜드의 한 연구에서 성공한 기업가는 '성취욕구'가 강하다고 했다. 이와 비슷한 맥락에서 더크워스는 그릿을 탁월함으로 이어지는 근본 능력이라고 정의했다. 뛰어난 성과의 기반을 이루는 공통 요소는 장기 목표를 계속 주시하는 성취동기로 귀결된다.

일터에서 좋은 날 경험에 관해 연구한 하버드대학교 연구 팀은 자신에게 중요한 목표를 추구하는 날이 가장 좋은 날이라 경험하는 효과가 발생한다는 사실을 발견했다.[15] 이것이 최적 상태로 들어가는 핵심 신호. 반대로 사람들은 최악으로 꼽는 날에 방해받는 느낌이 들었고 기분이 엉망이었다고 했다. 일에 차질이 생기면 슬픔과 공포를 느끼거나 단순히 실망하기도 한다.

일을 잘못하고 있다는 두려움은 어린 층에도 영향을 미친다. 이들의 일터는 학교이며 뛰어난 성적을 보여야 한다는 압박감이 주된 스트레스 요인이다. 역설적으로 부유한 특권층 출신에다 좋은 학교를 나온 학생은 압박감이 덜한 학교를 졸업한 학생보다 불안과 우울, 스트레스 증상에 시달리는 비율이 세 배에서 일곱 배 정도 높았다.[16]

이유가 뭘까? 이 학생들의 절반 이상이 좋은 성적을 바라는 부모님의 압박을 꼽았다. 하지만 그 부모는 자녀가 애정 어린 결혼생활을 하고 행복하며 건강하고, 어떻게든 세상에 받은 것을 베풀길 바란다고 말할 것이다. 하지만 자녀는 그 번영으로 가는 길을 아주 좁은 틈으로 바라본다. 학교 성적을 올려서 좋은 대학에 들어가려 하고, 졸업 후에는 돈을 많이 버는 직업을 갖고 싶어 한다.

일부 아동 치료사는 부모가 자녀의 성취를 칭찬하는 방식에 문제가 있다고 본다. 학교에서 좋은 성적을 거둬야 사랑받는다는 메시지를 보내기 때문이다.[17] 부모 역시 하나하나 스트레스받는다. 한 설문 조사 결과 부모 가운데 70퍼센트가 자녀의 학업, 사회, 감정 발달 때문에 극도의 스트레스를 받는다고 보고했다.[18]

따라서 다른 긍정적 특성과 마찬가지로 강한 성취동기도 지나치면 독이 된다. 하지만 건전한 목표 지향성은 스트레스 관리 능력과 합쳤을 때 또 다른 효과를 불러온다.

성공한 기업가 등 탁월한 성취를 이룬 사람들을 연구한 결과 앞으로 몇 년 동안 중요하게 생각될 특성이 나타났다. 이들은 지속적인 개선을 위해 피드백을 구한다. 성취동기가 있는 사람들은 자기가 얼마나 잘하고 있는지 철저히 측정하려 한다. 이런 측정 기준을 활용해서 더 잘하려면 어떻게 해야 할지 실험까지 한다. 노력을 투입하여 학습 곡선을 그리는 셈이다.

이것이 성취동기 특유의 신호다.[19] 일단 성취도가 높은 사람들은 평범한 사람들보다 탁월함을 정하는 기준이 높고 어떻게든 맞추거나 넘어서려고 노력한다. 그래서 성과를 측정할 지표나 피드백을 구하고 항상 더 잘할 방법을 찾는다. 쉽지 않은 목표를 설정하고 계산된 위험을 감수하며 개인적인 성취와 본인이 속한 조직의 목표 사이에서 균형을 잡는다.

여기서 인지 조절 능력이 작동한다.[20] 주의와 감정, 충동을 조절하는 능력이 있으면 그날, 그 주, 그 해에 무엇인가 훼방하더라도 장기 목표에 계속 집중할 수 있다. 그릿에는 어느 정도 인지 조절 능력이 필요하다.

마음속에 목표를 품는 것도 중요하지만 골대를 상상하는 것만으로는 부족하다. 모험가인 콜린 오브레이디 Colin O'Brady 는 3극(북극, 남극, 에베레스트산)을 정복했고 이제 '자기 목표를 현명하게 이해하도록' 운동선수들을 훈련한다.

그는 이렇게 말했다. "지나치게 연습하거나, 전략을 빈틈없이 짜려 하거나 미래의 결과에만 매몰되는 걸 느끼면 곧바로 지금 이 순간으로 주의를 되돌려야 합니다."[21] 그는 현재에 집중해야 오랜 훈련이 빛을 발하고 잡념을 무시할 수 있다고 했다.

성취 역량의 또 다른 요소는 '현명한 위험smart risk'을 감수하는 것이다. 이 위험이 '현명한' 이유는 다른 사람의 눈에는 잘 안 보이지만 당사자는 스스로 어떤 강점(예를 들어 어떤 기술을 연습했다고 하자)이 있는지 알기 때문이다. 그러면 그 일에 자신감이 생기며, 특히 기업가들이 이런 일을 자주 겪는다. 하지만 위험 부담만 보고 그 뒤에 깔린 전문성을 못 보는 사람들은 별로 현명한 일이 아니라고 생각할 것이다.

긍정성과 성장형 사고방식

'그릿'이 크게 보면 감성지능 모델을 구성하는 성취 역량의 새 이름이듯이, 다른 감성지능 역량도 같은 이유로 새롭게 주목받고 있다. 오래된 술을 새 부대에 담는 셈이다. 감성지능 역량에 해당하는 '긍정성'은 낙관적인 자세로 상황을 바라보고 자기 능력을 개발하려 하며, 다른 사람 역시 장점을 키울 수 있다고 보는 시각이다.

'나는 배우고 더 성장할 수 있다'라는 자세는 긍정성의 근본이자 스탠퍼드대학교의 심리학자 캐럴 드웩Carol Dweck이 명명한 '성장형 사고방식'의 핵심이다.[22] 드웩은 자기 능력을 바라보는 시각이 자기실현적 예언self-fulfilling prophecy(내가 바라는 대로 충족되는 현상_옮긴이)으로 작용할 수 있다고 주장한다. 사고방식이 뻣뻣하고

'고정적인' 사람은 실패하거나 장애물이 나타났을 때 타고난 능력이 부족하다고 생각하고 포기한다.

드웩의 성장형 사고방식은 감성지능 역량의 성취와 긍정성을 합한 개념이다. 드웩은 자기 잠재력을 긍정적으로 바라보면 장애물과 실패는 배울 기회지 방해 요인이 아니라는 개념을 긍정성에 추가했다. 그릿, 성취 역량과 성장형 사고방식, 긍정성 등은 별개의 개념이지만 서로 보완해준다.[23]

오래전에 심리학자들이 밝혔듯이 장애물을 바꿀 수 없는 내부 결점으로 바라보면 어려움이 닥쳤을 때 포기하기 쉽다. 펜실베이니아대학교 심리학자 마틴 셀리그만Martin Seligman은 이런 사고방식을 우울증의 주된 원인으로 지목했다. 셀리그만은 이를 '학습된 무기력learned helplessness'이라고 했다. 그는 이 접근법을 뒤집어서 사람들이 '학습된 낙관주의learned optimism'라는 긍정적인 시각을 개발할 수 있게 도왔다.[24]

사고방식을 바꾼다는 건 다르게 생각하는 법을 배운다는 뜻이다. 고정형 사고방식에서 성장형 사고방식으로 전환하는 방법이기도 하다. 제한적인 의미를 담아서 '아직'이라는 단어를 붙여보자. '나는 그걸 아직은 할 수 없어.' 셀리그만은 이렇게 사고방식을 바꾸려면 스스로 배우고 장점을 키울 수 있다는 사실을 떠올려서 인간의 능력이 고정적이고 제한적이라는 생각에 의문을 제기하라고 했다.

성장형 사고방식으로 생각하면 스스로 실패와 장애물에서 배우고 장점을 개발할 수 있다. 이 원칙은 운동 경기 코칭부터 자녀 양육, 교육, 비즈니스에 이르기까지 어디에나 적용된다. 그리고 지속할 수 있도록 동기를 부여한다(그릿을 지원한다). 자기 능력과 스스로 할 수 있다는 믿음이 있으면 일을 계속할 에너지가 생기고 실제로 성공으로 가는 길이 열린다. 이렇게 '나는 할 수 있다'는 자세는 성취 역량과 시너지를 내면서 계속 개선하는 내면의 방향성을 창조한다. 이런 자세는 어떤 목표를 달성하든 꼭 필요하며 감성지능 역량을 개선할 때 특히 중요하다.

더 잘하는 법을 배워라

성공한 엔지니어인 톰은 처음 일을 시작했을 때 맹렬하게 비판받는 바람에 스트레스가 극심하게 치솟았다. 하지만 비판에서 배울 점에 집중하여 평정을 찾을 수 있었다. 일단 교감 신경계가 가라앉자 질문을 떠올리고 문제의 본질을 탐색했다. 우리는 대단히 심각한 상황에서도 유용한 피드백을 받으면 배울 수 있다. 비판도 마찬가지다. 비판이 구체적이면 일종의 피드백에 해당한다.

긍정적인 시각 역량은 자신과 타인, 사건에서 좋은 부분을 보고 어떤 역량이나 장애물이 닥쳐도 꾸준히 목표를 추구하는 능력이다.[25] 장애물이 나타나도 좌절하기보다는 다른 이가 충격으로 생각했을 난관을 기회로 포착한다. 그리고 미래는 나아질 것이라고 기대한다.

긍정적이고 성장 지향적인 사고방식을 보유한 사람들은 고난을 신나는 일로 받아들이며, 덕분에 사고방식이 고정적인 사람보다 최적 지대를 자주 경험한다. 장애물을 만나거나 실패하면 능력을 키우고 개발하며 성장할 기회로 받아들인다. 반면 고정적 사고방식을 지닌 사람들은 실패를 자기 능력에 대한 평가로 받아들인다. 삶이 내던진 시험에 또다시 낙방한 것이다.

이런 사람들은 능력을 시험받을 때마다 자기 가치를 평가한다고 생각한다. 이들은 잘한다는 인정에 목마르다. 하지만 성장 사고방식은 이런 고난을 다르게 바라보며 배움을 향한 열망과 더 잘하는 법을 배울 수 있다는 깊은 믿음을 발휘해서 앞으로 나아갈 수 있다고 믿는다.

긍정적인 태도도 다른 자질과 균형을 이루지 않으면 오히려 지나칠 수 있다. 고인이 된 영국 정신과 의사 로널드 데이비드 랭 R. D. Laing은 사람들이 불편한 현실을 외면하고 서로 공모하며 안도감을 느끼는 상태를 '매듭 knot(인간이 서로 유대감을 형성하거나 결박하는 패턴_옮긴이)'이라고 설명했다. 이 매듭은 자신과 타인에게 '우리는 불행하지 않다'고 부정하는 데에서 시작된다. 결국 그 불행을 숨기고 모두가 행복한 척하는 가식적인 연극을 이어가게 만든다. 랭은 이런 현상을 "행복한 가족 놀이 game of happy family"라고 불렀다. 이는 비단 가족 내에서만이 아니라 어떤 조직에서도 일어날 수 있다.

적응성 = 민첩성

심리학자 수전 데이비드Susan David는 랭의 "행복한 가족 게임"에서 타나듯 본심을 억누른 채 겉으로만 조화를 유지하려는 태도가 내면의 불행을 억누를 수 있다고 지적한다. 그녀의 접근법은 불편한 감정들을 중요한 신호로 본다. 이런 감정들은 드러나지 않거나 다루기 어려운, 그러나 매우 중요한 문제들이 존재한다는 사실을 알려주는 지표가 될 수 있기 때문이다.

이는 '착하다nice'와 '친절하다kind'의 차이를 보여준다. 단순히 착하기만 하면 그저 모든 것이 조화롭게 보이도록 행동한다. 즉 '행복한 가족 놀이(또는 그 변형판인 행복한 직장 놀이)'를 하게 된다. 그러나 친절함은 다르다. 친절한 사람은 겉으로는 불편할 수 있지만 숨겨진 문제들을 해결하기 위해서라면 일부러 파장을 일으킬 수도 있다. 다시 말해, 겉으로는 다루기 불편한 주제라도 일부러 꺼내어 내면의 갈등을 드러내고 다룬다. 이것이 바로 정서적 민첩성emotional agility의 신호다.

랭이 '정서적 민첩성'이라고 부르는 개념은 감성지능 역량의 '적응성'과 상당히 비슷해 보인다.[26] 그는 모든 감정에 저마다 적절한 자리와 메시지가 있다고 주장했다. 이런 생각은 최소한 찰스 다윈 때로 거슬러 올라간다. 스프레드시트나 교정 원고를 확인할 때 세세한 부분을 집어내려면 들뜨기보다 좀 더 침울한 상태가 낫다.

어떻게 보면 '민첩성'은 성취 역량과 겹친다. 예를 들어 성과에 대한 피드백을 활용해서 자기가 하는 일을 개선하려는 사람들에게서 민첩성을 엿볼 수 있다. 이런 즉각적인 피드백 반영은 성취 역량의 전형적인 특징이다.

감성 역량 측면에서 적응성은 '변화에 유연하게 대처하며 다양한 요구 사항을 효율적으로 배치하고 낯선 상황을 신선한 아이디어나 혁신적인 접근법을 동원해서 적응할 수 있다'는 뜻이다. 목표에 계속 집중하면서도 달성 방법을 수월하게 조정한다는 의미기도 하다.

"적응을 잘하는 리더는 새로운 고난이 닥쳐도 대처할 수 있으며 갑작스러운 변화에 멈추지 않고, 리더십에 불확실성이 뒤따라도 평정을 유지한다."[27]

감성지능 역량을 한층 강화할 수 있게 도와주는 한 강좌에서 적응성은 변화를 피해야 할 대상보다는 기회로 바라본다고 지적했다.[28] '안전지대를 벗어나면 어떤 기분이 드나요?' 같은 성찰 질문에서는 학습자가 생각을 행동으로 옮길 수 있게 대비한다. 랙스먼은 한 대기업에서 기술 책임자로 근무하면서 몇 년 동안 부정적인 분위기에 시달리다 새로운 일자리를 찾아 나섰다. 랙스먼은 적응성 강좌를 들으면서 지금까지 선택지를 너무 좁게 생각했고 다른 직업을 찾는다는 생각만으로도 불안했다는 사실을 깨달았다. 그는 스스로 새로운 기회를 두려워하도록 세뇌했다는 것을 알아차렸고, 좀 더 열린 사고방식으로 폭넓은 가능성을 염두에 두고 네트워크를 활용했다.

요컨대, 각 자기 관리 역량의 기반은 자기 인식이다. 이 근본적인 능력이 부족하면 다음 단계를 밟거나 관리할 수 없다. 감성지능에서 자기 관리 역량은 저마다 새로운 이름을 얻고 인기 단어로 떠올랐다. 긍정성은 '성장형 사고방식'으로, 성취는 '그릿'으로, 적응성은 '민첩성'으로 바뀌었다. 각 역량은 긍정적인 사고방식이나 변화를 포용하는 적응성 등 적합한 학습으로 개선할 수 있다. 이 모든 역량은 삶과 일에서 피할 수 없는 스트레스에 대처할 때 효과를 발휘한다.

6장
번아웃을 넘어 회복탄력성으로

간호사인 애슐리 할로Ashley Harlow는 코로나19로 밀려드는 환자가 절정에 달했던 중환자실에서 더는 버티기 힘들었다. 그곳에서 할로의 할머니가 돌아가셨을 때는 인내심이 한계에 부딪혔다. 할로가 계속 일할 수 있었던 건 다른 중환자실 간호사들처럼 아드레날린이 치솟았기 때문이다. 하지만 아드레날린이 사그라들자 애슐리는 진이 빠졌고 지나치다는 생각이 들었다. 그래서 결국 그만뒀다.¹

이렇게 끊임없는 스트레스가 감정적 탈진으로, 결국 번아웃으로 진행되는 과정은 지나칠 정도로 만연하다. 코로나 팬데믹 기간에 의료계에 종사하는 근로자 5명 중 1명이 일을 그만뒀다. 식당 직원부터 창고 근로자, 고위 경영자에 이르기까지 스트레스와 번아웃은 그 어느 때보다 흔해 보인다. 계속해서 진행된 설문 조사 결과에는 사람들이 점점 스트레스받는다는 사실이 드러난다.[2] 직장 내 번아웃 실태를 조사한 연간 보고서에서 응답자의 30퍼센트가 2020년에 높은 수준의 번아웃을 경험했다고 답했다. 2021년에 이 수치는 35퍼센트로 증가했고 2022년에는 38퍼센트로 또 증가했다.[3]

스트레스는 최적 상태에 진입하지 못하게 가로막고 번아웃과 포기로 이어지며 당연히 건강 악화, 불행, 과식, 과도한 음주가 동반된다.[4] 스트레스의 부정적 영향은 이제 널리 알려졌고 감정적 탈진부터 성과 저해, 궁극적으로는 죽음까지 이어진다.

감성지능 역량은 최고와 최악의 상태를 가르는 차이를 만들며 '감정적 자기 통제'나 '감정적 균형'이라고도 불린다.[5] 이 역량이 있으면 스트레스받거나 적대적인 상황에서도 강렬한 감정과 충동을 조절해서 효율성을 유지한다. 스트레스와 좌절에서 다시 일어나게 하는 회복력이 있기 때문이다. 회복력은 좋지 않은 감정을 억압하기보다는 잘 관리해서 머릿속을 맑고 차분하게 유지해준다. 이번 장에서는 스트레스와 번아웃이 구체적으로 어떻게 전개되는지 살펴보고, 이렇게 중요한 내면 균형을 되찾는 회복탄력성을 키우는 방법을 살펴볼 예정이다.

스트레스에서 번아웃으로

계속 스트레스를 받다 보면 번아웃으로 이어지기 마련이다. 예를 들어 애슐리 할로처럼 업무 부담이 크고 부담을 해결하는 자원은 지나치게 부족할 때 발생한다. 이렇게 번아웃으로 가는 길은 많은 자녀 때문에 짓눌린 한 부모 가정부터 회사에서 다른 관리자들을 해고하는 바람에 업무 부담이 커지는 관리자까지 어떤 상황에서도 시작될 수 있다.

현재 벌어지는 일을 평가하는 방식(당사자의 고유한 사고방식)이 사태를 악화하기도 한다. 예를 들어 비현실적으로 자신에 대한 기대치가 높으면 내면에 스트레스가 발생한다. 살아남지 못할 가능성이 크고 위독한 환자들을 보살피는 게 자기 사명이라고 생각하는 중환자실 간호사들에게서 이런 현상이 많이 나타난다. 하지만 이 사명감은 코로나 팬데믹으로 몰려든 압도적인 환자들 앞에서 더욱 무거운 짐이 되곤 했다. 게다가 이들은 산소 호흡기, 마스크, 심지어 침상에 이르기까지 필수 장비가 모자란 사태에 익숙하지 않았다.

그리스의 철학자 에픽테토스Epictetus는 일어난 일 자체보다 그 문제에 반응하는 방식이 중요하다고 말했다. 달리 말하면 스트레스의 강도는 스트레스받는 사건뿐만 아니라 그 사건을 평가하는 방식에 달렸다는 뜻이다.[6]

이럴 때 처음 내렸던 평가를 다시 생각하면 도움이 된다. 잠재적 스트레스 요인을 해로운 위협으로 인지하면 격렬한 감정을 처리해야 한다. 보통 첫 평가는 이런 식으로 진행된다. 내일까지 마쳐야 할 프로젝트가 있는데 많이 뒤처졌어. 난 이제 큰일 났다! 그 결과 공황과 탈진으로 이어진다.

하지만 상황을 다시 생각하면 이렇게 재구성할 수 있다. 잠깐만, 하루 이틀 늦는다고 세상이 끝나지는 않을 거야. 스트레스가 가져오는 혼란에 접근하는 방법은 다양한 변형이 존재하고, 이번 장에서 나중에 다룰 것이다. 이런 평가 방식은 보통 자각하지 못하고 두세 단계에 걸쳐 거의 곧바로 진행된다.

감정 소모 과정이 지속되면 번아웃에 빠지기 쉽다. 우리 몸은 강렬한 스트레스가 잠깐 폭발했을 때 대처할 수 있지만 회복 기간이 뒤따라야 한다. 감정적 균형에는 회복탄력성과 회복력이 포함된다. 하지만 회복할 기회 없이 스트레스가 오랜 기간 높은 수준으로 유지되면 번아웃이 시작된다. 이런 과정을 알리는 최초의 신호가 감정적 고갈이며 이럴 때는 아무리 몰입한 업무라도 동기를 부여하기 어렵다. 당연히 일을 점점 싫어하게 되며 함께 일하는 사람도 보기 싫어진다. 한때 기쁨을 줬던 존재가 이제 냉소를 일으킨다.

예를 들어 코니는 국내 최고의 로스쿨을 졸업했다.[7] 그는 사회적 약자들을 돌보고 세상을 바꾸고 싶었다. 그래서 대기업 인사 담당자와 면접을 봤고, 통과해서 가까운 법률 구조 사무소에 입사했다. 하지만 8개월 동안 아무런 지원 없이 끊임없는 요구를 감당해야 했고 온종일 법학 학위와는 상관없는 전화 업무를 했다. 고마운 마음은커녕 거짓말만 하는 고객과 일하면서 회의에 빠졌고 결국 그만두기로 했다. 심지어 많은 고객을 '그들과 어울리는 감옥에 집어넣기' 위해 지방 검사 사무실에서 일할 생각까지 들었다.

이런 냉소주의는 번아웃의 신호다. 자기 일을 이상적으로 생각했던 사람이 회의감을 느끼면 스트레스-번아웃 주기가 시작되고 장기적인 문제가 생기기 시작한다. 이 주기는 잦은 두통과 체중 증가, 위장 문제, 수면 장애, 심장병 등 다양한 체감 문제를 일으킨다. 예를 들어 산업 근로자의 번아웃은 10년 후 심각한 심장 문제로 이어졌다.[8] 스트레스는 면역계 노화를 불러오기도 한다.[9] 우울증과 사회적 고립, 감정적 고통을 누그러뜨리기 위한 약물과 알코올 남용 등 정신적 문제도 일어난다. 한 설문 조사에 따르면 응답자의 4분의 3이 직장 스트레스가 개인적 관계에 부정적인 영향을 미쳤고 3분의 2는 업무 스트레스 때문에 잠을 못 잔다고 답했다.[10]

당연하지만 번아웃은 생산성을 떨어트리고 업무 품질을 훼손한다.[11] 다른 신호로는 무단결근(그냥 직장에 안 나타난다)과 그만두고 싶은 마음(아마 이해할 것이다), 조직에 대한 무관심, 전반적인 업무 불만족 등이 있다. 적지만 상당한 수에 해당하는 16퍼센트의 응답자는 스트레스 때문에 어쩔 수 없이 일을 그만뒀다고 했다.[12] 이런 상황에서 최적의 성과를 내는 건 어림도 없다.

스트레스받는 뇌

혹시 이런 적이 있는가? 잘 보이고 싶은 사람들 앞에서 중요한 발표를 하던 도중에 갑자기 파워포인트가 말을 안 듣는다. 노트북을 만지작거리느라 말이 중간에 끊겼고, 다들 당신이 문제를 해결하길 기다리며 침묵이 흐른다. 하지만 당신은 머릿속이 하얘졌고 평소라면 금방 해결했을 작은 문제가 걷잡을 수 없이 크게 느껴진다. 스스로 흐트러지는 것이 느껴졌고 호흡이 가빠지면서 목덜미에 식은땀이 흐른다. 더듬거리는 모습이 얼마나 바보 같을지만 생각할 뿐이다. 처니스의 부인 데버라는 영상 회의로 발표하면서 비슷한 일을 겪었다. 결국 다 잘 풀렸지만 데버라는 몇 년이 지나도 그 긴장했던 순간을 기억한다.

이렇게 기술 문제로 허둥거렸던 강렬한 상황은 극심한 스트레스 속에서 뇌와 정신에 많은 변화를 일으킨다. 집중이 안 되고 갈팡질팡하며 간단한 것도 기억이 안 난다. 습관적으로 움직일 뿐 사소한 기기 문제를 해결하긴커녕 아무 일도 못 한다. 이 불편한 기억은 오랫동안 뇌리에 박힌다.

뇌 과학에 따르면 이런 스트레스 공격 증상은 도파민, 르에피네프린norepinephrine, 에피네프린epinephrine 등 카테콜아민이라고 불리는 뇌 화학 물질군 때문에 발생한다. 이 화학 물질은 응급 상황에 대응하기 위해 유명한 '투쟁-도피' 반응을 일으킨다. 심장과 근육은 흥분하고 소화와 면역계를 비롯한 시스템은 느려지며 단기적으로 필요한 곳에 에너지를 보낸다. 동시에 뇌는 전전두엽 피질의 통제 센터가 아닌 감정 회로에 주도권을 넘겨준다.

역설적으로 카테콜아민은 기억을 강화해서 속상했던 일을 꼭 떠올리게 한다. 물론 이 모든 과정 덕분에 옛날 우리 조상들은 삶의 위협에서 살아남았지만, 전전두엽이 최적으로 반응해야 하는 오늘날 스트레스에 똑같이 반응하는 건 지나치게 빈도가 잦거나 부적절하다.

스트레스가 증가하면 다른 뇌 호르몬인 코르티솔도 증가한다. 스트레스가 절정으로 치달았을 때 코르티솔 수치도 최고 수준을 기록한다. 이렇게 코르티솔이 급증하면 호흡과 심장 박동이 빨라지고 혈압과 혈당 수치가 상승한다. 이런 신체 변화는 공포와 불안, 짜증, 슬픔 같은 반응을 일으킨다. 정신적으로는 집중하기 힘들거나 핵심을 기억하지 못한다. 극도의 피로 때문에 정신적 감퇴가 진행된 것이다.

뇌 과학에 따르면 불안과 최상의 성과는 서로 억제 작용을 한다. 하나가 올라가면 다른 하나는 떨어진다. 따라서 지칠 대로 지친 상태에서는 인지력이 떨어지고 성과가 곤두박질친다. 감정적 혼란이 극에 달했을 때는 해야 할 일이 아니라 인지된 위협에 주의가 집중된다. 대응이 뻣뻣해지고 효과적으로 반응하기보다 지나치게 조심스러워진다.

골먼은 이렇게 혼이 빠진 상태를 예전에 '편도체 납치amygdala hijack'라고 했지만 지금은 다르게 본다. 뇌 기능을 단순하게 바라보면 특정한 뇌 영역이 어떤 감정을 '일으키는' 것 같지만, 신경 과학자들은 극도의 혼란 상태가 되면 뇌에서는 단일한 교점이 아니라 광범위한 회로가 활성화된다고 말할 것이다.[13] 따라서 편도체가 위협을 감지하는 레이더처럼 작동한다는 말은 공포 대상을 감지했을 때 활성화되는 광범위한 네트워크에서 편도체가 중요한 역할을 한다는 뜻이다.[14]

공포를 느끼는 뇌 회로와 밀접하게 연결된 현저성 네트워크salience network(감각과 감정 정보를 감지해서 인지 기능에 영향을 주는 네트워크_옮긴이)'는 매 순간 우리에게 가장 의미 있는 것을 결정해서 그쪽으로 주의를 돌리게 한다. 위협과 집중 관련 회로는 서로 얽혀 있기 때문에 공포의 대상에 주의가 고정된다. 이렇게 위협과 집중이 밀접하게 연결된 덕분에 우리 조상들은 위험한 세계에서 생존할 수 있었다. 하지만 오늘날 우리는 꾸준히 지속되는 '위협', 즉 걱정거리를 견뎌야 한다. 그 결과 걱정과 불안이 끊임없이 우리를 방해하고 주의를 흐트러트린다.

좀 더 긍정적으로 말하면 몰입과 주의는 함께 흘러간다. 우리는 가장 중요한 것과 좋아하는 것에 더 주의를 기울인다. 최적 지대에 들어서려면 차분하고 명료해져야 한다.

위협에 따른 스트레스를 해소하려면 느긋해져야 한다. 교감 신경계가 각성된 상태에서 뇌의 회복 모드인 부교감 신경계로 전환해야 한다는 뜻이다. 이런 생리적 전환은 감정적 균형을 이루고 관리하는 핵심이다.

코르티솔은 스트레스로 촉발되는 신경 화학 물질이지만 수치가 낮을 때는 유용하다. 예를 들어 아침에 생체 시계를 움직이고 그날 필요한 정신적 에너지를 준다. 정신적으로 힘든 일이 있으면 코르티솔은 상황에 대응할 능력을 준다. 코르티솔 수치가 적당하면 활발하고 기분 좋게 최적 상태에 머무르면서 까다로운 여러 가지 문제를 수월하게 처리할 수 있다.

한 대학 강사는 흥분이나 긴장이 "좋은 것이 될 수 있다"면서 덧붙였다. "내 삶은 마감 주기로 이뤄졌어요. 논문 마감이나 개강일이 다가오면 경험은 더욱 고조되고 강렬해집니다. 주어진 일을 마치면 에너지가 가라앉고 느긋해지죠. 나는 이런 스트레스와 휴식 주기가 이롭다고 생각해요. 앞서 나갈 수 있으니까요."[15]

 이런 신경계 각성 현상은 '유스트레스eustress'나 좋은 스트레스로도 불리며 어떤 문제가 나타나더라도 계속 진행하고 힘을 낼 수 있게 도와준다. 생물학적 관점에서 이렇게 기동성이 증가하면 뇌 호르몬인 코르티솔이 증가한다. 코르티솔 수치는 새벽녘에 올라가기 시작하면서 그날 하루 활동에 대비한다. 좋아하는 일을 앞두면 코르티솔은 그 일을 하기 위해 뇌와 신체를 적절한 상태로 준비한다. 대부분의 최적 상태는 코르티솔이 대비하면서 시작된다. 하지만 최적 수치를 초과해서 계속 분비량이 증가하고 다른 스트레스 호르몬인 아드레날린까지 분비되면 일반적으로 '스트레스'라고 하는 나쁜 상태로 고통받는다.

 실제로 고난이 닥치면 힘이 난다고 설명했던 대학 강사는 불안이 더 커지면 도움이 되지 않는다고 했다. "더 불안하고 조심스러워지면 재앙이 될 수 있어요." 그는 인정하면서 일류 체조 선수인 시몬 바일스Simone Biles의 말을 인용했다. "올림픽 경기에서 극도로 불안했고, 이 상태가 계속되면 위험할 거라고 생각했어요." 바일스는 2022년 베이징 올림픽에서 기권했다.

 우리는 스트레스를 불안 같은 부정적인 감정과 연관 짓는다. 하지만 앞서 말했듯이 모든 감정에는 용도가 있다. 샐러비와 메이어 그룹은 꼼꼼한 작업에서는 슬픔이 정확도를 올려준다는 연구 결과를 자주 인용한다.[16] 원고를 교정하거나 세금을 계산하는 등 유의미한 정보가 좁은 범위에 존재하는 상황에서는 정신적으로 좀 더 진지해질 수 있는 부정적인 감정이 낫다.

긍정적인 감정은 광범위한 정보를 흡수하고 인지 효율을 높이는 경향이 있다. 부정적인 감정은 범위를 좁힌다. 그래서 일상적인 문제와 걸림돌은 기분이 좋을 때 해결하는 게 좋다. 위스콘신 대학의 신경 과학자인 리처드 데이비드슨Richard Davidson은 이렇게 말했다. "다양한 원천에 정보가 존재할 때는 긍정적인 감정이 인지력을 강화한다." 살면서 시련에 부딪힐 때 이런 복잡성이 흔히 나타난다.

좋은 기분과 긍정적인 감정에는 예상치 못한 효과가 있다. 기분이 좋으면 현실에 안주하기보다('뚱뚱해도 행복한' 인생관) 기후 온난화 같은 심오한 문제에 행동으로 대응할 가능성이 커진다는 사실이 드러났다.[17]

무엇이 스트레스를 일으키는가?

아마 일터에 가장 널리 퍼진 스트레스 요인은 너무 많이 일하고 보상이 적기 때문일 것이다. 이상하게도 업무량은 제일 흔한 스트레스 원천이지만 항상 나쁜 영향만 미치는 건 아니다. 업무량이 많을 때보다 충분하지 않으면 더 안 좋을 수 있다. 한 직장 설문조사에서 응답자의 79퍼센트는 할 일이 너무 많을 때보다 충분하지 않을 때 더 스트레스받는다고 대답했다. 그리고 74퍼센트는 돈을 더 받는다면 얼마든지 더 일할 용의가 있다고 했다.

하지만 꼭 돈만 중요한 건 아니다. 지위, 인정, 감사가 부족해도 문제가 된다. 더 큰 문제는 본질적인 보상이 없을 때, 즉 자신의 노력이 무의미하다는 느낌이 들 때 발생한다.[18] 예를 들어 진정한 법무를 거의 못 하는 변호사를 생각해보자. 업무 시간 내내 자신이 느끼기엔 지루한 전화와 서류만 붙잡고 있다. 이 변호사는 번아웃에 빠질 가능성이 크다.

부당한 대우도 스트레스를 준다. 남성 팀원들보다 똑똑한 젊은 여성이 있다고 하자. 하지만 이 여성은 회의 시간에 어떤 아이디어를 내도 무시당했다. 하지만 몇 분 뒤에 남성 팀원이 똑같은 아이디어를 냈더니 어이없게도 팀원들이 열정적으로 반응했다. 이런 성차별은 당연히 전형적인 불공정에 해당하며 쉽게 분노와 억울함으로 이어진다. 이런 부당한 대우가 계속되면 곧 번아웃이 찾아올 것이다.

이런 편견은 승진하는 사람과 못 하는 사람, 임금 인상 할당, 심지어 징계받는 사람과 받지 않는 사람에 이르기까지 일터에서 다양한 형태로 나타날 수 있다. 2019년 미국인들에게 지난달에 스트레스를 받은 원인을 지목하라고 했을 때 25퍼센트가 이런 차별을 언급했다. 2021년에 이 수치는 32퍼센트로 증가했으며 2022년에도 여전히 높은 28퍼센트로 큰 차이가 없었다.[19]

부정적인 고정 관념이 팽배하면 편견에 따른 스트레스가 심해진다. 예를 들어 수학 문제를 푸는 실험에 자원한 여성들은 여자가 수학에 취약하다는 생각(흔한 고정관념)을 주입받았다.[20] 이 '고정관념 위협 stereotype threat'은 일을 엉망으로 할 것 같은 생각, 즉 훼방 요인을 자극하고 결국 자기실현적 예언으로 이어진다.

고정관념 위협은 어떤 표적 그룹에 대입해도 구성원에게 강력

하고 해로운 영향을 준다는 사실이 드러났다.[21]

세 번째 주요 스트레스 원천은 자기 내면으로, 일을 잘하려면 필요한 능력이 부족하다는 보이지 않는 공포를 말한다. 이런 실패에 대한 두려움은 직장이나 업무를 새로 시작하는 사람이 근본적으로 자기 자신이 부족하다고 생각할 때 발생한다. 정체성과 자기 가치에 대한 의심은 직장이나 가정, 스스로 중요하게 생각하는 영역에서 얼마나 핵심 역할을 잘해내느냐에 달렸다. 예를 들어 가정생활이 없는 전문직 종사자는 자기 가치가 업무 성과에 달렸다고 보기 때문에 성과에 대한 기대치가 높다.

처니스는 신입 전문직을 대상으로 인터뷰한 결과 기대치를 충족할 능력을 걱정하는 사람이 많다는 사실이 드러났다. 전혀 놀라운 일이 아니다. 하지만 12년 후 처니스의 연구 팀은 이들 중 많은 사람이 여전히 스스로 충분히 잘하고 있는지 걱정한다는 사실을 발견했다. 한 고등학교 베테랑 교사는 이렇게 인정했다. "여전히 악몽을 꿔요. 가을에 반 학생들에게 뭔가 하라고 했더니 아이들이 모두 저를 쳐다보면서 '싫어요!'하고 소리치는 꿈을요. 아직도 너무 불안해요."

이렇게 스스로 부여하는 스트레스는 완벽주의와 결합해서 더 강해진다. 매번 좋은 성과를 내겠다는 기대는 엄청난 스트레스를 일으킨다. 몰입에 계속 돌입해야 한다는 이상처럼, 이런 사고방식은 업무 자체의 압박에 더해서 내면적 스트레스를 일으킨다. 반에 있는 모든 아이의 마음을 움직여야 한다고 믿는 신입 교사, 재판에서 질 때마다 자책하는 신입 변호사에게서 이런 현상을 볼 수 있다.

회복탄력성으로 가는 길

코로나19로 환자가 급등했을 때 한 간호사는 보스턴 병원 중환자실에 오랫동안 머물러야 했다. 그는 비통함을 느꼈다. 가장 고통받는 환자들을 돌봐야 했고 그중 많은 환자가 사망했다. 일 때문에 끔찍한 기분이 들었다.

하지만 이 상황 때문에 건강을 해치지 않겠다는 의도를 세웠다. 그는 일찍 일어나서 장거리 달리기로 하루를 시작했다. 친구들과 영상 통화 모임을 만들어서 그날 있었던 일을 말하는 건 금지하고 재미있는 추억이나 다시 여행이 가능해지면 하고 싶은 일 같은 긍정적인 대화를 나눴다. 매일 명상도 했다. 오랫동안 못 본 가족에게 안부 전화를 걸었다. 자신이 기쁨을 퍼뜨리고 있다는 생각이 들었다.

간호사는 감정적 균형을 바로잡았다. 감정적 균형은 특히 스트레스의 부정적 영향을 줄일 수 있는 역량이다. 리처드 보야치스는 간호사가 어떻게 균형을 되찾았는지 인터뷰한 결과 업무 시간 동안 엄청난 스트레스를 받으면서도 '생기가 가득했다'라고 말했다.

스트레스와 마주쳤을 때 감정적 균형을 찾는 길은 다양하다. 몇 가지 살펴보자.

의미를 찾아라. 목적의식이 있으면 스트레스 완화에 도움이 된다. 좀 더 깊은 목적을 기준으로 부정적인 사건을 재평가할 수 있기 때문이다. 중년 이후의 남성과 여성 수천 명을 연구한 결과 목적에 집중하며 사는 사람은 장애물과 상실, 실패를 되씹거나 곰곰이 생각하지 않고 내적 평정을 빠르게 회복하는 경향이 있었다.[22]

과도한 스트레스가 찾아와도 당면한 과제에 집중하라. 매일 명상 수련('마음챙김' 등 다양한 이름으로 불린다)을 하면 도움이 된다. 점차 증가하는 연구 결과에 따르면 기분이 나쁠 때는 이런 정신 수련으로 스트레스에 덜 반응하고 회복탄력성을 키워서 빨리 회복할 수 있다고 한다.[23]

일과 가정의 균형을 조절하라. 가족이 있으면 누구나 알겠지만 가족이 원하는 것과 일에 필요한 것은 충돌할 수 있다.[24] 일과 사생활 사이에는 항상 어느 정도 긴장이 존재한다. 한쪽을 완전히 만족시킨다는 건 다른 쪽을 소홀히 한다는 뜻이다. 모든 요구를 항상 충분히 만족하는 건 누구에게나 불가능에 가깝다.

어린 자녀 둘을 키우는 싱글맘을 생각해보자. 가족을 부양하려면 일해야 하지만 일하려면 원하는 만큼 아들을 돌보기 힘들다. 스트레스가 생길 수밖에 없다.

한편 운이 좋으면 가정이 업무 스트레스를 높이는 게 아니라 줄일 수 있다. 예를 들어 한 교사의 남편은 다국적 대기업의 중간 관리자였고 굳이 더 승진하려는 욕망이 없었다. 아내의 교사 경력을 성심성의껏 도와주며 집안일을 많이 할 뿐 아니라 아내가 학교에서 특히 스트레스받은 날에는 공감하며 귀를 기울였다.

바꿀 수 있는 걸 바꿔라. "바꿀 수 없는 것을 받아들이는 평온함과 바꿀 수 있는 것을 바꿀 용기와 그 둘의 차이를 알 수 있는 지혜를 주소서." 신학자 라인홀트 니부어Reinhold Niebuhr의 평온을 비는 기도문Serinity Prayer이다. 이 통찰력은 스트레스 요인에 대처할 때도 절묘하게 적용된다. 자신의 반응을 잘 조절하거나(스트레스 요인을 바꿀 수 없을 때), 마감이 걱정된다면 연장하거나 도움을 요청해서 스트레스에 잘 대처할 수 있다.

회복탄력성을 지키려면 경력을 전환하거나 다른 직업으로 바꾸는 등 중간에 수정이 필요할 때도 있다. 한 변호사는 직장에 너무 스트레스를 받아서 학교에 시간제로 등록했고 도시 계획 석사 학위를 받아서 대도시의 기획 부서에 입사했다. 직장 생활을 처음 시작할 때 원했던 직업은 아니지만 예전 직업보다는 훨씬 보람 있었다.

일하는 방법을 조정해서 회복탄력성을 키울 수도 있다. 예를 들어 찰스는 도매 식품 유통업체의 대표였다. 그는 한 고객을 만나는 게 항상 두려웠다. 그 고객은 어떻게 하면 찰스의 민감한 부분을 건드릴 수 있는지 꿰고 있는 사람 같았다. 하지만 어느 해에 그 고객을 만나는 자리에 직접 가는 대신 다른 임원을 보냈더니 문제가 해결됐다. 찰스는 스트레스를 피했고 그 임원은 훌륭한 계약을 따서 돌아왔다.

주도권을 찾아라. 교사로서 보낸 첫해가 끝날 무렵, 유지니아 바턴은 번아웃으로 완전히 지쳐있던 교사 중 한 명이었다. 바턴은 첫해를 회상하며 이렇게 말했다. "정말 지옥 같았어요!" 그런데 바턴은 12년이 지난 후에도 같은 학교에서 근무하며 놀라운 회복력을 보여주고 있다. 바턴은 그 이유로 업무 자율성을 들었다. "저는 자유로운 게 좋아요. 하지만 교사에게 각종 지침, 정책 등 끊임없이 요구사항과 간섭이 들어와요. 물론 그런 걸 지시하는 교장이나 교육감, 교육 위원회 임원들에게 투덜거리며 불평만 할 수도 있죠. 하지만 교실에 들어가서 문을 닫고 수업을 진행하면 누구도 간섭할 수 없어요. 전 그게 좋았어요."

쉬어라. 연구에 따르면 인간의 몸은 스트레스와 압박, 마감 등의 긴장을 받아들이는 데 한계가 있다. 그러니 일에서 잠시 벗어나 쉬면서 존재 자체를 즐겨야 한다.

이는 컨소시엄 동료인 리처드 보야치스가 과학적 연구 결과를 철저히 검토해서 우리 삶의 일반적인 스트레스 요인과 회복 방법을 조사한 끝에 알아낸 사실이다.[25] 스트레스와 회복의 생리는 스트레스가 어떻게 교감 신경계를 자극하느냐에 달렸다. 원래 이 반응은 응급 상황에서 신진대사를 투쟁-도피, 혹은 투쟁-경직fight or freeze 상태로 전환하여 생존을 도모하도록 설계됐다.

이런 흥분 체계가 쉴 새 없이 가동하고 연이어 위기에 대응하다 보면(아이가 아파요! 차에 시동이 안 걸려요! 중요한 회의에 늦었어요!) 조금씩 감정적 탈진 상태로 나아간다. 스트레스에 회복할 시간이 적거나 없으면 결국 힘이 다 빠져버린다. 이런 일이 계속되면 만성으로 굳어지고 결국 번아웃으로 이어진다.

하지만 보야치스는 이런 악화일로에 맞설 단순한 방법을 찾아냈다. 하루 단위나 몇 주 단위로 꾸준히 회복 기간을 두는 것이다. 그러면 신체 복구와 회복을 진행하는 부교감 신경계가 활성화된다. 자연 속에서 걷거나 좋은 친구와 대화하거나, 반려동물과 시간을 보내는 등 아주 단순한 방법으로도 회복이 진행된다. 압박감이 심한 일을 하는 한 임원이 우리에게 이렇게 말했다. "저와 놀아준 고양이 덕분에 목숨을 건졌어요."

보야치스는 골먼과 함께 자기 삶에서 스트레스에서 회복으로 이어지는 비율을 알 수 있는 간단한 자기 평가 방법을 설계했다.[26] 이 평가서는 철저한 연구를 거친 자가 회복 방법을 설명하고, 균형을 바로잡기 위해 하루를 보내면서 무엇을 더하면 좋을지 소개한다.

심호흡하라. 호흡은 자율 신경계의 각성 상태를 반영한다. 투쟁-도피 상황일 때는 빠르고 얕으며 몸이 회복 모드에 들어갔을 때는 깊고 느려진다(전문 용어로 교감 신경계와 부교감 신경계가 자극받는다고 표현한다). 의도적으로 심호흡하면 스트레스 상태에서 더 느긋한 모드로 전환할 수 있다(최소한 잠깐이라도). 4-4-4를 세면서 진행하는 방법도 있다. 횡격막 하부 깊숙이 숨을 들이마셔서 배를 부풀리고 넷을 센다(혹은 편하게 할 수 있는 한 최대한 오래). 그다음 숨을 멈추고 넷을 세거나 편안한 상태로 오래 머물렀다가, 다시 넷을 세거나 더 길게 천천히 숨을 내쉰다. 큰 효과를 보려면 연이어 몇 번 반복하라. 그 자리에서 빠르게 모드를 전환하고 회복탄력성을 키우는 방법이다.

감사하라. 부정적인 생각(감정적 탈진이 초래하는 냉소주의처럼)을 긍정적으로 바꿀 방법은 고마운 사람이나 상황을 의도적으로 떠올리는 것이다. 이런 연습을 위해 인생에서 감사하는 사람이나 일을 매일 세 가지씩 기록한 사람들은 스트레스 수준이 감소했다.[27]

자기 초점은 무엇을 놓치는가?

우리 삶과 일에서 스트레스 요인은 어디에나 있다. 그것을 피할 수는 없다. 스트레스는 당면한 과제에 집중하지 못하게 방해하는 뇌 부위를 활성화해서 효율성을 무너뜨린다. 스트레스는 최적 상태를 가로막는 적으로 보인다.

하지만 희망이 없지는 않다. 살면서 피할 수 없는 스트레스에 잘 대처할 방법이 많기 때문이다. 가능하다면 상황을 바꾸거나 긍정적으로 사고하거나 생리적으로 회복탄력성 모드로 전환하는 등 훌륭한 방법이 있다. 스스로 희생양이 될 필요는 없다.

감정적 균형(혹은 '스트레스 회복탄력성')을 비롯한 자기 관리 역량은 높은 성과와 직업적 성공, '승리'로 이어지는 핵심 구성 요소다. 하지만 이것으로 충분할까? 나르시시스트(자신에게만 몰입하는 사람)는 이런 역량을 개인적인 성취에 도움이 된다고 받아들인다. 우리가 보기에 이런 능숙하게 개인적 성공으로 가는 길을 밟는다고 해서 꼭 다른 사람을 배려하거나 팀의 자산이 되거나 조직의 더 큰 목적을 받아들이지는 않는다.

자기 인식과 자기 관리 역량은 자신을 관리할 통제력을 키우지만 그 자체로는 관계를 개선하기 힘들다. 본인이 뛰어나다고 해도 다른 사람에게 온정은커녕 배려도 보이지 않을 수 있다. 남들이 함께 일하거나 어울리고 싶어 하는 사람, 감동적인 비전과 모두가 공감하는 목적을 제시하는 사람, 다른 사람이 강점과 능력을 키울 수 있게 도와주는 사람이 되어야 한다는 걸 간과하기 쉽다.

개인적인 성공을 넘어 목표의 범위를 넓히면 관계를 개선하고 인정받는 팀원이 되며 당신이 속한 공동체나 조직의 자산이 되는 길이 열린다. 이 모든 게 공감에서 시작한다.

7장
공감의 기술

세 살배기 아이가 통화를 하면서 지금 뭐 하느냐는 이모의 질문에 이렇게 대답했다. "이걸 가지고 놀고 있어요."

'이것'은 아이의 인형이다. 유아는 이모가 '이것'이 뭔지 모른다는 사실을 알 수 없다. 세 살 무렵에는 심리학자들이 '마음 이론 theory of mind'이라고 하는 능력이 아직 발달하지 않았기 때문이다. 마음 이론은 다른 사람이 무엇을 인지하는지, 생각하거나 느끼는지 아는 능력이다. 5살이 되면 대부분 타인의 마음에 무엇이 있는지 감지하는 능력을 익힌다.

상대의 마음에서 무슨 일이 벌어지는지 헤아리는 능력은 사회에서 꼭 필요하며 매끄러운 상호 작용을 도와준다. 우리는 끊임없이 다른 사람이 무엇을 경험하는지 추측해서 그 결과를 은연중에 상호 작용에 활용한다.

다른 사람이 무슨 생각을 하는지 아는 것은 인지적 공감의 핵심 구성 요소이며 주변 사람들을 파악하는 세 가지 방법 가운데 하나다. 우리 뇌는 서로 다른 신경 회로에서 세 가지 주요 공감력을 처리한다.[1]

인지적 공감은 사고하는 뇌인 신피질에 존재하며 타인이 무엇을 생각하고 현재 상황을 어떻게 바라보는지 알게 해준다. 우리는 메시지를 정확히 표현하기 위해 타인의 관점을 읽고 정신 모형mental model(개인이 세상을 인지하고 해석하며 반응하는 고유한 인지 체계_옮긴이)을 파헤쳐서 그들의 언어를 감지한다. 이 능력이 있으면 아주 효과적으로 의사소통할 수 있다는 뜻이다.

이런 의사소통 효과에 대한 개념은 역사가 무척 오래됐다. 예를 들어 수많은 전통에서 누군가의 생각을 이해하고 설득력 있게 연설하는 능력을 높이 샀다.[2]

감성적 공감emotional empathy은 주로 뇌의 감정 회로에 위치하며 상대의 기분을 즉시 알아내는 능력이다. 자신도 느끼기 때문이다. 감성적 공감은 한 사람의 감정 회로가 다른 사람의 회로와 공명하는 뇌와 뇌 사이의 연결에 달렸다. 이렇게 뇌가 연결되면 감성적 공감이 빠르고 강력해진다. 우리는 함께 있는 사람의 기쁨이나 슬픔을 즉시 느낄 수 있다. 여기서 상대의 해로운 상태(혼란, 분노)가 넘어와서 공감성 고통empathy distress을 일으키면 위험해진다. 이런 공감의 병리적 측면은 간호사 같은 직업에서 심각한 문제가 되고 있고, 불안에 시달리는 환자와 계속 접촉하다 번아웃과 사직으로 이어지곤 한다.

  감성적 공감은 표정이나 어조, 몸짓 등 셀 수 없이 많은 비언어적 경로로 타인의 감정을 느끼게 해준다. 이 미묘한 감정 요소는 상대의 말에 우리가 감성적 공감으로 알아차린 특정한 의미를 드리운다. 인간의 전뇌forebrain에는 많은 회로가 존재하며 자신의 뇌와 상대의 뇌 사이에 자동적, 즉각적이고 무의식적으로 이어준다. 감정의 몰입을 잇는 다리인 셈이다. 순간순간 상대의 기분을 알면 자신의 말과 행동을 상대에게 정확히 맞출 수 있다.

  골먼은 마케터들이 모인 대규모 연례행사에서 인지적 공감과 감성적 공감이 강력한 마케팅 메시지를 창조할 때 필요하다고 지적했다. 장내에는 불편한 웃음이 뒤따랐다. 불편했던 이유는 골먼이 세 번째 공감을 발휘한 마케팅 메시지는 개인의 이익이나 특정 브랜드의 시장 점유율뿐만 아니라 표적 고객의 이익도 추구한다고 했기 때문이다.

관심이 중요하다

골먼의 아내는 배달 업체에서 식료품을 집이 아닌 UPS 점포에 배달한 것을 알고 당황했다. 그날 밤 저녁 식사에 꼭 필요한 재료가 있었기 때문이다. 그래서 배달을 담당하는 고객 서비스 센터에 전화했다. 그리고 전화한 순간부터 기분이 조금씩 풀렸다.

먼저 상담 직원은 곧바로 협조적인 태도를 보였다. 처음에 골먼의 아내는 기분이 매우 안 좋은 상태로 말했지만 직원은 침착하게 경청했다. 즉시 문제를 알아차리고 UPS 사무실에 배달 물품이 가면 안 된다는 데 동의했다. 그는 골먼의 아내가 속상한 이유에 공감했다. 아내가 주문한 모든 것을 올바른 주소로 배달하도록 처리했을 뿐만 아니라 비용을 생각해서 상품권도 제공했다.

골먼의 아내는 처음에 기분이 상한 채로 전화했지만 통화가 끝날 무렵 무척 들떴다. 불쾌했던 부분이 나중에는 감동으로 다가왔고 이런 상담원이 더 많았으면 좋겠다고 생각했다. 그 고객 서비스 직원은 통상적으로 인지적, 감정적 공감력이 대단히 뛰어났다. 하지만 더 주목할 점은 확실하게 고객의 편에 섰다는 것이다.

세 번째 공감은 당신이 이해하려는 사람에게 관심을 갖는다는 뜻이다. 이런 공감은 온정을 일으키고 당신뿐만 아니라 상대에게 최선의 이익이 무엇인지 고려하게 한다. 주류 종교는 모두 '자선', '친절' 등 겉으로 보이는 형태는 다르지만 이런 배려를 중시했다. 달라이 라마는 '나의 종교는 친절이다'라는 유명한 말을 남겼다. 그는 모든 영적 전통에서 공통으로 이런 배려를 강조했다고 봤다.

이런 배려는 종교가 아닌 과학계에도 다른 사람에게 마음을 쓰는 '공감적 관심empathic concern'이라는 형태로 들어왔다.[3] 우리는 남의 생각과 기분을 감지할 뿐만 아니라 웰빙에도 관심을 보인다. 이런 타인을 향한 관심을 처리하는 뇌 회로는 부모가 자녀를 사랑하거나 이타심, 온정을 느끼는 곳과 같은 것으로 보인다. 감성지능이 처음 소개됐을 때, 이 개념에는 도덕적 차원이 존재하지 않는다는 비판이 있었다. 공감적 관심은 타인에게 쏟는 관심이 정확히 감성지능 영역 내에 있다며 이 비판을 반박한다.

관심을 드러내는 행위는 가장 내밀한 관계부터 비즈니스에 이르기까지 삶의 모든 면에서 중요하다. 기업에서도 사람들은 이런 관심을 은근히 갈망하는 듯하다. "여기서 감성지능 강좌가 무척 인기 있어요." 세계에서 가장 큰 유통회사의 관리자가 말했다. "이 회사에서 누가 '온정compassion'이라는 단어를 쓴 건 처음이에요."

성질을 부리는 네 살배기 아이를 사랑하듯이(아이의 행동이 아니라 아이 자체에 계속 애정을 느낀다), 연구에 따르면 공감적 관심은 상대의 고생과 고통에 동화해서 애정을 유지하며 돌아서지 않고 계속 그들 곁에 머무르게 한다. 그러면 '공감성 고통'이 완화돼서 자기 불편을 해소하려고 남의 고통을 외면하지 않는다. 타인의 고통에 계속 귀를 기울이는 사람은 다음 단계로 온정을 베풀 줄 안다. 그러면 차분함과 명료함에 배려가 더해진다. 우리는 파트너나 반려자, 상사, 친구, 사랑하는 사람에게서 이런 공감을 원한다.

역량으로서의 공감은 타인의 기분과 세상을 보는 방식을 감지하고 그들의 웰빙에 진정한 관심을 갖는다는 뜻이다.[4] 다른 이가 무엇을 생각하고 느끼는지 비언어적 신호를 포착한다는 뜻이기도 하며, 그러려면 주의 깊게 귀를 기울이고 관찰해야 한다.

세상에서 비언어적 신호를 가장 잘 관찰하는 사람은 심리학자 폴 에크먼Paul Ekman일 것이다. 에크먼이 거울로 자기 얼굴을 바라보면서 턱에서 이마, 귀에서 귀까지 200개가 넘는 얼굴 근육을 모두 자발적으로 통제하는 법을 익히기까지 1년이 걸렸다. 마침내 한번 자기 통제에 성공한 후에는 두려움, 놀라움, 분노, 슬픔, 기쁨, 혐오 등 6가지 근본 감정을 나타내는 얼굴 근육의 움직임 패턴을 파악했다.

이 패턴은 연구원들이 순간적으로 얼굴에 표현된 감정을 읽는 방법인 얼굴 움직임 부호화 시스템Facial Action Coding System, FACS(애니메이션에도 이 시스템을 활용해서 만화 캐릭터의 얼굴에 감정을 표현한다)의 기반이 됐다. 예를 들어 스트레스받거나 걱정하면 눈썹 사이에 있는 근육이 수축한다. 진심으로 웃을 때는 두 눈이 가늘어지면서 잔주름이 생긴다. 팬데믹이 진행되면서 코로나 바이러스를 피하려고 사람들이 얼굴에 마스크를 착용했을 때, 맥길대학교 주의 및 사회인지 연구실Laboratory for Attention and Social Cognition에서는 이 패턴을 활용하여 마스크를 착용했을 때 공감이 얼마나 어려워지는지 평가했다.[5] 코로나 바이러스를 막기 위해 마스크로 얼굴 아랫부분을 가리면 특정 감정이 들 때 가장 활발한 아래쪽 근육이 보이지 않는다. 반면 공포와 슬픔을 느끼면 주로 눈 주변 근육이 바뀌기 때문에 더 잘 보인다. 분노와 놀라움은 얼굴 윗부분과 아랫부분 근육계를 모두 바꾼다.

  이렇게 얼굴 근육 긴장 패턴이 변하면, 우리는 움직임을 일으키는 감정 측면에서 해석한다. 당연히 타인의 기분을 읽는 능력은 주로 여기 달렸다. 하지만 마스크 뒤에 얼굴을 숨기면 이 능력도 바뀌기 마련이다. 맥길대학교의 연구에서는 마스크를 착용했을 때 공감 정확도가 약 4분의 1 감소했다고 밝혔다. 혐오를 알아볼 확률은 46퍼센트, 분노는 30퍼센트, 슬픔은 23퍼센트 감소했다. 한편 공포와 놀람, 행복을 알아볼 확률은 거의 줄지 않았다.

일터에서의 공감

신경외과의 패트릭 코드Patrick Codd는 응급실 레지던트로 일하던 시절 연이어 실려오는 심각한 뇌손상 환자들을 준비되지 않은 상태로 맞아야 했다. 가망이 없는 환자가 한 명씩 늘어나고 있었다. 그 무력감과 절망감은 말로 표현할 수 없었다. 코드만 그런 게 아니었다. 몇몇 레지던트들은 병원 계단에 앉아서 하염없이 눈물만 흘리고 있었다.

하지만 탈출할 방법이 있었다. 외면과 거리두기였다. 코드 박사는 이렇게 말했다. "고통을 외면하는 건 신경외과 수술에 필연적으로 존재하는 자기방어 기제예요."[6] 신경외과에만 해당하는 얘기가 아니다. 연구에 따르면 의사들은 특별히 타인의 고통에 무감각해지게 하는 뇌 마디를 활용해서 다양한 공감을 분리한다. 의사

들은 이 기제를 통해 응급실 업무나 수술처럼 엄청난 범위의 신체적 고통을 꿋꿋하게 처리한다.[7]

의료계에서 발견했듯이 타인의 고통과 괴로움에 대응을 억제하는 능력이 실용적으로 쓰이기도 한다. 응급실과 수술실에서는 상대의 고통을 무시하고 돕는 데만 계속 집중할 필요가 있어 보인다. 하지만 업무를 벗어나도 타인의 고통에 계속 무관심하면 공감적 관심 역량을 잃어버린다. 당신이 제일 사랑하는 사람을 포함해서 주변 사람의 불안에 무심하고 냉담해지기 마련이다.

듀크대학교 의료센터에서 신경외과의로 일하는 코드 박사는 이런 냉담한 자세를 해결하려면 레지던트들이 환자의 사망을 선고하거나 의학적으로 좋지 않은 결정을 내렸을 때 스스로 느꼈던 고통스러운 감정을 대면하도록 도와줘야 한다고 생각했다. 박사는 레지던트들이 요동치는 감정을 터놓을 모임을 만들었다.

그는 첫 모임을 시작하면서 자신만 나타날 줄 알았다. 하지만 레지던트 동기 전체가 모였다. 한 친구는 병원을 개업한 의사에게서 이런 이야기를 들었다고 한다. "내가 배운 건 다 말해줄게. 내가 네 입장이면 알고 싶을 거야." 이 친구가 말했다. "사람들이 내게 신경 쓴다는 느낌이 들면 모든 게 바뀝니다." 그리고 만족한 말투로 덧붙였다. "그들은 공감할 줄 알아요."

의료계에서 공감력을 발휘하면 환자들이 의사 지시를 잘 따르고 환자 만족도가 상승한다. 예를 들어 레지던트들이 공감 훈련을

받았을 때(일반적으로 의대에서는 흔치 않은 강좌다) 환자들은 그들을 더 세심하다고 평가했다.[8]

의료 레지던트를 위한 공감 훈련은 컨소시엄 구성원이자 하버드 의대의 정신과 의사인 헬렌 라이스 박사Dr. Helen Reiss가 개발했다. 레지던트들은 환자들과 눈을 맞추고 표정을 읽어서 기분을 알아차리며(그 표정을 자기 얼굴로 따라 할 가능성이 크다) 섣불리 판단하지 않고 주의 깊게 귀를 기울여야 한다. 환자의 기분을 구체적으로 다시 표현하고 편안한 어조로 공감을 표시하면 더 좋다.

부모나 리더에게도 유용한 조언이다. 누구나 반려자, 친구, 가족 등 사랑하는 사람은 물론 꾸준히 시간을 함께 보내는 사람들이 자신에게 공감해주길 바란다. 당연히 일터도 마찬가지다.

왜 공감이 중요한가

한 첨단 기술 기업의 컨설팅 부문에는 훌륭한 직원이 하나 있지만 그에게 고객과 상호 작용하는 업무를 맡기지는 않는다. 이유는 단순하다. 이 직원은 자기 문제는 분석할 수 있지만 소통은 못 한다. 그는 잡담을 이해하지 못하며, 사실 고객들과 전혀 관계를 맺지 못한다. 고객의 마음이 어떤지, 문제가 뭐라고 생각하는지 절대로 묻지 않는다. 그저 본인이 해결책이라고 생각하는 것을 일방적으로 던지고 나서 신경을 꺼버린다. 이 컨설턴트는 타인의 기분을 이해하고 그들의 세상과 고민거리를 바라보는 공감 능력이 부족하다.

애플의 CEO 팀 쿡Tim Cook은 MIT 졸업식에서 이렇게 말했다. "사람들은 일할 때 공감을 배제해야 한다고 말할 겁니다. 그 잘못된 전제를 받아들이지 마세요." 비즈니스에서 공감에 가치를 두는 사람은 쿡뿐만이 아니다. 한 설문 조사에서 80퍼센트가 넘는 CEO가 협력과 회복탄력성, 의욕에 공감이 대단히 중요하다고 동의했다.[9]

경쟁이 치열한 기업 문화는 실패의 지름길로 이어지지만, 공감을 장려하는 문화는 번영할 가능성이 크다고 스탠퍼드대학교 심리학자 자밀 자키Jamil Zaki가 주장했다.[10] 그는 학생들에게 공감은 고정된 특성이 아니라 개선할 수 있는 능력이라고 강조하면서 이렇게 타인과 조율해나가는 방식을 개발할 방법을 제시했다. 스탠퍼드대와 하버드대 연구원들에 따르면 가장 효과적인 방법은 모범을 보이는 것이다. 관대함과 친절은 전염되기 마련이며 사람들이 따라 할 수 있는 사회적 규범을 설정한다.[11] 특히 리더들이 이런 모범을 보이면 규범은 더 빨리 퍼지며 조직 문화를 깊숙이 장악한다.

〈포브스〉에서 발표했듯이 '연구에 따르면 공감은 가장 중요한 리더십 기술이다.'[12] 공감을 중시하는 문화는 장점을 헤아리기 힘들다. 혁신과 참여가 활발해지고 인재를 붙들 수 있으며 소속감, 일과 삶의 균형까지 개선된다.

컨소시엄 멤버인 루스 멀로이Ruth Malloy는 스펜서 스튜어트 컨설팅Spencer Stuart consultancy에서 글로벌 기업의 고위 경영진을 평가한 결과 경영자들이 성공하려면 성취 역량이 강해야 한다는 사실을 발견했다. 하지만 사람들을 이끌 때는 성취동기를 다른 리더십 역량으로 누그러트려야 한다. 바로 공감의 배려 측면이다.

배려가 없으면 능력 있는 리더들은 단기 성과는 올릴지 몰라도 장기적으로 조직의 인적 자본을 거덜 낸다.[13] 멀로이는 이렇게 말했다. "높은 성과를 보이는 인재들이 좌절해서 다른 기회를 물색합니다. 평범한 사람들은 머무르고요."

타인이 당신을 격려하거나 편하게 해주고, 당신의 마음을 존중하면 기분에 긍정적인 영향을 미친다. 하버드대학교 연구에 따르면 개인적인 문제가 있을 때나 그저 그 사람과 즐겁게 어울릴 때도 이런 원칙이 적용된다.[14] 사람들은 어떤 식으로든 협력할 때 기분이 좋아지는 경향이 있다. 실제로 좋아하는 사람과 함께 있기만 해도 기분을 개선하는 효과가 있다고 한다.

온정을 베풀었을 때 제일 먼저 효과를 보는 사람은 온정을 느끼는 바로 그 사람이다. 이 원칙은 피실험자에게 매일 기분을 기록하게 했던 일기 연구에서 강조됐다. 돌볼 줄 아는 사람이 되면 돌봄(격려나 칭찬하는 말 등)을 받는 사람뿐만 아니라 베푸는 사람도 베풀지 않는 사람에 비해 성과 평가 점수가 높고 발전 속도가 빠르다.[15] 반면 일터에서 오만하고 무례하면 당연히 성과와 협력이 부진하고 고객 경험을 훼손하며 많은 인재를 그만두게 한다.

공감하지 않는 서비스

어느 날 골먼은 자동차 상담을 하려고 동네 자동차 대리점에 들렀다. '서비스 상담사' 책상으로 안내받아 갔지만 실제로 상담하지는 못했다. 사실 상담사는 골먼에게 눈길도 안 주고 무슨 볼일인지 가버렸고 무엇 때문에 가는지, 언제 돌아오는지 말도 하지 않았다.

골먼은 한참 앉아서 기다렸다. 그러다 돌아온 상담사는 곧바로 컴퓨터 화면에 정신을 팔면서 골먼에게는 아무 말도 하지 않았고 골먼을 보고도 아는 척하지 않았다. 게다가 코로나19가 기승을 부리던 때여서 그 사무실 문에는 들어오기 전에 꼭 마스크를 써야 한다고 적혀 있었다. 상담사는 마스크를 입에 걸쳐 써서 코를 노출했다.

하나같이 끔찍한 경험이었다. 골먼이 옐프Yelp(식당이나 점포 정보를 제공하는 위치 기반 서비스 앱_옮긴이) 같은 앱에 순위를 매기는 성격이었으면 가장 낮은 점수를 줬을 것이다. 경쟁 사회에서는 이런 순위가 중요하다. 끊임없이 타인을 채점하는 시대인 만큼 공감에 신경 써야 할 실용적인 이유가 있다. 세계적으로 유명한 한 경영자 코치는 고객(CEO)에게 공감력을 발휘하면 '더 좋은 점수를 받을 겁니다'라고 설명했다. 하지만 흔히 고객의 반응을 디지털 데이터로 집계하더라도 실제 경험이 생략되기 때문에 공감적 이해가 부족할 수 있다.

규범은 계속 변한다. 얼마 전까지만 해도 고위 경영자(혹은 교사, 운동 경기 코치, 성직자 등의 권력자)라고 하면 그냥 넘어갔을 일을 이제는 비난은 물론 감옥에 갈 위험까지 감수해야 한다. SNS에서 평점을 매기는 추세가 '확산'되어 영향력이 덜한 사람이 권력자에게 공개 의견을 내면서 사회적 규범이 바뀌었다.

이 모든 현상에서 공감력의 실용적인 필요성을 엿볼 수 있다. 즉 타인의 시각과 기분, 그들에게 유익한 것을 이해하는 능력이 필요하다. 게다가 자기 강점만 개발하면 나르시시스트 같은 자아도취로 이어지기 쉽지만 이럴 때 공감과 타인을 향한 관심이 해결책이 될 수 있다. 공감은 감성지능의 효과를 폭넓게 누리도록 해준다.

관심에도 규범이 작용한다

한 가정용품 기업에서 최근 고위 경영진을 교체했고, 새 임원들은 이사회에 비용 절감을 주문했다. 한 부서 회의에서 부서장은 비용 절감 방법을 고민하자는 제안을 거절했다. 대신 성과 수치를 부풀리더라도 결과물이 좋아 보이도록 발표할 방법을 찾으라고 압박했다. 큰소리로 반대한 사람은 없었지만 다들 배신당한 느낌을 받았다. 아이디어를 무시당했을 뿐만 아니라 그들의 상사는 존경할 가치가 없었다. 부서장을 믿을 수 없다고 느꼈고, 전반적인 분위기는 불만을 넘어 절망에 가까웠다.

이 가정용품 기업의 팀처럼 직속 부하 직원에게 상사는 엄청난 영향을 미친다. 공감은 관련된 사람들의 관계에 직접 긍정적이거나 부정적인 영향을 미친다.[16] 가장 큰 이유는 인간의 감정 회로가 주변인, 특히 우리보다 강한 사람의 기분과 동기화하기 때문이다. 이렇게 뇌와 뇌가 상호 연결되는 현상은 이롭거나 해롭게 작용할 수 있다. 몇 년에 걸친 연구에 따르면 감정은 전염된다.[17]

조언이나 격려는 최적 상태에 들어가거나 머무를 때 도움이 되지만 생각 없는 비판은 사람을 황폐하게 한다. 타인에게 온전히 관심을 쏟는 것이 관계 형성의 첫걸음이며, 상대를 주시하고 신경 쓰는 느낌을 전달하려면 꼭 필요한 일이다. 예를 들어 중환자실 간호사인 도리스는 한 사건을 계기로 폭발했다. 그날 도리스는 마지막 생명 유지 장치인 주름관을 2초에 한 번씩 눌러서 망가진 폐에 공기를 공급하여 40분 동안 환자가 살아 있게 했다. 이 소중한 시간 동안 환자의 가족은 마지막 인사를 할 수 있었다. 하지만 가족은 고마워하기는커녕 병원에서 최대한 노력했는지 의심했다.[18]

다른 연구 결과에 따르면 공감적 관심이 커질수록 돈을 기부하거나, 붐비는 장소에서 목발을 짚은 사람에게 자리를 양보하는 등 무리해서라도 어려운 사람을 도우려 할 가능성이 커진다고 한다. 그 마지막 단계(다른 사람을 도우려고 실제로 행동하는 것)에 온정적 관심이 미치려면 단순히 신경 쓰는 정도를 넘어 관련된 뇌 회로를 활성화해야 한다. 이렇게 자신이 아니라 남을 도우려는 노력은 행동을 촉진하는 기제로 뇌에 등록된다. 이런 신경 활동이 행동의 차이를 결정한다. 환경 보호를 위해 노력할지, 필요한 사람을 도와줄지, 뒷사람을 위해 문을 붙들지, 노숙자에게 담요를 줄지로 나뉜다.

공감력 키우기

관심을 연습하라

공감적 관심을 느낄 확률을 높이려면 '관심 범위'를 확대해야 한다. 이 지적 훈련의 첫 단계는 멘토나 보호자 등 자신에게 친절했던 사람을 떠올리고 그가 안전하고 행복하고 건강하며 풍요롭길 비는 것이다. 그다음 같은 소망을 사랑하는 사람과 자신에게 적용하고, 그다음은 단순한 지인에게 적용한다. 마지막으로 이 세상 모든 이에게도 적용한다. 이 단순한 내적 연습을 매일 반복하면 일부러 타인을 도와줄 가능성이 커진다는 사실이 밝혀졌다.[19]

공감해주는 경청자를 찾아라

대규모 장애인 거주 시설의 CEO는 건설 예정인 건물의 토지 이용 공청회 때문에 큰 부담에 시달렸다. 그는 이런 공청회를 30번은 나가서 진술해야 했고 변호사들의 인정사정없는 심문을 견뎌야 했다. 하지만 스트레스를 잘 관리할 수 있었던 건 사회 복지 책임자와의 우정 덕분이었다. 두 사람은 일이 어떻게 됐는지 대화했고 CEO는 신학대학에서 교육받은 친구가 진정으로 귀를 기울인다고 생각했다. 결국 기분이 훨씬 나아졌다.

공감은 중요하다. 사람들이 당신의 말을 얼마나 잘 들어주느냐에 따라(실제로는 듣고 있지 않거나 당신을 이해하는 게 목적이라고 해도) 존중받거나 무시당한다고 느낀다. 정중하게 대우받는 것도 중요하다. 한 연구에 따르면 상대의 예의와 존중은 감정 탈진 수준을 낮춰준다.[20] 당연히 그 반대(무례와 무시)는 수준을 높인다.

배려를 연습하라

온정을 키우는 또 다른 방법은 모범을 보이는 것이다. 몇 년 전에 골든은 뉴욕 42번가에서 지하철 계단을 내려가다가 한 남자가 의식을 잃고 누워 있는 모습을 발견했다. 사람들은 그냥 그를 넘어가거나 돌아갔다.

이 지하철 사건이 있기 몇 주 전, 〈뉴욕타임스〉 기자였던 골먼은 밴에 샌드위치를 싣고 노숙자를 돕는 비영리 단체 직원들과 함께 맨해튼 거리를 돌아다녔다. 이들은 길에서 생활하는 사람을 발견하면 샌드위치를 주면서 쉼터와 사회 복지 서비스를 소개했다. 예전에는 그냥 지나쳤던 노숙자를 눈여겨보게 된 사건이었다.

그 지하철에서 골먼은 쓰러진 남성 옆에 멈춰 서서 무슨 문제가 있는지 살폈다. 골먼이 멈추자 사람들이 도와주려고 모였다. 계단에 쓰러진 남성은 영어를 못했고 한 푼도 없이 배회하던 참이었으며 며칠이나 아무것도 먹지 못했다. 한 명은 지하철 경비를 부르러 갔고 다른 사람은 오렌지 주스와 핫도그를 가져왔다. 남자는 순식간에 일어나서 음식을 먹고 돌봄을 받았다.

하지만 기억하자. 수십 명, 어쩌면 수백 명이 그 남자가 존재하지 않는다는 듯 그냥 지나쳤다. 그를 도운 사람들은 이 암묵적 규범을 깼다. 노숙자들은 사회적 지위가 낮아졌을 때 가장 큰 단점은 투명 인간이 되는 것이라고 말할 것이다. 우리의 관심에는 완전한 자아도취부터 주변과 외부 사람들에 대한 사려 깊은 인식까지 범위가 존재한다. 후자의 형태를 띤 관심은 공감을 일으키고 필요하다면 온정적인 행동에 나서게 한다. 온정을 보이면 쉽게 번아웃으로 이어지는 정신 바이러스인 냉소주의를 해소할 수 있다. 자신에게 온정을 느끼면 감정적 탈진을 누그러트릴 수 있다.[21]

한 가지 유의할 점이 있다. 번아웃에 시달리는 사람에게 '피해자 탓'을 하기 쉽다. 하지만 이런 현상은 개인의 감성지능에 문제가 있다기보다 조직 자체가 번아웃의 원흉일 때가 있다. 종양 병동 근로자를 대상으로 설문 조사를 실시한 결과 이들의 스트레스는 매일 마주치는 환자들의 고통과는 큰 관련이 없었다. 그보다는 과도한 업무, 시간 압박, 대인 관계 갈등, 관리 부서의 지원 부족

등 어느 일터에서나 자주 볼 수 있는 스트레스 요인이 문제였다.

그래서 직원들의 스트레스 요인을 줄이기 위해 과도한 업무와 촉박한 시간 등을 줄이는 조치가 진행됐다. 그 결과 6개월 후 대상 그룹의 번아웃과 감정적 탈진 비율은 비교군에 비해 훨씬 낮아졌다.[22] 이들은 다시 최적 지대에 접근할 수 있었다.

조직 이해 능력

7살인 레이철은 자기 반의 사교계를 훤히 꿰고 있다. 2학년 중에 누가 친하게 지내는지, 누가 누구와 놀았는지, 친구를 못살게 굴어서 다들 싫어하는 아이는 누구인지 상당히 정확하게 설명할 수 있다.

레이철이 사회적 네트워크를 인식한다는 건 우리가 '조직 이해 능력'이라고 하는 사회적 지능이 뛰어나다는 증거다. 레이철의 예리한 통찰력은 2학년 반이라는 작은 세계에서 펼쳐졌지만, 이런 인식은 가족부터 대기업에 이르기까지 모든 인적 네트워크에 적용된다. 주어진 사회적 네트워크에서 감정이 어떻게 펼쳐지고 작동하는지 감지하고 관계가 구체적으로 어떻게 연결되어 있는지 간략하게 이해할 수 있다.

예를 들어 당신은 친척들 가운데 누가 누구에게 영향을 주는지 아는가? 조 삼촌은 누구의 말을 귀담아듣거나 무시하는가? 아니면 회의할 때 누구의 의견이 가장 중시되는지 느낄 수 있는가? 한

발 물러나서 대화에 흐르는 감정을 추적할 수 있는가? 일터에서 누가 누구에게 무엇을 말하는지, 의사 결정에 가장 영향력이 큰 사람은 누구인지 결정하는 무언의 규칙을 알고 있는가?

우리 동료 리처드 보야치스는 조직 이해 능력을 키우는 방법을 추천한다. '다음 회의 때 곰곰이 생각해보자. 회의실에서 가장 영향력이 큰 사람, 그다음 사람, 가장 작은 사람은 누구인가? 누가 남의 말에 귀를 기울이는가? 그들은 누구의 말을 듣는가? 리더는 누구인가? 조력자나 코치는 누구인가?'[23]

이렇게 다양한 공감적 인식은 고등학교 때 냉혹하게 작용했을 것이다. 보통 누가 제일 '쿨'한지, 운동부 패거리는 누구인지, 불량한 아이들은 누구인지 알아차리는 형태로 나타난다. 사회적 네트워크에 대한 이해가 성숙하면 일터에서 조직 이해 능력으로 발전하는 경향이 있다. 이 역량은 공감을 더 넓은 영역에 적용하는 한편 비공식적 네트워크든 대가족이든, 직장 내 조직이든 당신이 속한 시스템에 민감해지게 한다. 4부에서 살펴보겠지만 조직 이해 능력은 대규모 네트워크의 역학을 읽어내는 능력인 시스템적 사고의 기초를 쌓아준다. 사회 위계를 읽을 때 이런 능력이 어떻게 적용되는지 살펴보자.

무엇이 공감을 방해하는가

 모든 사회와 문화, 국가에는 빈센트 커닝햄Vincent Cunningham이 '살인적 계층구조murderous hierarchy'라고 명명한 최상층과 최하층이 존재한다. 〈뉴요커〉지의 흑인 기자 커닝햄이 말했다. "미국에서는 모멸당하는 흑인이지만, 해외에서는 악의적으로 자원을 착취하고, 흑인이 아닌 사람들 수백만 명을 탄압하고, 원주민에게서 빼앗은 땅에서 살아갈 수 있다. 그렇게 우리는 누군가를 우리가 겪은 고통에 동참시킨다. 어둠에 묻혀 볼 수 없는 누군가를."[24]

 '미국 국경에서 붙들려 오도 가도 못하는 과테말라인 아이나 중국에서 사실상 노예가 된 위구르 아이와 동류의식'을 전혀 느끼지 못한다는 건 '스스로 안개 속에서 길을 잃은 것과 같다.'

 시인 킴 스태퍼드Kim Stafford는 〈매혹적인 삶의 저주The Curse of

a Charmed Life〉라는 시에서 아무리 운이 좋아 보이는 사람도 언젠가 죽는다고 했다. 하지만 그건 '저주'가 아니다. 물질이든 지위든 대단한 성공을 거두면 공감에 무뎌지는 게 진정한 저주다. 스태퍼드는 자신의 시에서 성공의 한계를 말하면서, 매혹적인 삶이란 이름의 저주가 집이 없는 사람과 정신적으로 아픈 사람들의 어려움에 눈과 귀를 멀게 한다는 사실을 걱정했다.

공감적 관심은 각자의 차이를 넘어서서 모두가 공유하는 일반적인 인류애를 느끼게 해준다. 그러면 즉각 무시하고 배제하는 사람, 즉 '남'이 없다. 하지만 세상을 바라보는 시각이 정확히 이런 존재를 만들어낸다. 이런저런 집단을 향해 공감은커녕 '남'이라고 배제하고 돕거나 보살필 자격이 없다고 생각한다. 예를 들어 스태퍼드가 쓴 시에서 가리키는 집단 가운데 기자인 조지 패커George Packer가 '스마트'라는 별명을 붙인 집단이 있다.[25] '스마트'는 학자, 전문직, 경영자 등 좋은 대학을 나와서 엘리트로 부상하고 사회, 경제적 평안을 누리는 '계급'을 뜻한다. 하지만 매혹적인 삶에 관한 시에서 강조했듯 이 세계관은 거기까지 도달하지 못한 사람들이나 태어날 때부터 사회적, 경제적 장벽 탓에 그런 높은 지위까지 갈 수 없는 사람들을 무시한다는 측면에서 위험하다. 스마트 집단은 글로벌 기업과 정부, 대학 등 전 세계의 계층에서 관찰된다. 이들의 맹점은 스마트 집단과 같은 방식으로 성공하지 못한 사람은 '실패'를 의미하고 굳이 보지도, 신경 쓰지도 않는다는 데 있다. 달리 말하면 그들을 '남'으로 치부한 것이다.

예를 들어 백인 특권 지역인 LA 브렌트우드나 코네티컷 그리니치에서 성장한 사람들은 일류 사립학교와 대단히 좋은 대학을 나왔을 가능성이 크다. 이 과정에서 LA에 있는 와츠나 맨해튼의 스패니시 할렘 출신과 친한 사람은 거의 없다. 그 대신 다른 스마트 계층 사람들과 어울린다. 이 사회적 거리 탓에 특권층은 쉽게 '피해자 탓'을 하고 어린 시절 트라우마와 열악한 영양 상태를 무시한다. 결국 이런 집단에 대한 편견은 빈곤층에 불리하게 작용한다.

패커에 따르면 스마트 집단은 상이한 네 가지 '자기 서사self narrative' 가운데 하나에 해당한다. 이런 서사는 세상의 사회, 정치 구조에서 영향력 있는 집단의 행위를 이끌어낸다. 또 다른 자기 서사인 '진짜Real'는 자유주의 개념에 소비자 자본주의, 정부 불신, 개인주의를 결합한 집단이다. 이런 견고한 흑백 관점에서는 본인의 신념을 지키지 않는 타인을 남으로 간주한다. 우리Us가 용인할 수 없는 '그들'인 셈이다.

패커가 말하는 '자유Free' 집단은 어떤 역경에도 성공하는 사람, 모든 것을 차지하는 승자 등 강인한 개인을 찬양한다. 이 태도는 비즈니스의 유일한 목적을 투자자의 부를 창출하는 것으로 보고 직원과 고객, 공동체, 자연에 미치는 영향을 무시한다. 이런 시각은 세계적으로 가축 농장을 지을 공간을 확보하려고 우림을 파괴하는 행위를 정당화한다. 지구에 해를 끼치더라도 당장 이익을 중시하는 것이다. 자유 관점은 억압받거나 착취당하는 사람들에게 연민은커녕 동정도 거의 하지 않는다. '자유'를 뒷받침하며 고생하는 사람들을 남으로 생각한다.

마지막으로 '정의Just'그룹은 사회 구조에 붙박여 있는 부당함을 적극적으로 찾아내고 고치려 한다. 정의 관점에서는 기존 사회적 질서에서 이익을 보는 사람들이 피하려는 대상을 열린 자세로 대면한다. 세계적으로 정의 관점은 거리 시위, 탐사 저널리즘investigative journalism(지배 체제의 구조적 문제를 파헤치고 해결책을 제시하는 언론_옮긴이), 오랜 부당함을 바로잡으려는 사회 운동 등의 형태로 나타난다. 하지만 이런 시각이 비타협적인 태도로 이어지면 조화를 잃어버리고 통합할 수 있다는 사실을 간과하며 기존 질서에 따른 위치를 무시하고 남으로 바라본다.

이런 자기 서사는 각 집단을 내부적으로 결속하는 강렬한 사연으로 작용하지만 동시에 사람들을 나누고 싸우게 한다. 각각의 우리는 그들을 만들어낸다. 물론 이런 생각도 고정관념이다. 모든 이가 이 부류에 속하고 패커가 생각하는 우리와 그들 관점에 동의하는 건 아니다. 그리고 공감의 범위가 넓어지면 이 비좁은 집단의 대안이 될 수 있다. 더 큰 목적인 공익을 생각하는 따뜻한 관점은 모든 집단을 더 큰 사명 아래 통합한다. 이 시각에서는 '남'이 없고 '우리'만 존재한다.

이런 공감적 비전은 모든 이를 포용하고 보편적인 개선을 추구한다. 잘 닦인 길, 깨끗한 물, 양치질 같은 기본 위생은 집단, 정체성, 신념 체계와 상관없이 누구에게나 유익하다. 인류 역사상 모두가 혜택을 받을 수 있는 이런 혁신이 줄기차게 이어졌다. 지난 세기에는 깨끗한 물이 보급되는 등 많은 것이 개선되면서 인간의 수명이 두 배로 증가했다. 이런 개선은 차이를 초월하며 서사와 상관없이 삶을 한층 업그레이드한다.

서로의 차이보다는 동의하는 것에 집중하면 우리와 그들을 재구성하고 분열을 줄일 수 있다.[26] 하지만 확실한 치유법은 없다. 우리는 어떻게 재구성해야 분열이 확연히 감소할지 알지 못한다.

미래에 끊임없는 위기가 이어지는 만큼 관심은 점점 더 중요해질 것이다. 어린이 TV 프로그램〈(프레드) 로저스 씨 Mr. (Fred) Rogers〉의 진행자 로저스 씨가 유명한 말을 했다. 문제가 생기면 "도와줄 사람을 찾으렴." 괴로워하는 사람은 어떤 형태로든 누가 도와주려 하면 반기기 마련이다.

감정적으로 도움을 받을 때보다 도와줄 때 더 유익할 때가 있다. 도움받는 쪽은 스스로 무능력하거나 결함이 있다고 느낄 수 있지만, 도와주는 쪽은 자신감은 물론 삶의 의미까지 얻기도 한다.

과학자들은 누군가를 돕는 행위가 뇌에 존재하는 기분 좋은 도파민 회로를 활성화한다는 사실을 발견했다. 덴마크의 철학자 쇠렌 키에르케고르 Søren Kierkegaard의 지혜를 뒷받침하는 신경학적 근거인 셈이다. '행복으로 가는 길은 항상 밖으로 열려 있다.'

수많은 전통에서 온정을 타인뿐만 아니라 자신을 위해 모아야 하는 가치로 본다. 감성지능에서 자기 인식과 자기 관리는 자신을 돌보는 영역이다. 사회적 인식, 특히 공감적 관심과 관계 역량은 만나는 사람들에게 온정을 퍼뜨리는 수단이다.

예를 들어 이런 관점이 부족한 경영자는 직원이 받는 스트레스를 무시하다시피 합리화하며 그들의 고통을 못 본 척한다. 반면 온정이 있는 사람은 그 스트레스를 줄여줄 것이다. 실용적으로 도와주거나 환경을 바꾸거나, 회복탄력성을 개발하도록 도와주기도 한다.

공감에서 꼭 기억해야 할 핵심을 짚어보자

공감에는 세 가지 유형이 있으며 서로 다른 뇌 회로에 위치한다.

인지적 공감은 타인의 생각, 사용하는 언어, 관점을 이해하게 해준다. 그래서 그들이 가장 잘 이해하는 방식으로 메시지를 보낼 수 있다.

감성적 공감은 타인의 기분을 감지한다는 뜻이다. 이런 공감력이 있으면 메시지가 그들에게 와닿게 할 수 있다.

공감적 관심은 상대에게 관심이 있다는 뜻이다. 이런 공감을 보이면 상대의 믿음과 존경을 얻고 관계를 강화할 수 있다.

조직 이해 능력은 공감을 넓은 범위로 확대한다. 사회적 지능을 적용하여 가족이든 업무 관계든 친구들의 네트워크를 해석하고 형식 이면에 존재하는 영향력을 읽을 수 있다.

다른 집단을 '남'으로 보는 시각은 분열을 일으키고 공감을 억제한다. 공감이 약해지면 관계도 약해진다.

관계의 질은 공감에 달렸다. 공감에서 대인 관계 기술이 발휘되며 주변 사람들에게 쉽게 영향을 주고, 이끌고, 심지어 영감을 준다. 그리고 소통하며 최적의 영향을 주고받을 수 있다.

8장
인간관계 전략

한 스타트업 기업의 대표는 고객의 불만을 듣고 기분이 좋지 않았다. 그래서 직속 직원들이 모이는 회의에서 그 고객을 관리하는 임원에게 소리 지르고 심지어 모욕하면서 심하게 공격했다. 모두가 보는 앞에서 비난하는 바람에 불행한 임원의 의욕이 떨어졌.

물론 성과 피드백은 필요하다. 대표는 임원이 일을 더 잘할 수 있게 피드백할 수도 있었다. 하지만 절묘한 피드백에는 자기 통제와 공감력이 필요하며 그 순간 대표에게는 둘 다 없었다. 그는 공개적 비난이 얼마나 사람을 절망하게 하는지 몰랐다.

유익한 관계는 공감에서 자란다. 이 스타트업 대표처럼 인간미가 부족하면 소통으로 관계를 강화할 수 없다.

최근 정치와 주요 기업 경영자 등 공인에 대한 신뢰가 곤두박질치고 있다. 예를 들어 일하기 좋은 기업 협회Great Place to Work Institute(글로벌 신뢰 경영 평가 기관_옮긴이)에서는 기업이 좋은 일터로 선정되려면 신뢰가 중요한 역할을 한다는 사실을 발견했다. 신뢰도가 높은 기업은 S&P 500에서 세 배가량 높은 성과를 보였다.[1] 공감적 관심(직원과 고객에게 관심을 보이는 기업)은 신뢰를 구축하는 주요 요소로 꼽혔다.

이제 많은 기업은 공감이야말로 직원과 고객 신뢰, 고객 만족의 핵심이라는 사실을 알고 있다. 사실 이 필수 역량은 모든 관계의 성패를 좌우한다. 우정과 연애, 가족생활, 육아 등 거의 모든 개인 생활이 공감력을 펼치는 무대나 다름없다. 공감력이 있다면 이런 관계가 풍요로워질 것이다. 부족하면 실패로 이어진다.

공감에서 대인 관계 기술이 발휘되며 주변 사람에게 쉽게 영향을 주고, 이끌고, 심지어 영감을 준다. 소통하며 최적의 영향을 주고받을 수 있다. 또한 공감은 차이를 해소하고 생산적인 공동체 구성원으로 자리 잡으며 자녀, 학생, 유소년 스포츠 팀, 함께 일하는 동료 등을 가르칠 때도 관계를 잘 다루는 핵심 능력으로 작용한다. 자기 강점만 개발하면 자아도취로 이어지기 쉽지만 이럴 때 공감과 타인을 향한 관심이 해결책이 될 수 있다. 공감 같은 관계 역량은 감성지능의 효과를 폭넓게 누리도록 해준다. 예를 들어 일터에서 공감에 기반한 관계 역량이 왜 중요한지 살펴보자.

코치와 멘토

 한 의료 기술 기업의 CEO는 임원인 조너선에게 최근에 입사한 다른 임원 매니를 도우라고 지시했다. 매니는 뛰어나고 열정적인 관리자였다. 조너선은 매니를 이렇게 묘사했다. "감정적으로 반응이 격렬하고… 시끄럽고… 독선적이고… 거칠다."
 이런 스타일은 예전 회사에서는 도움이 됐지만 새 회사에는 맞지 않았다. 매니가 변하지 않았다면 성과 목표를 달성해도 해고당했을 것이다.
 동료를 코칭하는 것은 까다로운 일이다. 이 경우는 특히 그랬다. 조너선이 매니의 격렬한 반응을 두세 번 지적했을 때 매니는 폭발했다. 조너선에 따르면 "내가 선을 넘었고 그의 접근 방식이나 행동에 토를 달 권리가 없다고 했어요. 그다음 가운뎃손가락을 치켜

들더니 사무실을 나가라고 했죠!"

하지만 조너선은 포기하지 않았다. 그는 매니가 실수하자마자 따로 데려가서 일대일로 얘기했다. "이봐요, 매니. 내가 보기에 당신의 행동은 이랬고, 다른 사람들은 이런 기분이 들었다고 하더군요. 당신이 무슨 일을 했고 어떻게 보이는지 알아요?"

그러다 조너선이 매니를 도울 방법을 찾아준 덕분에 관계가 개선됐다. 예를 들어 매니는 이 일을 하기 전에 여러 도시를 옮기는 과정에서 본인이 감당할 만한 집을 찾기 힘들었다. 그래서 조너선은 회사와 상의해서 매니가 비용을 감당할 수 있게 추가로 자금을 지원받게 했다. 이런 도움은 매니에게 큰 의미로 다가왔고 두 사람의 관계는 깊어졌다.

노력은 빛을 발했다. 매니는 조너선의 도움을 받아들였다. 조너선은 이렇게 말했다. "매니는 저를 이제 적으로 보지 않았어요. 매니에게 피드백하면 진심으로 귀를 기울였죠. 심지어 제 사무실에 들러서 조언을 구하기도 했어요."

매니는 조금씩 변해갔고 조너선에게 '모든 공을 돌렸다.'

조너선이 매니 같은 사람을 가르치려면 감성지능이 대단히 뛰어나야 한다. 코칭과 갈등 관리 역량은 특히 중요하다. 하지만 감정적으로 상당한 자기 인식과 자기 관리, 공감력이 뒷받침돼야 한다.

코칭이나 멘토링 능력은 핵심 관계 역량으로 꼽히며 모두 공감을 기반으로 한다. 물론 각각 다른 기술이 필요하다. 코칭과 멘토

링은 타인이 자신의 이상적인 자아와 소통하고 그 자아를 찾아가는 단계를 파악하도록 도와준다는 뜻이다.

영향 역량을 키우려면 믿을 수 있는 사람으로 보여야 한다. 갈등 관리 역량은 모든 구성원의 공유 가치와 욕구를 파악하도록 도와주는 재능과 함께했을 때 큰 효과를 발휘한다. 하지만 이 모든 관계 역량을 키우려면 무엇보다 공감력이 필요하다. 이런 동조 능력이 없으면 무엇을 시도하든 버벅댈 수밖에 없다.

조녀선이 훌륭한 효과를 봤듯이, 능력 있는 코치나 멘토가 되기 위한 감성지능 역량은 시기적절하고 건설적인 피드백과 원조를 통해 장기적으로 발전하도록 도와주는 능력에서 자라난다.[2] 이 능력의 기반은 긍정성이나 '성장형' 사고방식이다. 상대가 배우고 개선할 수 있다고 보고 공감적 관심도 기울여야 한다. 그들이 힘을 키우도록 도와주는 데 진심으로 관심이 있다는 뜻이다. 당신은 그들이 개선해서 이루려는 목표를 이해하기 때문에 그 과정에 도움이 될 기회와 도전을 '펼쳐나가도록' 주선할 수 있다.

크게 성공한 기업가에게 지금까지 경력을 쌓는 과정에서 도와줬던 사람에게 고맙냐고 물어보면 거의 항상 그렇다고 대답할 것이다. 그런데도 리더가 꼭 해야 할 일을 건너뛸 때가 많다. 수많은 리더가 연간이나 반기 성과 평가에서 이 기능을 축소했다. 하지만 직속 부하 직원이 일을 잘하도록 도우려면 계속 개입하고 피드백하고 제안해서 개선해야 한다. 여러 기업을 대상으로 설문 조사를 실시한 결과 일터에서 코칭은 대부분 자기 관리 역량, 공감에 기반한 관계 역량 등 감성지능에 초점을 맞춘 것으로 나타났다. 이 설문 조사는 코로나19 팬데믹 이전에 진행됐다. 추측하건대 감성지능 역량은 리더들에게 훨씬 중요해졌을 것이다.[3]

관리자가 어떻게 성과에 피드백하는지, 혹은 하지 않는지 생각해보자. 피드백은 일상에서 이 역량을 선보이는 방법이다. 컨소시엄 멤버인 리처드 보야치스는 케이스웨스턴리저브대학교의 동료들과 함께 성과 피드백을 받는 지원자들의 뇌를 스캔했다.[4] 그 사람이 저지른 잘못에 피드백의 초점이 맞춰지면(다시 말해 스트레스를 주면) 위협을 처리하고 방어하는 뇌 회로가 활성화됐다. 그러면 마음이 닫히고 인지 범위가 좁아지기 때문에 즐거움을 느끼는 선택지가 줄어든다. 이 회로망은 사고력을 훼손한다.

반면 그 사람의 강점과 성장 잠재력에 초점을 맞추면 반대 효과가 일어났다. 힘과 동기를 부여되고 학습 능력이 향상됐다. 관리자가 성과 부진을 무시해야 한다는 게 아니라, 부정적인 피드백보다 긍정적인 피드백을 많이 해야 한다는 뜻이다.

보야치스는 이를 '온정적 코칭'이라고 했다. 그는 꿈과 가치를 실현하도록 격려받으면 더 발전할 수 있다고 주장한다.[5] 하지만 성과 피드백을 너무 자주 하면 의무적인 코칭이 되어 부정적인 영향을 미친다. 상대방이 더 발전하도록 도와줄 기회가 사라진다.

요약하면 최고의 코칭은 단순히 상대의 현재 상태를 평가하는 것을 넘어 삶의 목표를 추구하고 강점을 개발하게 한다.

안타깝게도 많은 리더는 자기가 피드백을 어떻게 하는지, 하긴 하는지 인지하지 못한다. 한 연구에서는 업무 시간 동안 관리자들이 부하 직원과 상호 작용하고 피드백하는지 관찰했다. 그들 사이에서 일어나는 상호 작용 가운데 피드백은 약 2퍼센트에 불과했다. 하지만 관리자에게 얼마나 자주 피드백하느냐고 질문하자 평균 10퍼센트 정도 되는 듯하다며 더 많이 해야겠다고 대답했다. 물론 이들은 실제로 거의 하지 않는다는 걸 알고 말을 잇지 못했다.[6]

일부 관리자에게 피드백 빈도에 관한 데이터를 주고 다시 관찰한 결과 피드백의 힘이 분명하게 드러났다. 이들은 두 번째에는 직원들에게 피드백을 더 활발하게 했다. 이 단순한 데이터를 건설적인 피드백으로 받아들였고, 누군가를 돕는 행위의 순수한 힘을 목격하고 자신의 행동 방식을 자각했다.

영향력

거대 신발 기업 나이키의 선행 연구 책임자 다시 윈즐로Darcy Winslow는 자사 신발에 사용된 재료의 유해 물질 분석 데이터를 확인했다. 신발에 유독한 물질이 사용됐다는 분석을 읽고 놀라서 독성을 낮출 방법을 찾기로 했다.

데이터는 명확했지만 사내에서 굳이 바꾸고 싶어 하는 사람은 없는 듯했다. 다들 개선해야 한다는 사실에 동의했지만 그 방향으로 움직이지는 않았다.

다시는 나이키에서 이 방면으로 가장 영향력이 큰 사람이 누구인지 고민하다 신발 디자이너들이라는 사실을 깨달았다. 그래서 사내 디자이너들에게 몇 분만 시간을 내달라고 요청하고 유독성 데이터를 보여줬다. 여러 번 이런 대화를 거쳐 진심으로 신경 쓰는 디자이너를 20명 확보했다.

알고 보니 가장 유독한 물질은 러닝화 윗부분을 아랫부분에 고정하는 접착제에 들어 있었다. 디자이너들은 이 지점에서 가장 흥분했다. 위아래를 어떻게 고정하느냐가 문제였는데 아무도 이런 일을 해본 적이 없었고, 이것이 디자이너들의 상상력을 자극했다.

결국 디자이너들은 유독하지 않은 신발 접착제를 만들어냈다. 오늘날 나이키사의 목표는 전체 제품 라인에서 유독성을 0으로 낮추는 것이다.

MIT의 시스템 사상가systems thinker 피터 센게Peter Senge는 이 일화를 소개하면서 이런 영향력이 '타인의 말을 경청하고 문화를 존중하며 기회를 엿보는 사람들에게서 비공식적으로 발생한다.'라고 지적했다.[7] 이들은 대응 위주로 문제를 해결하기보다는 창조적으로 사고하며 '영향력을 퍼뜨리도록 도와줄' '전환점'이 될 사람들을 모은다.

그는 이런 변화를 일으키는 사람들이 꼭 기업의 고위직이 아니어도 된다고 했다. 다시 윈즐로가 그랬듯 현재 위치가 어디든 거기부터 시작할 수 있다.

관계가 핵심이다

 미국 독립 전쟁은 최악의 국면에 놓여 있었다. 미국은 프랑스의 적극적 지원을 확보하지 못하면 패전할 위기에 처했다. 하지만 프랑스는 영국과 또 전쟁에 돌입하기를 꺼렸다. 그래서 대륙 회의Continental Congress(미국 독립 혁명 당시 13개 식민지 대표자로 구성된 회의)에서는 프랑스를 설득하기 위해 필라델피아 출신의 박식가Polymath(폴리매스) 벤저민 프랭클린Benjamin Franklin을 보냈다.

 하지만 프랑스에 도착한 프랭클린은 온종일 살롱에 가서 아름다운 여성들과 담소를 나누거나 파티에서 재치와 박식으로 여성과 그들의 파트너를 사로잡았다. 그의 동료인 존 애덤스John Adams가 생각하는 진짜 외교 행위는 거의 하지 않는 듯했다.

 하지만 프랭클린은 본분을 잊지 않았다. 그는 프랑스를 설득하려면 온갖 부류와 호의적인 관계를 구축해야 한다는 사실을 알고 있었다. 또한 친해져야 할 가장 중요한 사람이 누구인지, 이 관계를 어떻게 활용해서 독립으로 이어지게 할지 배웠다.

프랭클린이 구축한 인맥에는 프랑스의 참전 여부에 직접적인 영향력을 행사할 수 있는 사람들도 다수 포함되어 있었다. 한 일화를 살펴보자. 의회는 영국과 종전 조약을 논의할 때 프랑스를 배제하라고 프랭클린에게 지시한 적이 있었다. 이에 프랑스 외무장관 베르젠Vergennes은 격노했고 프랭클린은 정중한 사과 서신을 보냈다. 그는 놀랍게도 사과 서신에 추가 자금 지원을 요청하는 내용도 담았다. 베르젠은 이를 수용하고 자금을 제공했다. 이는 두 사람의 관계가 그만큼 견고했다는 사실을 보여준다.

프랭클린의 방법은 효과적이었다. 프랑스는 전쟁에 참여했고 이 참전은 미국의 승리에 중요한 역할을 했다.[8] 프랭클린은 굳건한 관계가 영향력을 좌우한다는 사실을 알고 있었다.

영향 역량에 익숙한 사람들은 관계에 신뢰를 구축하고, 다른 사람들에게 긍정적인 영향을 주고 설득하며 중요한 인물에게 인정받는 관계를 형성한다.[9] 다른 사람의 마음을 바꾸려면 먼저 강하게 결속해서 당신이 하는 말에 마음을 열게 해야 한다. 그리고 리더십은 다른 사람들을 통해 일을 완수하는 일인 만큼, 영향력 발휘에 능숙한 관리자와 경영자는 더 나은 결과를 얻는다.

조직 이해 능력이 뛰어나면 누가 핵심이 되어 의사 결정을 하는지 알 수 있지만, 영향 역량은 그 사람의 생각을 어떻게 하면 흔들 수 있는지 알려준다. 나이키에서 다시의 행동은 이 두 가지 능력을 모두 보여줬다.

타인에게 영향을 주려면 그들의 마음속 깊이 존재하는 동기에 호소해야 한다. 골먼의 대학원 멘토 데이비드 맥클리랜드는 동기를 성취동기와 친교 동기, 권력 동기라는 세 가지 유형으로 분류했다. 좀 더 일반적인 맥락에서 '동기 강화 상담motivational interviewing(내담자를 존중하면서 변화를 일으키는 상담법_옮긴이)'은 상대의 언어를 사용해서 의욕을 끌어내는 데 도움이 된다.[10]

영향에 접근하는 또 다른 방법은 자신과 타인이 최적 상태에 들어가고 머무르게 하는 것이 감성지능의 궁극적인 목표라는 개념으로 돌아가는 것이다. 당신의 능력을 활용해서 타인이 최선의 이익을 볼 수 있도록 영향(가장 고차원적인 형태의 영향이다)을 준다는 뜻이다. 리더라면 누군가의 커리어가 발전하는 데 도움이 되는 과제를 부여하는 것을 예로 들 수 있다.

이것은 영향의 다른 측면, 즉 본인의 목표만을 위해 타인을 뒤흔드는 마키아벨리식 적용 방법과는 대조적이다. 이렇게 자기 위주로 영향력을 행사하면 조종당한 사람이 상대에게 신뢰를 잃었을 때 거리를 두거나 심지어 번아웃에 빠지면서 부메랑으로 돌아온다.

이처럼 더 나은 영향력이 무엇인지 고찰하다 보면 영향의 어두운 면을 인식하고 타인의 행복에 진심으로 관심을 가질 수 있다.[11] 영향력은 굳건한 관계와 깊은 고민에서 형성되기 때문에 스스로 계속해서 헌신하고 약속을 지키는지 확인하면서 신뢰가 생긴다. 사람들은 '우리'라는 언어를 사용하는 법을 배운다. 예를 들어 '대안을 말해봐요'보다 '우리 무슨 방법이 있을까요?'가 낫다. 또한 정형화된 방식으로 배려와 헌신을 보여주기보다 상대에게 관심을 보여주는 자신만의 구체적인 방법을 찾아야 한다.

영향력이 최선으로 발휘되면 구성원이 공유하는 이익을 발전시키는 데 이용된다. 여기서는 공동의 목표가 강조된다. 이럴 때 리더의 영향력은 점차 다음 감성지능 역량인 영감으로 바뀐다.

영감

전설적인 신발 기업 탐스TOMS의 경영진에는 '톰'이 없다. 블레이크 마이코스키Blake Mycoskie가 창립해서 오랫동안 CEO로 재직하고 있는 '탐스'는 '내일의 신발Tomorrow's Shoes'를 뜻하며 이곳의 기업 철학은 '한 켤레 사면 한 켤레를 선물한다'이다. 한 켤레를 사면 한 켤레를 가난한 사람들에게 준다는 뜻이다.

마이코스키는 처음에 대단히 열정적으로 회사의 목적을 추구했지만 점점 흥미와 에너지를 잃었다.[12] 왜 이런 기분이 드는지 생각할 시간이 필요해서 휴가를 냈고, 자기 회사가 다른 신발 기업처럼 할인과 판촉으로 성장과 판매를 추구하기 때문이라는 사실을 깨달았다. 그는 공격적인 판매 목표를 달성하려 노력하는 과정에서 회사가 영혼을 잃어버렸다고 느꼈다.

그래서 마이코스키는 조직의 목적에 다시 초점을 맞췄다. 사업 영역을 커피로 다각화해서 커피 한 봉지를 판매할 때마다 물이 희박한 곳에 사는 사람들이 일주일간 마실 수 있는 식수를 제공했다. 또한 핸드백을 판매해서 유아 사망률이 높은 지역에서 안전한 출산을 보장했다. 배낭을 판매하여 학교 폭력 감소 프로그램에 자금을 지원하기도 했다. 마이코스키가 한 말처럼, 한마디로 비즈니스는 '삶을 더 나아지게' 할 수 있다.

영감 역량이 강한 리더들은 공통의 사명을 잘 표현하여 동기를 부여하고 주어진 일을 해내도록 이끈다. 이들은 일상 업무에 의미와 목적을 부여하며 단순히 업무만 하는 게 아니라 최선을 다하도록 영감을 준다.[13]

일터 연구 결과에 따르면 리더가 아랫사람(영감을 주는 대상)에게 공통의 사명이나 비전을 감동적으로 표현할 수 있으면 감정적 분위기가 무척 긍정적으로 형성된다. 사람들이 자기 일을 좋아하는 이유는 의미가 있기 때문이다.[14] 이들은 깊이 만족하고 자랑스러워하며 최선을 다한다.

코로나19가 처음 발생했을 때 화이자 제약의 CEO인 앨버트 불라Albert Bourla 박사는 다가오는 팬데믹이 삶에 전례 없는 위협이 될 거라는 사실을 깨달았다. 그래서 팀원들에게 불가능한 일을 해내자고 주문했다. 앞으로 9개월 동안 수십억 명이 맞을 수 있는 코로나19 백신을 생산하라는 것이다(나중에 본인이 직접 설명했다).[15] 당시 신약을 개발하려면 평균 8년이 걸렸고 화이자가 그런 약을 생산할 수 있는 양은 최대 2백만 개였다. 하지만 그해 3월, 사람들이 다시 실내에 모이는 겨울이 되면 발병률(사망률도 마찬가지다)이 치솟을 것으로 예측됐다. 그래서 불라 박사는 불가능한 도전을 제시했다. 9개월 이내에 코로나19 백신 수십억 명분을 개발하는 것이다. '대단히 야심 찬' 계획이었다.

불라 박사는 이 목표를 제시하면서 인간의 삶을 개선할 생물 의학적 혁신을 이룬다는 회사의 목적을 언급했다. 고무된 화이자 팀은 바이오젠Biogen(미국 생명 공학 제약 회사_옮긴이)과 협업하여 불가능한 일을 해냈다. 더 빠르고 새로운 방법으로 백신을 개발했고 불가능해 보였던 기한과 수치 목표를 달성했다.

리더는 다양한 방식으로 영감을 억압하거나 고취한다. 매일 진행되는 회의를 생각해보자. 컨소시엄 동료인 리처드 보야치스는 이렇게 지적했다. "경영진은 재무 팀과 회의할 때 사람들의 말에 귀를 기울이지 않아요. 물론 숫자는 중요하지만 그런 분위기로 회의를 이끌면 불안이 주가 됩니다."

한편 보야치스가 아는 의료용품 기업 CEO들은 그들의 도움을 받았던 환자 이야기로 회의를 시작한다. "그런 행동을 하면 다들 이렇게 생각해요. 내 일은 예산을 맞추는 게 아니야. 사람들을 치료하는 거지. 이런 기분이 들면 자기 일에 자부심을 느끼죠."

이와 비슷한 사례로, 한 의료 협회 이사진이 팬데믹 기간에 대중을 대상으로 코로나19 백신을 홍보해야 하는지 논의했다. 협회 CEO는 이사진을 일깨웠다. "우리는 치료사입니다. 우리의 의무는 대중의 건강을 지키는 거고요. 백신이 많을수록 공동체는 건강해집니다."

다른 사람에게 영감을 주려면 무엇이 필요할까? 사실 수천 명이 행동하도록 일깨울 필요는 없다. 우리가 미치는 영향력은 그저 가족, 친구, 동료에게 제한될 수 있다. 하지만 영감을 주는 길(소수든 군중이든)은 같은 자리에서 시작한다. 먼저 자신부터 영감을 받아야 한다. 비전이 있는 사람은 진심으로 믿는 사명을 말로 표현한다. 이때 당연히 자기 인식과 공감에 기반을 두고 다른 이에게 귀를 기울여야 한다. 스스로 깊이 감동하고, 그 기분이 듣는 사람의 마음을 울리도록 표현하면 긍정적인 감정의 장이 형성된다.

영감은 직접적인 격려사와 달리 이야기를 통해 간접적으로 전달할 수 있다. 건설회사 CEO인 에런은 매달 모든 직원과 토론회를 개최한다. 한 번은 토론회를 시작할 때 남쪽 맨해튼 건설 현장에서 만난 근로자들 이야기를 들려주었다. 새벽 6시에 교대 근무를 시작하는 이들의 모습이 얼마나 자랑스럽고 감동적이었는지 말했다. "그들은 매일 새벽 6시까지 현장에 나와요. 뉴욕 거주민도 아닌데 말이에요. 특히 인상 깊었던 건 테이블에 모여 앉아 그날 뭘 할지 논의할 때였어요. 정말 열정적인 분위기였죠!"[16] 다음 날 에런은 이야기를 들은 직원들에게서 '열정적인 피드백'을 받았다고 한다.

갈등 관리

델로레스는 대형 글로벌 호텔 체인의 교육 책임자로 부임했다. 얼마 지나지 않아 경영 전략에 걸맞은 서비스를 하려면 교육 프로그램을 업데이트해야 한다는 사실을 알아차렸다. 제일 큰 문제는 영업 부문 책임자이자 CEO 바로 다음 직위인 폴에게 영향을 미치는 것이었다.

복잡한 문제였다. 폴은 델로레스의 상사와 경쟁하고 있었고 상사는 델로레스에게 폴을 무시하고 피해서 계획대로 하라고 했다. 하지만 델로레스는 폴의 지원이 없으면 성공할 수 없다고 믿었다.

그래서 델로레스는 시간과 노력을 들여 폴과 돈독한 업무 관계를 형성하고 폴이 무엇을 반대하는지, 어디에 열광하는지 알아냈다. 폴은 수익을 추구하고 숫자로 움직였다. 그래서 처음에는 그에게 뭐가 중요한지 이해하고 자신도 숫자의 중요성을 이해한다는 사실을 보이려 노력했다.

델로레스는 일단 폴과 좋은 관계를 맺은 뒤 염두에 뒀던 변화 몇 가지를 제안했다. 그는 폴의 반응에 신중하게 귀를 기울이면서 시도할 만한 선택지와 거부할 권리를 동시에 제시했다. 그래서 폴은 새로운 시도를 좀 더 편하게 생각할 수 있었다. 폴의 참여를 유도하기 위해, 먼저 델로레스의 팀이 다른 영역에서 교육 프로그램의 효과를 증명한 뒤 폴이 관리하는 부문으로 확장했다.

계획은 효과적이었다. 폴은 새 교육 프로그램에 강한 지지를 보냈다. 델로레스가 폴을 공략한 방식은 돈독한 관계를 구축하고 변화를 제안하는 상대와 공감대를 형성하며 처음부터 갈등을 회피하는 등 훌륭한 갈등 관리 방법을 보여준다.

한 CEO가 말했다. "리더나 관리자는 갈등이 폭발해서 감정적 환경이 해로워지기 전에 미리 정의하는 게 중요합니다." 물론 남편, 아내, 부모, 친구 등 어떤 관계에서도 같은 원칙이 적용된다.

그 CEO는 갈등을 해소하려면 서로의 차이를 탐색하기 전에 공감대부터 찾는 게 양쪽에게 유익하다고 했다. 예를 들어 그의 CIO는 '민첩한' 예산 관리를 선호했다. 즉 문제점이 발생하면 유연하게 해결하고 피드백을 반영하여 그 자리에서 자원을 재분배하고 성과를 향상하는 것이다.

반대로 CFO는 이사회가 예산을 결정하고 CFO는 그에 맞춰 집행하는 전통적이고 고정적인 재무 계획을 훨씬 선호했다. 두 사람은 불화가 심했다. 하지만 CEO는 두 사람 모두 가치가 있다고 생각했으며 둘을 중재하고 싶었다.

CEO는 먼저 이 조직이 존재하는 이유부터 돌이켜보자고 했다. 의료용품 회사로서 근본적인 사명은 치유하는 것이었다. 두 사람은 각자 자기 방식으로 그 사명을 추구하고 있다. CEO는 예산의 원칙을 세워야 사명을 달성할 수 있고, 가끔 민첩하게 대응할 필요도 있다고 했다. 이 관점에서 두 사람의 차이는 그리 중요하지 않다.

"나는 두 사람이 서로 공격하느라 시간을 낭비하기보다 공통점이 훨씬 많다는 걸 알길 바랐어요." CEO가 설명했다. 그는 사명을 공유해야 갈등을 해소할 수 있다고 봤다.

결국 CFO는 예산을 유연하게 수립하면 사명을 달성하는 데 효과가 있다고 동의했고 그 방식을 채택했다.

연인이나 가족, 이웃, 공동체부터 작은 가게, 대기업에 이르기까지 어떤 집단에서도 갈등을 피할 수는 없다. 이런 의견 차이를 다루려면 자신부터 잘 관리해야 한다.

마서스비니어드Martha's Vineyard 지역의 마을 회의에서 5학년 아이들이 일회용 플라스틱병 사용 금지를 촉구했다. 이 여름 휴양섬에서 더운 날 가장 잘 팔리는 것이 일회용 플라스틱병에 담긴 물이었다. 병에 담긴 물이 상당한 마진을 보장하는 만큼, 업자들은 플라스틱 물병을 조례로 금지하자는 아이들에게 열렬히 반대했다. 한 점주는 플라스틱병에 담긴 물이 주요 수입원이라며 단호한 태도를 보였다. 심지어 아이들에게 소리까지 질렀다.

한 아이가 회상했다. "이 아저씨는 제가 이성을 잃고 분노하고 소리치길 바란다는 걸 계속 떠올렸어요. 그래서 계속 차분하게 들으면서 동의하는 부분을 찾으려고 노력했죠. 그다음에는 새로운 사실을 계속 알려줬어요."

그 새로운 사실 중에는 유통업자가 우유팩과 모양이 비슷하고 쉽게 재활용할 수 있는 용기를 제안한 것도 있었다. 점주는 마음을 바꿨고 결국 플라스틱 물병 금지에 찬성했다.

이 5학년 학생들은 자기감정을 관찰하는 자기 인식, 평정을 유지하고 반응을 관리하는 감정적 균형, 타인의 말에 귀를 기울이고 합의점을 찾는 공감 등 다양한 감성지능 역량이 뒷받침돼야 하는 훌륭한 갈등 관리 능력을 보여줬다.

감성지능은 현존감$_{presence}$, 즉 감정, 주의가 흔들리지 않고 현재에 집중하는 상태를 가능하게 한다. 5학년 아이들은 화내지 않았고 고함을 들으면서도 울컥하지 않고 그 에너지를 흡수했다. 상대의 말을 경청하며 합의점을 찾았고, 명료한 상태로 상대를 흔들 수 있는 사실을 제시했다.

자기감정을 관리하는 능력인 감정적 균형은 갈등 관리에서 중요한 단계를 차지한다. 쉽지 않은 대화를 하다 보면 눈물이 나거나 걷잡을 수 없이 화나기도 한다. 어느 쪽이든 잘 듣고, 생각하고, 반응하려면 침착해야 한다. 그러려면 감정을 스스로 조절하는 능력, 정서적 반응성emotional reactivity을 잘 관리해야 한다.

갈등 상황에서 침착하면(강력한 인지 조절의 결실이다) 머릿속을 맑게 유지하면서 중요한 사실과 반박할 논지를 떠올릴 수 있다. 또한 하버드 협상 프로젝트Harvard Negotiation Project에서 권고한 유명한 말처럼, 매끄럽게 해결책을 도출하려면 양쪽 다 충분히 동의하고 그대로 해도 괜찮다고 생각해서 '윈윈'할 수 있는 타협점을 찾아내야 한다. 예를 들면 영감 역량을 발휘하여 둘 다 동의할 수 있는 더 큰 원칙을 표현해도 좋다.

일터에서는 의견 차이를 좀 더 전략적으로 접근해서 예산 우선순위, 마케팅 계획, 신용 할당 등에 관한 의견이 충돌하면 가끔 피할 수 없이 마주해야 하지만 장애물이 아닌 기회로 보는 사고방식을 장려한다.[17] 이 사고방식은 의견이 충돌하면 업무를 개선할 기회로 인식한다. 예를 들어 어떤 결정을 두고 동료와 논쟁할 때 둘 다 자신의 접근법이 타당한 이유를 설명하고 장단점을 평가한 뒤 창의적인 해결책에 도달하는 것이다.

이렇게 누군가와 대면할 때 자기 인식을 적용하면 자신에 대해 배울 수 있다는 장점이 있다. 당신에게 무엇이 중요하고 어떻게 일하는 편을 선호하는지, 무엇에 폭발하는지 잘 알게 된다. 그다음 당신과 의견이 충돌하는 사람과의 관계도 나아진다. 갈등을 통해 상대에게 무엇이 중요하고 어떤 업무 방식을 선호하며 무엇이 그들을 폭발하게 하는지 비슷한 통찰력을 얻을 수 있다. 차이를 긍정적 방식으로 해결하면 그 과정에서 실제로 상대와 더 가까워진다.

처니스가 만난 수술실 레지던트들은 코로나19 이후 두 병동을 합치고 일부 직원을 해고한 병원에 불만을 표시했다. 이렇게 비용 절감을 위해 조직을 개편하면서(기업계에서 무척 흔한 일이다) 업무 부담이 커졌고 이제 줄어든 직원이 같은 수의 환자를 관리해야 했다. 게다가 그 두 부문은 각자 일하는 방식이 있는데도 무작정 합쳐졌다. 이들은 이 상황을 해결하기 위해 무슨 말과 행동을 해야 할지 몰랐다.

처니스는 먼저 각자 기분을 솔직히 말하고 그다음 팀원들을 만나 딜레마에 관해 논의하자고 했다. 다들 자기감정부터 털어놓은 다음, 외과의들은 '그냥 고치세요'라며 해결책을 강요하려는 충동을 누르고 팀원들의 기분에 귀를 기울이라고 했다. 이 과정을 거친 다음에야 자신이 생각하는 해결책을 말할 수 있다.

이럴 때는 두 가지 감성지능 역량이 필요하다. 자기 기분을 관리하고, 타인의 기분에 공감하는 것이다. 엄청난 차이가 있을 거라고 내심 대비하면 큰 도움이 된다. 그러면 의견이 첨예하게 대립하는 상황을 예상하며 초조해하지 않고, 일을 더 잘하려면 어떻게 상대나 자신을 도울 수 있는지 고민하게 된다. 타인의 시각에서 배울 점이 있다고 본다는 뜻이다. 저 사람은 왜 이런 입장을 선택했을까?

그다음 실제 대면을 준비한다. 당신이 무엇을 달성하고 싶은지 고려하고 당신의 말과 상대가 받아들이는 의미가 어찌 다른지 고민하며 상대의 반응에 따른 대응을 몇 가지 생각해둔다. 한마디로 갈등은 배우고, 관계를 강화하며 리더십 기술을 연마할 기회다.

공감도 도움이 된다. 한 특수 학교의 관리자들은 함께 일하면서 갈등을 겪고, 처니스의 도움을 받아 시간을 하루 내서 수련회에 갔다. 수련회를 진행하는 동안 일부 구성원이 불평했다. '통제 불능이 된' 아이 때문에 도움이 필요한데 학교의 비행 관리 전문가 딕의 '코빼기도 볼 수 없다'는 것이었다. 딕은 방어적인 자세를 보였고 논의는 엄청난 열기를 더해갔다.

캐리는 교실에 큰일이 생겼을 때 딕이 와서 도와주기 힘든 이유가 무엇이 있을지 전부 꼽아보자고 했다. 덕분에 팀원들은 딕과 언쟁을 벌이기보다 딕의 입장을 헤아릴 수 있었다. 이들은 그런 상황에서 교사에게 필요한 것과 고민거리를 정의했다. 그다음 딕이 없을 때 그런 문제가 발생하면 대처할 방법을 생각했고 딕은 필요할 때 최대한 갈 수 있도록 일정을 조절한다. 이런 연습을 통해 팀은 공개적 갈등을 피하고 건설적인 방식으로 문제를 직면했다. 구성원을 공격하기보다 지지한 것이다.

각 감성지능 관계 역량은 사생활이든 일터에서든 우리에게 가장 중요한 사람과의 유대를 한층 굳건히 할 방법을 알려준다. 영향력을 미치려면 신뢰도가 높은 돈독한 관계가 필요하다. 다른 사람에게 영감을 준다는 건 가장 의미 있는 것을 파악하고 공감력을 발휘하여 그 감동적인 목적을 절절하게 잘 표현한다는 뜻이다. 코칭과 갈등 해결은 사소한 갈등쯤은 충분히 관리할 정도로 단단한 기반이 되는 유대에 달렸다. 관계가 번창한다는 건 당신이 최적 지대에 있다는 신호다.

  수십 년 전 조직 내 감성지능을 연구하기 위해 컨소시엄을 창립했을 때, 감성지능이 성공에 중요하다는 사실을 보여주는 믿을 만한 데이터는 거의 없다시피 했다. 골먼이 《EQ 감성지능》을 썼을 때 일터에서 성과에 감성지능이 중요한 역할을 한다는 건 강렬한 예감에 불과했다. 수십 년이 지난 지금은 데이터에 설득력이 있다. 이런 감성지능 역량은 개인의 성공은 물론 교회, 학교, 비영리 조직, 정부부터 크고 작은 사업체와 기업에 이르기까지 모든 조직의 성공에 대단히 중요하다. 연구 결과에서 확인된 감성지능의 이점은 리더와 팀, 사업체 전체에 영향을 미친다. 3부에서 자세히 살펴보자.

3부
감성지능 실전편

9장
감성지능의 수많은 이름

아파트 단지를 관리하는 멜은 가끔 스트레스받을 때도 있지만 자기 일을 사랑했다. 어느 날 한 동에서 불이 났고 정신 나간 세입자가 남의 소화 장치를 야구 방망이로 부쉈다. 다른 동에서는 누가 차를 타고 가다 총을 쏴서 한 세입자의 몸이 마비됐다.

멜은 할 수 있는 한 최선을 다했다. 여러 건물을 직접 방문해서 다양한 위기를 맞아 회복 중인 사람들을 도왔다. 여러 문제를 해결하려면 제때 보험금 청구, 수리 계약 등 수십 가지 단계를 거쳐야 했다. 하지만 멜은 다른 것이 필요하다는 사실을 깨달았다. 현장 직원들이 트라우마를 입었기 때문이다. 엄청난 일을 집중해서 처리할 뿐만 아니라 그들의 감정을 돌봐야 했다.

그래서 많은 일을 해야 하는 압박감 속에서도 멜은 팀원들에 특별 휴가를 줬다. 결국에는 더 나은 성과로 이어졌다.

멜의 공감적 관심은 기업의 핵심 운영 원칙인 '배려를 통한 성과'가 발현된 결과다.

감성지능 역량(최적 성과를 구성하는 요소도 마찬가지다)은 장소에 따라 다른 이름으로 불린다. 그래도 어디서나 중요하다.

예를 들어 자기 인식은 목적의식과 조화를 이루고 감정을 관리하게 해준다. 감정적 균형을 비롯한 자기 관리 능력이 있으면 변화하는 환경에 민첩하게 대응하고 낙관을 유지하며 역경이 찾아와도 회복탄력성을 발휘한다. 매일 주의를 흩트리는 들불이 일어나도 목표를 잊지 않는다.

마찬가지로 공감은 영향과 영감을 퍼트리고 사람들이 능력을 개발하도록 코칭한다. 차이점을 표면에 드러내서 해결하며 훌륭한 팀원이 되는 능력 등 필수 역량의 기반이 된다. 앞으로도 살펴보겠지만 이런 역량을 가리키는 이름은 조직에 따라 무척 다양하다. 모든 기업(같은 맥락에서 가족도 마찬가지다)에는 고유한 문화가 존재하며 제각각 감성지능 역량을 가리키는 명칭이 다르다. 하지만 누구에게나 감성지능이 필요하다는 건 놀라울 정도로 놀라울 정도로 널리 동의하는 사실이다.

감성지능 분야의 여러 측면을 겨냥해서 셀 수 없이 많은 모델과 명칭이 존재하지만, 이 모든 건 대략 '소프트 스킬soft skill(소통, 협상, 팀워크, 리더십 등 정량화하기 힘든 대인 관계 기술_옮긴이)'을 다양한 렌즈로 바라본다고 생각하면 된다. 이 모호한 단어가 가리키는 영역은 컴퓨터 코딩처럼 인지력을 활용하지만 감정에는 무관심한 '하드 스킬hard skill(업무 수행에 필요한 전문 지식이나 기술_옮긴이)'과 대비된다. 하지만 여러 기업이 앞으로 직원들에게 필요한 강점과 미래 환경에 관심을 기울이면서 소프트 스킬의 수요가 증가하고 있다.

예를 들어 한 연구에서는 21세기가 시작될 무렵부터 5000건에 가까운 최고 경영자 '구인 광고'에 제시된 직무 기술서를 약 20년에 걸쳐 추적 관찰했다.[1] 그 결과 기업이 최상위 리더에게 원하는 것은 소프트 스킬(감성지능이 핵심이다)이라는 추세가 분명히 드러났다. 반면 기업이 고위 간부의 하드 스킬을 원하는 비중은 점점 감소했다.

고위 리더의 직무 기술서에 소프트 스킬이 들어가는 비율은 거의 30퍼센트 증가했으며 재무, 물류 전문성 같은 하드 스킬을 구체적으로 명시한 경우는 40퍼센트 감소했다. 이 추세는 계속 이어진다. 〈하버드 비즈니스 리뷰〉 보고서에 따르면 최고위 리더들은 숫자뿐만 아니라 '사람을 대하는 데 능숙해야' 한다.

재무와 운영 같은 하드 스킬도 중요하지만 경영자의 성과를 측정하는 새로운 표지는 자기 인식과 공감(다른 사람들의 생각과 기분을 감지하는 능력), 경청하고 효과적으로 소통하며 다양한 사람과 잘 어울려서 일하는 사회성 등 주로 감성지능 영역에 해당한다.

이런 감성지능 역량은 HR, 재무, 마케팅 책임자, CIO, 물론 CEO에게도 필요하다. 〈하버드 비즈니스 리뷰〉에서는 이렇게 설명했다. '오늘날 기업은 저마다 특징이 다르고 기술에 조예가 깊은 사람들, 글로벌 근로자에게 동기를 부여할 수 있는 CEO를 고용해야 한다. CEO는 사내 정치인 역할을 하면서 주권 정부부터 영향력 있는 비정부 기구에 이르기까지 다양한 구성원을 다뤄야 하며 새로운 회사에 자신의 역량을 빠르고 효과적으로 적용할 수 있어야 한다.'[2]

꼭 경영진에만 해당하는 원칙이 아니다. 그 기사에서 지적했듯 이제 감성지능 역량은 모든 이에게 꼭 필요하다. 모든 수준에 걸쳐 다양한 업무에서 '고도로 발달한 사회성'을 필요로 한다. 더구나 그런 업무는 전반적으로 노동 시장에서 빠르게 확대되고 있다.

감성지능의 다른 이름

콘퍼런스 보드Conference Board(미국 경제 조사 기관_옮긴이)에서 전 세계의 수많은 소속 기업을 대상으로 경영자에게 어떤 강점을 가르치느냐고 설문 조사했다. 그 결과 상위 5개 범주가 모두 감성지능의 하위 항목이었다(전략적 사고나 사업 감각 같은 요소보다 훨씬 앞섰다).³ 하지만 이런 감성지능의 여러 측면은 '팀 리더십과 인재 육성', '리더의 존재감과 영향력 발휘 역량', '관계 관리', '변화 대응과 주도' 등 다른 이름으로 불렸다. 그중에 '감성지능'이란 이름도 있었다(이 용어를 어떤 의미로 썼는지는 불분명하다).

놀랍게도 일부 감성지능 역량의 이름은 설문 조사에서 말하는 '감성지능'과는 무관한 이름으로 보인다. 그러다 보니 조직이 리더를 대상으로 감성지능 역량을 개발하는 데 얼마나 관심 있는지 정확히 파악하기란 어렵다. 이는 '감성지능이 효과적인 리더십의 핵심'이라는 인식이 광범위하게 확산되었기 때문이다. 그 결과 '감성지능'이라는 이름은 드러나지 않지만, 다른 이름으로 그 내용은 흡수되었다.

기업 문화에 스며든 감성지능은 이름으로는 잘 드러나지 않지만, 기업의 관행과 문화 속에서는 명확히 드러난다. 기업이 감성지능이나 감성지능 역량을 언급할 때 대개 자체 용어를 쓰기 때문이다. 그래서 기업의 감성지능을 알아차리려면 해석이 필요하다. 아마도 감성지능 요소는 구성원도 모르는 사이에 많은 기업 문화들 속에 스며들었을 것이다. 우리는 이런 현상을 감성지능 개념이 성숙 단계에 접어들었다는 신호로 본다. 감성지능이 '균형 성과표 Balanced Scorecard'처럼 워낙 널리 수용되어 당연하게 생각한다는 뜻이다. 이제 경영진에게 '감성지능'이라는 용어나 줄임말인 'EQ'를 언급하면 '그게 뭐예요?'가 아니라 당연히 안다는 반응이 돌아오는 것처럼 말이다.

이처럼 '감성지능'이라는 용어가 기업의 언어와 DNA에 흡수되면, 그 용어를 쓰지 않더라도 개념은 여전히 사람들의 행동과 문화에 스며들어서 강력하게 작용한다.

예를 들어 한 건설 기업에서는 '감성지능'이라는 용어를 거의 사용하지 않지만, 감성지능과 관련된 원칙이 깊이 내재화됐다. 하지만 CEO는 이런 현상을 문제로 보지 않았다. "감성지능은 특정한 실체가 아닙니다. 사업 목표를 달성할 때 적용되는 행동이죠."

다른 예로 대규모 HR 컨설팅을 수행하는 글로벌 컨설팅 기업은 자사의 역량 목록을 '성공 요인'이라 부르는데 그 내용은 감성지능과 상당 부분 겹친다. 이 역량 목록은 전 세계 기업으로 널리 확산되었고 각 기업의 문화적 특성에 맞게 명칭만 바꾸어 쓰였다.

이런 표현도 예로 들 수 있다. '생산적인 인간 행위'와 '진정한 생산성을 이끌어내는 기반'에 꼭 필요한 요소는 둘 다 '우리 내부와 우리 사이에 있다.', '더 차분하고 솔직하며 흐트러지지 않는 정신, 훌륭한 자기 인식과 자기 변화 역량의 강화가 필요하다. 절제력 있는 열정과 굳건한 인간관계는 말할 필요도 없다.'[4] 이런 표현이 자기 인식, 자기 관리, 공감, 관계 역량 등 감성지능의 다른 표현이라는 사실을 알아차릴 수 있다.

감성지능 역량에 관한 또 다른 언어는 구글과 머크Merck(미국 제약회사_옮긴이), 시티뱅크, 커민스Cummins(미국 자동차, 트럭 및 오토바이 부품 회사_옮긴이) 같은 기업이 사용하는 언어에서도 엿보인다. 함께 있는 사람에게 온전히 주의를 기울인다는 의미에서 공감을 뜻하는 '리더의 존재감', 또 다른 공감에 해당하는 '고객 경청', 공유 사명이나 목적을 떠올리게 해서 사람들이 최선을 다하게 하는 능력인 '리더십 카리스마' 등이 있다. '훌륭한 코치 되기', '내 사람 발전시키기' 같은 말은 감성지능에서 타인이 강점을 개발하도록 돕는 행위를 뜻한다. '협력하기'나 팀워크는 다른 사람과 함께 목적을 이룬다는 뜻이다. 앞서 살펴봤듯이 모두 감성지능에 속하는 측면이다.

앞서 언급한 〈하버드 비즈니스 리뷰〉 기사에서는 '소프트 스킬'의 의미를 몇 가지 예로 제시했다.

- '사회성', 다양한 대인 관계 능력이다
- '마음 이론Theory of mind', 타인의 생각을 추론하는 능력으로 다양한 인지적 공감을 가리킨다
- 잘 듣고 소통하는 것 역시 공감에 해당한다.
- 다양한 사람과 잘 어울려 일하는 것도 공감의 기능이다
- 자기 인식은 자기 관리 같은 다른 감성지능 역량을 개발하는 기반이다
- 갈등 관리 자체가 감성지능 역량이다
- 예상치 못한 사건에 효과적으로 반응하는 능력은 적응성이다

다시 말하지만 이런 능력은 감성지능 영역에 들어간다.

일각에서는 정보 처리 기술 덕분에 자동화가 진행돼도 기업이 성공하려면 감성지능이 더욱더 중요해질 것이라고 주장한다. 이유를 살펴보자. '시장에서 주요 경쟁자들이 똑같은 수단을 사용할 때 리더가 돋보이려면 그 수단을 사용하는 사람들을 더 잘 관리해야 한다. 그러려면 올바른 메시지를 창조하는 한편 공감력을 발휘하여 메시지를 전달할 수 있도록 모든 면에서 소통에 능숙한 일류

리더가 필요하다.'[5]

  이렇게 다양성과 포용을 중시하고 SNS에서 경영자가 유명인으로 떠오르는 추세와 함께 감성지능을 개선해야 한다는 주장은 한층 설득력을 얻고 있다. 혼합 근무(원격 근무와 사무실에서의 대면 근무를 혼합한 근무 방식_옮긴이)는 인적 유대를 약화한다. 게다가 기후 변화로 극단적인 날씨가 늘어나면서 인지력을 훼손할 뿐만 아니라 모두에게 스트레스로 작용한다. 그다음 변화의 속도도 무척 빨라지고 있다. 이런 추세 자체만으로도 요동치는 감정을 감성지능으로 관리해야 한다는 근거가 된다.

감성지능이 우리 각자에게 미치는 영향

욜란다는 충격을 받았다. 상사가 단도직입적으로 이렇게 말했기 때문이다. "이봐요, 난 당신 상사예요. 이해가 안 돼요? 그러면 여기 있을 필요가 없죠. 여기서 일하고 싶은 거 확실해요?"

욜란다와 상사는 원래 사이가 안 좋았지만 이 정도면 불화의 정점을 찍었다. 관계가 파국에 이르자 욜란다의 업무 성과는 물론 행복마저 훼손했다. 욜란다는 본인에게 필요한 걸 챙기기는커녕 상사의 마음을 읽느라 많은 시간을 빼앗겼다. 절박하게 관계를 개선할 방법을 찾으려 했지만 욜란다 본인의 말에 따르면 상사는 '아주 읽기 힘든 사람'이었다. 하지만 욜란다는 계속 노력했다. 먼저 자기감정부터 관리하고 특히 공황이 오지 않게 신경 썼다. 상사의 비난은 악순환을 불렀다. 욜란다의 머릿속은 '상사가 탐탁찮

아하네'에서 '이러다 잘릴 거야'로 금세 이동했다. 그는 먼저 이런 끔찍한 생각부터 포착하고 진정할 방법부터 찾으려 했다. 욜란다는 결국 평정을 되찾고 재앙처럼 느껴지는 문제를 명확하게 바라봤다. 자신의 혼란한 반응에 집중하기보다 상사를 이해하려 애썼다. 자신에 집중하기보다 공감하려 노력했다. 상사가 어떤 기분이고 무엇을 원하는지 점차 파악했다. "존중을 곁들여 좀 더 많은 질문을 하고 상사가 무슨 생각을 해야 하는지 알아내기로 했어요."

공감하려는 혼신의 노력은 빛을 발했다. 관계가 개선된 것이다. 욜란다는 상사와의 관계를 잘 관리하면서 지나친 걱정을 멈추고 상사가 무엇을 원하는지 예측할 수 있었다. 결국 두 사람은 사이가 무척 좋아졌다. 욜란다는 자신의 역할을 십분 해냈다. 회사 고위층에서 욜란다의 성과를 주목했고 그는 결국 임원으로 승진했다.

우리는 일터에서 수많은 문제를 맞닥뜨리고 껄끄러운 사람과 매일 같이 함께 일한다. 이 가운데 상당수의 문제는 자신과 동료를 능숙하게 다루면 해결할 수 있다. 바로 이런 이유로 감성지능(자신과 타인의 감정을 정확히 인지하고 이해하며 관리하는 능력)은 일터에서 성과를 개선하고 최적 관계를 구축하는 데 도움이 된다.

최적 상태의 구성 요소는 얼핏 보면 인지적 강점을 지나치게 강조하고 정서적 감각을 간과하는 듯하여 혼란을 일으킬 수 있다. 하지만 앞서 살펴봤듯이 인지력을 최대화하려면 감정 상태가 개선돼야 한다. 다만 그 사실이 항상 잘 보이는 게 아니다.

IQ에 대한 커다란 착각

실리콘 밸리의 한 생명 공학 팀에 자칭 '천재들의 문화' 때문에 역설적으로 문제가 발생했다. 이들의 일터에서 성공 법칙은 똑똑할수록 잘한다는 것이었다. 하지만 회사는 이렇게 자기가 제일 똑똑하다고 뽐내는 문화가 신뢰와 협력보다는 질투와 경쟁을 조장해서 도움이 되지 않는다는 사실을 파악했다. 그래서 골먼을 초청해서 고위 경영진에 높은 IQ뿐만 아니라 감성지능이 중요하다는 사실을 알려달라고 요청했다.

골먼은 당연히 똑똑하면 유리하지만 동기를 부여하고 공감하며, 팀원으로 어울려 일하면서 직원들에게 영감을 주고 리더십 기술을 개발하도록 도와줘야 한다고 했다. 이 모든 행위는 감성지능을 반영한다.

골먼은 특히 기술 기업과 엔지니어링, 생명 공학, 금융 분야의 기업에 이 메시지를 전달하곤 한다. 일반적으로 이런 분야에 종사하는 사람들의 신념에서는 가장 똑똑한 사람이 되는 게 무척 중요하다. 예를 들어 한 글로벌 휴대폰 제조 기업은 골먼에게 IQ가 제일 중요하다고 믿는 엔지니어 수백 명 앞에서 강연해달라고 요청했다.

IQ가 중요하다고 보는 기존 관점에서는 학교와 학계에서 성공하는 요소만 있으면 승승장구할 수 있다고 믿는다. 좀 더 이해가 깊어지면 전체 경력에서 IQ(다른 인지력 포함)와 감성지능을 비롯한 '비인지적' 능력이 둘 다 중요하지만 경력을 쌓다 보면 다양한 측면에서 전혀 다르게 작용한다고 본다.

물론 경지에 오르려면 기술적 숙련도와 사업 전문성, 타고난 IQ 등 어느 정도 인지적 재능이 필요하다. 하지만 감성지능은 모든 요소에 힘을 더해준다. 예를 들어 당신의 관점을 받아들이게 하거나 더 발전하면 그들에게 유의미한 목적을 향해 노력하도록 영감을 줄 수 있다.

경력이 발전하려면 IQ와 감성지능이 둘 다 중요하지만 그 중요성의 방향은 다르다. IQ는 학교에 다닐 때 가장 도움이 되지만 경력을 쌓을수록 IQ가 성공에 미치는 영향력은 점차 줄어드는 반면 감성지능은 더 중요해진다.

학교 성적이 좋다고 직장에서 성공을 거둔다는 보장은 없다.[6]

학교 성적과 업무 성과의 상관관계를 연구한 결과에 따르면 일을 시작한 첫해부터 그리 대단하지 않으며 점차 나아갈수록 약해지다가 나중에는 거의 사라진다.[7] 하버드와 MIT의 경제학자들은 고등학교 3학년 학생을 인터뷰하고 IQ를 측정한 뒤 35세와 53세가 되어 다시 조사했다. 그 결과 성인이 된 다음 거둔 성취에서 IQ의 영향력이 과대평가됐다는 사실을 알아냈다.[8]

물론 인지력은 어느 정도 중요하다. IQ는 100을 평균으로 정의한다. MBA 같은 곳에서 학위를 따려면 기준 수치에서 표준편차 1 정도는 높아야 한다. 일반적으로 IQ는 확실히 학교 성적과 들어갈 수 있는 대학, 대학원, 처리할 수 있는 인지 복잡성, 그 결과 특정 업무와 역할을 맡을 수 있는지 결정한다.

하지만 일단 그 업무를 맡으면 바닥 효과가 발생한다. 모든 사람이 당신과 비슷하게 똑똑하기 때문이다. 감성지능은 더 큰 차이를 만든다. 인지 재능과 감성지능의 상호 작용을 이런 식으로 생각해보자. 소프트웨어 코드를 쓰는 건 순전한 인지력에 해당하지만 코드를 쓰는 팀에서 훌륭한 팀원이 되려면 자기 관리와 관계 역량이 뛰어나야 한다. 회계사로 성공하려면 인지력이 필요하지만 고객을 효과적으로 다루려면 공감력이 필요하다. 유능한 의사, 치과 의사, 간호사, 기타 의료 전문가가 되려면 인지력이 높아야 하지만 환자와 잘 소통해서 당신이 하는 말을 따르게 하려면 감성지능이 더해져야 한다.

경영학 교과서에서 IQ보다 두 배에 가까운 분량을 감성지능에 할애한다고, 일부 학자 집단이 당혹감과 분노를 드러내며 지적한 적이 있다. 이들은 IQ가 탁월한 성과를 내는 요소이며 수많은 연구가 이 사실을 증명한다고 주장했다. 또 이런 학자들은 감성지능이 IQ에 비해 근거가 빈약하다고 주장했다. 그러니 교과서에서 EQ보다 IQ를 더 많이 다루어야 한다고 돌려서 주장한 셈이었다.

일부 학자들의 말처럼 널리 인용되는 연구들은 IQ가 높을수록 업무 성과가 좋다고 시사한다. 그러나 해당 데이터를 자세히 들여다보면 그렇게 단정하기는 어렵고 감성지능을 포함한 다른 요인들의 영향이 적지 않다는 사실이 드러난다.[9]

인생 전반에서 IQ와 감성지능은 모두 중요하지만, 시기마다 영향력은 다르게 나타난다. IQ는 학창 시절에 특히 중요하다. IQ는 학교 성적을 가장 잘 예측하는 요인이고 IQ가 높을수록 높은 성적을 거둘 가능성이 크다. 하지만 일터에서 경력을 쌓으면서 IQ가 성공에 미치는 영향은 줄어든다.

이유가 뭘까? 방에서 가장 똑똑한 사람이 대인 관계에 바보일 수 있기 때문이다. 일터에서 스타 성과자는 특별한 감성지능 역량을 보유하고 있다. 인지력이 무척 중요하긴 하지만 그게 어떤 재능이든 감성지능으로 증폭된다. 따라서 한때는 감성지능을 '있으면 좋은 것'으로 봤지만 이제 어떤 재능을 펼치든 이 역량은 꼭 필요한 촉진제로 떠올랐다.

감성 및 사회 역량 진단Emotional and Social Competence Inventory, ESCI은 감성지능 역량을 측정하는 최신 도구이며 개인 역량과 대인 관계 기술을 360도로 평가한다. ESCI는 고성과 리더의 유형을 구분하는 12가지의 구체적인 감성지능 역량을 측정한다(2부에서 각 역량을 자세히 살펴보았다).

'360도' 평가에서는 응답자가 잘 알고 의견을 존중하는 평가 대상자를 10명 정도 선정해서 익명으로 솔직하게 평가한다. 이렇게 타인의 시각으로 바라보면 자기 인식에 내재된 편견을 극복할 수 있다. 사람들은 보통 본인의 역량에서 강점을 폄하하거나 약점을 부풀려서 제대로 평가하지 못하기 때문이다. 여기서 '360도'는 당신을 다각도로 바라본다는 뜻이다. 다각도 평가를 통해 평균치를 내면 평가 대상자의 핵심 감성지능 역량에서 강점과 한계를 파악할 수 있다. 이는 감성지능 교육이나 코칭을 받은 뒤 다시 ESCI로 평가해서 대상자가 발전했는지 추적 관찰하는 기준으로 활용된다.

ESCI는 현재 폭넓게 활용되고 있으며 전 세계 1만 개에 달하는 조직에서 130만 명이 평가 대상자의 순위를 매겼다. 이 데이터를 모두 분석한 결과 함께 일하는 사람이 ESCI로 평가한 리더 15만 5천 명 가운데 22퍼센트만 감성지능(9~12가지 역량)이 뛰어난 것으로 나타났다. 리더 10명 가운데 약 4명은 감성지능 역량이 형편없다는 결과를 보였다.[10]

이런 감성지능의 격차는 오늘날 대단히 중요하다. 오늘날 비즈니스에는 무수히 많은 난관이 새롭게 출현한다. 현실과 수요가 끊임없이 변하며 그 어느 때보다 적응력을 중시하고 있다. 조직 내부에서 이해관계자와 효과적으로 소통해야 한다는 건 작게는 그 사무실 내에서, 크게는 세상에서 감정을 읽는 역량이 더 중요해졌다는 뜻이다. 위기는 끝없이 나타나며 이제 사람들은 리더의 끈기와 회복탄력성, 즉 감정적 균형과 공감력, 따뜻한 마음을 귀하게 생각한다. 이 모든 요소는 지금까지 살펴봤듯이 감성지능의 신호다.

핵심을 짚어보자. 감성지능 역량은 기업에 널리 퍼졌지만 조직 문화에 따라 다른 명칭으로 부르기 때문에 포착하기 어렵다. 이런 '소프트 스킬'의 수요는 기업이 직원을 고용할 때 요구하는 특정 재능에서 엿볼 수 있듯이 점차 증가하는 추세다. 감성지능은 IQ를 비롯한 인지 역량과는 다르다. 하지만 이런 능력에 감성지능을 더하면 효과가 커진다. 그리고 데이터에 따르면 수많은 리더들 사이에서도 감성지능 격차가 존재한다.

앞으로 살펴보겠지만 감성지능 역량은 탁월한 리더와 팀, 심지어 전체 사업체를 결정하는 요인이다.

10장
감성지능으로 리드하라

한 엔지니어링 기업은 한때 번창했지만 힘든 시기에 무너져서 구조 조정을 진행하면서 불안이 팽배했다. CEO는 임원진과 주간 회의를 열었고 매주 암울한 재무 보고서가 올라왔다. 그러다 어느 주에 CFO가 상황이 개선된다는 사실을 보여주는 긍정적인 보고서를 제출했다. 다른 경영진은 거의 눈치채지 못했고 그 보고서가 끝날 때쯤 다른 안건으로 넘어갈 준비를 했다. 하지만 CEO는 불안이 줄어드는 걸 느꼈다. 그 긍정적인 보고를 듣자 상황이 낙관적으로 보였다. CEO는 좋아진 기분을 경영진과 공유하며 말했다. "잠깐만요, 아주 멋진 보고서예요! 상황이 나아지고 있어요. 다른 건 잠깐 멈추고 지금까지 우리가 변화하기 위해 실천했던 좋은 일을 다 말해봅시다." 모두 CEO의 말을 따랐다. 개선하는 데 도움이 됐을 활동을 이야기하면서 경영진도 기분이 좋아졌다. 미소 짓는 사람도 있었다. 회의 내내 회의실 분위기는 희망적이었다. 회의가 끝나고 임원들이 회의실을 떠난 후, 부하 직원들은 기분 좋고 느긋해진 리더들을 목격했다. 이런 좋은 기분은 퍼지기 마련이다.

CEO는 자기 감정에 귀를 기울이고 기분이 좋아진 이유를 사람들과 나눴다. 그 순간 CEO가 감성지능을 발휘하면서 경영진의 감정적 분위기에 긍정적인 영향을 미쳤다. 이 좋은 감정은 빠르게 회사 전체로 퍼져나갔다. 자기감정을 솔직하게 말하면 진정성이 생기며 그 관계에 대한 신뢰가 강해진다. 조직의 리더가 자기 감정과 관계를 능숙하게 관리하면 전체 팀과 소속원이 혜택을 누리며 모든 면에서 성과가 개선된다. 약 25년 전에 컨소시엄을 시작했을 때는 이 분야의 연구 자료가 부족했지만 지금은 수백 개 조직에서 상당한 데이터가 나왔고 리더와 팀, 직원이 고성과의 구성 요소, 즉 최적 상태에 관한 통합적 사고를 수용하면 폭넓은 이점을 누릴 수 있다는 사실이 문서화됐다. 이 이점은 2장에서 살펴봤듯이 업무 만족도 상승, 이직률 하락, 몰입과 의욕 개선, 선한 조직 시민 의식, 수익과 성장 측면에서 실질적인 수치 개선 등이 있다.

이 모든 건 리더와 함께 꼭대기부터 시작한다. 감성지능이 높은 리더와 일하면 해방감이 들고 최적 지대가 더 가깝게 느껴진다. 사람들의 하루가 더 즐거워진다.

감성지능은 리더의 필수 역량이다

2021년 에릭 애덤스Eric Adams는 뉴욕시 시장에 당선된 직후 행정부 리더들에게 '감성지능이 높길' 바란다고 되풀이해서 얘기했다. 실제로 그는 감성지능이 고위 공무원을 뽑는 '1순위 기준'이라고 했다. "아이비리그 학위가 있다는 말은 하지 마세요. 학교를 어디 다녔고, 본인이 얼마나 중요하다고 생각하는지 듣고 싶지 않습니다. 철학 이론이 이래서 무엇을 하겠다고 말하지 마세요… 당신의 학업 지능은 궁금하지 않습니다. 제가 궁금한 건 감성지능이에요."[1]

월트 디즈니는 대인 관계 기술이 부족하다는 이유로 2022년에 CEO였던 밥 체이펙Bob Chapek을 해고하고 그 자리에 예전 CEO였던 밥 아이거Bob Iger를 앉혔다. 〈뉴욕타임스〉 기사에 따르면 체이

펙은 공감력과 감성지능이 부족해서 '할리우드의 창의적인 공동체와 소통하거나 관계를 맺을 수 없었다'고 한다.[2]

리더에게 감성지능이 필요하다는 건 몇 년 전 컨소시엄 동료이자 당시 글로벌 경영자 연구소의 대표였던 클라우디오 페르난데스 아라오스Claudio Fernández-Aráoz의 급진적인 질문으로 분명해졌다. 직무에 더없이 적합해 보였던 경영자가 실제로 그 자리에 앉으면 왜 실패할까? 그의 회사에서 경영자 직무를 위해 찾아낸 후보들은 대부분 성공했지만 해고된 사람들도 있었다. 아라오스가 해고 사유를 조사해보니 일본, 독일, 미주 등 세계적으로 같은 패턴이 드러났다. 사업 전문성 같은 하드 스킬을 기준으로 경영자를 고용했지만 직속 직원에게 화내고 폭발하는 등 소프트 스킬이 부족해서 해고됐다.

아라오스의 예감은 전 세계 조직에서 표준 운영 절차로 발전했다. 9장에서 살펴봤듯이 임원을 구인할 때 기업이 찾는 덕목으로 하드 스킬보다는 '소프트 스킬'이 놀라울 정도로 많이 언급되고 있다.

우리가 조직 내 감성지능 연구 컨소시엄(CREIO)을 창립했을 때 끊임없이 방문자를 끌어들인 주제는 '감성지능 경영 사례'였다. 놀라운 일이 아니다. 소기업이든 대기업이든 혹은 보통은 '수익성 bottom line'이라는 개념을 중요하게 여기지 않는 비영리 단체든 결국 핵심은 성과이기 때문이다. 이제 감성지능이 높은 리더가 더 유능하다는 사실은 구체적인 증거로 확인된다. 이런 리더가 있으면 직원은 더 훌륭한 성과를 냈고 기분 좋게 일했으며 그들의 조직은 탁월했다.

대규모 공공 서비스 조직 경영자를 대상으로 한 연구 결과를 살펴보자.[3] 임원들이 감성지능 시험을 치렀고 관리자들은 '해당 회계 연도의 경영 성과 달성 수준'의 순위를 매겼다. 임원들의 상사와 부하 직원도 해당 임원의 리더십 역량을 평가했다. 그 결과 감성지능이 가장 높은 리더가 제일 유능하다고 나타났다.

게다가 감성지능 역량은 임원의 성격(예를 들어 외향적인 성향은 그렇게 중요하지 않았다)보다 우위에 있었다. 심지어 유능한 리더가 되려면 똑똑한 것(IQ가 높은 것)보다 감성지능이 더 중요했다.

컨소시엄 동료 리처드 보야치스와 케이스웨스턴리저브대학교의 연구 팀은 자산 관리 회사에서 재무 설계사와 그들의 관리자를 감독하는 임원들을 조사했다.[4] 보야치스 팀은 각 부문 임원의 동료와 부하 직원에게 다양한 감성지능 측면에서 임원을 평가하라고 했다. 그다음 지난 3년간 각 임원이 얼마나 많은 설계사를 새로 고용했는지 들여다봤다. 이 숫자는 회사에서 임원의 능력을 판단하는 핵심 성과 지표다.

감성지능이 높은 리더는 재무 설계사를 더 많이 고용했다. 여기서도 리더의 일반 지적 능력과 성격 특성으로는 성과가 예측되지 않았다. 변화를 일으킨 건 감성지능뿐이었다.

감성지능은 어느 리더에게나 중요하며 심지어 교구 신부들에게도 적용된다.[5] 보야치스 팀에 따르면 '교구 목회자들은 사람들의 삶과 공동체에 영향을 미친다… 설교부터 기금 모금, 고해소에 이르기까지 세속적인 목표와 신성한 목표를 모두 달성하려면 감성지능을 발휘해야 한다.'

교구 신부의 감성 역량 및 사회적 역량이 높게 평가될수록 신자들의 만족도가 높았다.

감성지능이 높은 리더가 유리하다는 건 임원부터 육체 근로자에 이르기까지 어느 위치에나 적용된다. 예를 들어 구리 정제 근로자들을 연구한 결과 감독관의 감성지능은 팀과의 성과 차이를 일으키는 요인이었다.[6] 근로자의 성과에 영향을 미치는 수많은 요인을 생각해보자. 해당 업무를 경험한 연수부터 나이, 교육 수준, IQ, 성실성, 친화성 등 개인적인 특성에 이르기까지 폭넓은 요인이 존재한다. 물론 순수한 운도 감안해야 한다. 하지만 근로자들 사이에서 이런 모든 요인이 성과에 변화를 가져오는 비율은 단 30퍼센트에 불과했다. 상사의 감성지능 수준이 근로자 성과의 70퍼센트와 연결됐다. 근로자에게 상사와의 관계가 무척 중요하기 때문이다. 상사를 싫어하면 업무 능력이 떨어진다. 상사를 사랑하면 능력이 치솟을 수 있다.

한 대학 연합에서 이런 연구를 모아 메타 분석을 진행했다. 컨소시엄 동료인 로널드 험프리Ronald Humphrey도 분석에 참여하여 다양한 조직의 폭넓은 리더로부터 결과를 도출했다.[7] 총 2764명이 참여한 12가지 연구가 분석에 포함됐다. 분석 결과 리더의 감성지능이 뛰어날수록 근로자들의 성과가 좋았고, 성과 향상에 기여한 비율은 25퍼센트였다.

근무 경험, 나이, 교육, IQ, 끈기 같은 성격 특성 등 업무 성과에 영향을 주는 요인을 전부 생각해보자. 통계학자라면 감성지능이 25퍼센트를 차지하는 것을 두고 영향력이 놀라울 정도로 크다고 말할 것이다. 아시아, 남미, 유럽 등 다양한 지역의 데이터는 이런 현상이 세계적으로 적용된다는 사실을 보여준다.

또 다른 메타 분석에서는 다양한 업종에 종사하는 기업가 6만 5천 명에 초점을 맞췄다. 경제적 성공, 기업 성장, 기업 규모, 기타 주관적 성공에 이르기까지 실질적인 결과물을 들여다봤다. 하지만 기업가로 성공하려면 어떻게 자기 기분을 관리하고 관계를 활용하느냐가 중요하다. 여기서도 감성지능이 높은 기업가가 더 나은 결과를 창출했다. 무엇보다 놀랍게도 감성지능과 인지 지능의 중요성을 비교한 결과 감성지능의 영향력이 IQ보다 두 배나 높았다.[8]

손익을 넘어서

 카운티 위생국의 간호 관리자 제시카 앤드루스Jessica Andrews는 감옥에서 일하는 간호사의 처우와 관련해서 지역 보안관과 심한 갈등을 겪었다. 앤드루스의 상사는 서슴없이 앤드루스의 편을 들었고 보안관과 직접 대면하여 잘못을 인정하게 했다.[9] 앤드루스는 처니스의 연구 대상이며 번아웃을 겪지 않고 업무에 만족했고 그 후로도 10년 동안 같은 자리에서 헌신했다. 여기에는 상사의 지지가 큰 몫을 했다.
 앤드루스와 달리 다른 간호 관리자는 상사의 지지를 전혀 받지 못했다고 말했다. "시간이 지나면서 열정과 창의력을 잃었다는 생각이 들었고 나 자신이 좋게 느껴지지 않았어요. 이런 마음이 일에도 영향을 줬겠죠." 안타깝게도 두 번째 간호사의 경험이 더 흔하다. 설문 조사에 따르면 75퍼센트의 직원이 업무에서 가장 큰 스트레스는 직속 상사의 압박이라고 말했다.[10]

리더의 감성지능이 근로자의 성과에 큰 영향을 미치는 원인이 있다. 직원과 상사의 관계는 직무 만족도를 예측하는 중요한 변수이며 그 결과 전반적인 삶의 만족도에도 중요하게 작용한다.[11] 또다시 메타 분석이 이 사실을 뒷받침한다. 총 4665명의 직원을 대상으로 진행된 20가지 연구에서 감성지능이 높은 리더가 자기 업무에 더 만족하는 것으로 나타났다.[12]

하지만 스트레스는 상사와의 관계뿐만 아니라 동료와도 깊은 연관이 있다. 상사가 감성지능이 높으면 직원이 나서서 동료를 도울(선한 조직 시민) 확률이 높다.[13]

또 다른 지표는 이직률이며 특히 훌륭한 인재가 그만두느냐가 중요하다. 델, 일렉트로닉데이터시스템즈Electronic Data Systems, 마이크로소프트, IBM 등 주요 기업의 근로자 260명을 대상으로 한 연구에서 감성지능이 뛰어난 상사 밑에서 일한 직원은 다른 직장을 알아보는 경향이 낮았다.[14] 연구원들이 자세히 실태를 들여다본 결과 이런 리더는 더 도전적인 과제와 신뢰, 원활한 소통, 기분 좋은 소속감을 창조했다. 이렇게 감정적인 환경을 개선하여 직원이 그만둘 확률이 낮아졌다.

근로자의 행복은 기업과 상관없고 고용주의 책임은 급여와 안전한 업무 환경으로 끝난다는 인식은 수십 년 전부터 빛을 잃었다. 오늘날 우리는 사람들이 일터에서 느끼는 감정이 어느 때보다 중요하다는 사실을 알고 있다. 예를 들어 마이크로소프트의 〈2022년 업무 경향 지표 보고서Work Trends Index 2022 Report〉에 따르면 근로자들은 팬데믹 이전보다 건강과 웰빙을 업무보다 중요하게 생각했다.[15]

처음에 연구원들은 직원들의 번아웃이 완벽주의 등 개인적인 성향 탓이라고 생각했다. 상사와의 관계가 더 중요하다는 사실은 이제 명백히 드러났다. 제시카 앤드루스의 상사가 보안관에게 반발한 것처럼 리더들이 자기감정을 관리하고 다른 이에게 공감하며 지원하면 직원들은 번아웃 없이 높은 스트레스를 견뎠다. 한 경영자는 우리에게 이렇게 말했다. "미쳐 돌아가는 조직 윗선으로부터 내 사람을 보호하는 게 제 일이에요."

대형 의료 시설에 근무하는 기술 부문 직원을 대상으로 현재 건강에 관해 2주 동안 매일 설문 조사를 한 결과 공감력이 높은 관리자와 일하는 직원은 두통이나 복통 같은 신체적 통증을 덜 호소하는 경향이 있었다. 통증에 시달리는 직원은 더 고통스러워했고 업무 역시 부진했다.[16] 유럽에서 리더십 스타일이 직원의 웰빙에 미치는 영향을 연구한 자료를 검토한 결과, 리더가 스트레스받으면 직원들에 대한 지지와 배려, 격려가 줄어드는 것으로 나타났다. 반대로 감성지능을 발휘하면 직원이 느끼는 스트레스 수준과 감정 상태에 긍정적인 영향을 미쳤다.[17] 예를 들어 운동선수와 코치를 연구했더니 코치의 감정적 탈진이 심하면 선수도 마찬가지였다. 이렇게 번아웃에 시달리는 코치는 독재적인 성향을 띠기 때문에 칭찬, 공감, 효과적인 소통을 하지 않는다.[18] 식품 유통 기업에서 일하는 관리자들을 조직 개편 기간 동안 조사한 결과 관리자가 지지하는 리더십을 발휘하면 직원들은 스트레스를 덜 받고 업무에 더 만족하는 것으로 나타났다.[19]

리더와 감정 노동

한 아동 보호 서비스 사무소의 책임자는 어느 날 아침 잠에서 깨어 사무소 고객이었던 한 엄마가 자기 자녀를 죽이고 자살했다는 소식을 들었다. 책임자나 직원들이 지금까지 겪은 일 중에 가장 충격적인 사건이었다. 그는 일터에 가려고 옷을 입으면서 당면한 가장 중요한 일에 집중했다. 앞으로 몇 시간 동안 자기감정은 밀어두고 직원들이 마음을 추스르도록 집중해야 했다.

이 사건은 리더십이 감당해야 할 힘든 과제를 직접적으로 보여준다. 리더는 사업 전망이 비관적인 시기에도 희망적인 시각을 유지하거나 회사의 전략에 의문이 들어도 계속 낙관해야 할 때가 많다. 그 결과 어쩔 수 없이 조금은 연기를 하고, 어떤 기분은 억누르고 다른 감정을 세상에 내보여야 한다. 사회학자들은 오랫동안 이렇게 '감정 노동' 형태의 업무 성과를 연구했다. 업무로 부여된 역할의 기대를 충족하기 위해 자기감정을 관리하는 것이다. 이 연구는 주로 최전선에서 일하는 근로자들의 감정적 고충(예를 들어 무례한 고객에게도 '웃으며 서비스해야' 한다)에 초점을 맞췄지만 리더도 이렇게 감정을 관리해야 한다.

리더들이 감정 노동을 하는 이유는 집단에서 기분이 전염되고 리더가 구성원에게 전파하는 정도가 더 심하기 때문이다.[20] 리더의 기분이 좋아지고 긍정적으로 바뀌면 구성원의 감정도 개선되고 성과가 향상된다. 리더의 기분이 좋지 않으면 부정적 분위기가 팀으로 퍼져나가며 성과가 나빠진다.

이런 식으로 감정이 확산하는 이유는 당연히 집단에서 가장 강한 사람을 중시하고 그쪽에 주의를 집중하기 때문이다. 이런 경험 법칙은 어떤 조직이든 CEO에서 임원으로, 팀으로, 최전선에서 일하는 이들의 리더로 내려간다.

오늘날 리더는 과거보다 감정 노동을 더 많이 해야 한다. 업무 요구사항이 직원의 정신과 신체 건강에 어떤 영향을 미치는지 민감하게 감지하는 한편 수익에도 계속 주의를 기울여야 한다. 이런 온정과 민감성은 직원과의 소통뿐만 아니라 자신과의 소통에도 적용된다. 이렇게 높아지는 감정적 부담에는 대가가 뒤따른다. 생산성 향상은 둘째치고 번아웃에 시달리거나 건강을 해칠 위험이 커지기 때문이다. 얼마나 감정 노동이 요구되느냐에 따라 리더급 직원들의 이직률에 큰 영향을 미친다.

리더는 '강해야' 한다는 고정관념의 피해자가 될 수 있으며 그 결과 의심, 불안, 절망 등을 내보이기 꺼리기도 한다. 이 모든 것이 그들을 '약해' 보이게 하기 때문이다. 여성이나 유색 인종이 리더가 되면 동료들과 똑같이 인정받기 위해 더 열심히 일해야 하고 자신이 속한 집단에서 모범을 보여야 한다고 인식하는 경향이 있어서 더 와닿을 것이다.[21] 연구에 따르면 일부 상황에서 여성과 유색 인종은 감정을 표현했다가 백인 남성과 달리 불이익을 받는다.[22]

하지만 이 문제는 좀 더 복잡하다. 연구에 따르면 인간적인 약점을 기꺼이 인정하는 리더가 자신을 따르는 사람들의 감정을 더 잘 알아차리고 돌볼 가능성이 크다.[23] 리더가 감정적 한계를 인정하면 다른 사람들도 자기감정을 대면하고 안전하다고 느낀다.

리더십에 감정 노동이 필요하다는 건 자기감정을 인식해서 관리하고 주변인의 감정에 귀를 기울이며 그 관계를 잘 관리해야 한다는 뜻이다. 한마디로 리더가 감성지능을 키워야 하는 또 다른 근거가 여기 있다. 그러면 리더는 외로움부터 냉소주의, 성과 하락에 이르기까지 감정 노동의 대가를 줄일 수 있다. 건강과 감정적 문제는 당연히 개선된다.

예를 들어 리더가 자기감정을 억제하고 실제로 그렇게 생각하지도 않으면서 전망이 밝은 척했을 때 어떤 부담이 생길지 생각해보자. 최근 심리학에서는 이런 내부 억압이 리더의 자기 통제 능력을 훼손해서 직원을 채찍질하거나 무례하게 평가할 수 있다는 사실을 인식했다. 내면의 혼란을 감당하려면 누군가는 술에 과도하게 의지하거나 회사에서 있었던 일을 집에 가서 부정적으로 분출할 수 있다.

경영대학원 MBA 과정에서는 이런 감정적 부담을 다루는 법을 거의 가르치지 않는다. 반면 조직에서 개입해서 리더에게 '괜찮지 않아도 괜찮다'며 자기감정을 자유롭게 표현할 안전한 공간을 만들 수 있다. 한 연구에 따르면 비밀을 지켜주는 환경에서 리더급 동료를 정기적으로 만나 사적인 문제와 업무 문제를 나누면 압박감이 해소될 뿐만 아니라 참여자들의 감성지능이 높아졌다.[24] 일반적으로 리더의 감성지능을 높이면 버거운 감정 노동에 잘 대응할 역량이 생긴다. 감성지능은 자기감정은 물론 함께 일하는 사람들의 감정을 잘 다스려야 하는 리더들에게 대부분 중요하다.[25]

〈하버드 비즈니스 리뷰〉 기사에서는 이렇게 리더에게 감정 노동이 필요해지면서 조직은 경영자와 관리자가 감정 세계를 잘 관리할 수 있도록 도와야 한다고 지적했다.[26] 그야말로 옳은 지적이다.

위기 속 리더십

제임스는 대규모 의료 보험 회사의 부사장이었다. 어느 시점에 그의 산하 조직은 특별히 어려운 시기에 맞닥뜨렸다. 기존 부서장은 해당 부문이 철저한 규제 감사를 받는 동안 병가를 냈다. 제임스는 '사람들이 공황에 빠졌고' 상황을 극복하려면 '안정감과 영감'을 함께 전달해야 한다는 사실을 깨달았다.

제임스는 그들이 위기를 헤쳐 나가도록 가까운 곳에서 안심시키고 지도하고 싶었지만 제임스의 사무실은 그 부서가 있는 곳과 1.6km 정도 떨어져 있었다. 그래서 상주 사무실을 일시적으로 그 부서의 회의실로 옮겼다.

제임스는 이렇게 물리적으로 함께하면서 사람들을 안심시키는 한편 본인의 감정을 관리해서 도움을 줬다. "혼란과 부담을 느끼며 그곳에 들어가면 사람들은 더 혼란스러워하면서 '세상에, 상사의 상사가 왔잖아. 이 사람이 왔는데 나아지지 않으면 우린 진짜 큰일 났어!'라고 생각할 겁니다. 그래서 이게 이상적인 상황은 아니지만 가끔 이런 일이 생기기도 한다는 걸 보여줘야겠다 싶었어요. 우린 해낼 수 있다고 생각했고요."

제임스의 말이 맞았다. 이 부서는 힘든 몇 주를 이겨내고 규제 문제를 해결하는 데 성공했다.

위기가 닥쳤을 때 리더가 직원에게 미치는 영향이 제일 중요하다. 제임스가 그랬듯, 리더의 감성지능은 이런 시기에 진정한 시험대에 오른다.[27]

예를 들어 캐나다 앨버타주에서 주요 병원이 구조 조정을 하면서 엄청난 혼란이 생겼을 때 사람들의 기분이 어땠을지 생각해보자.[28] 가장 큰 타격을 받은 건 간호사와 환자였다. 앨버타대학교 연구원들은 그 지역 응급실에 등록된 간호사 6000명을 대상으로 설문 조사를 진행했다.[29] 감성지능을 발휘한 리더와 일한 간호사들은 감정적 탈진과 심신증(정신적 원인으로 신체에 나타나는 현상_옮긴이)에 훨씬 적게 시달렸고 감정 상태는 더 건전했다.

사실 감성지능이 높은 리더와 일한 간호사는 작년에 자신의 감정 건강이 향상됐다고 보고했지만 불협화음을 내는 리더와 일한 사람들은 같은 기간에 감정 건강이 나빠졌다고 했다. 감성지능이 높은 리더와 일한 간호사는 팀 간 협업이 원활했고 의사와의 팀워크도 좋았으며 관리자와 직무가 만족스러웠다고 대답했다. 감성 지능을 발휘하지 않은 리더와 일한 간호사는 환자 치료가 적절하지 못했던 횟수가 세 배에 달했다.

    세상에는 위기관리 자체가 업무인 직업도 있다. 미국에서 가장 심한 들불과 싸우는 소방관들을 지휘하는 '사고 현장 지휘관'을 예로 들어보자. 리처드 보야치스 팀이 탁월한 지휘관과 평범한 지휘관을 비교한 결과 두 집단은 7가지 감성 역량과 사회적 역량에서 차이를 보였다고 했다. 가장 중요한 건 감정적 균형과 회복탄력성으로, 힘든 상황에 적응하고 타인과 공감하며 유능한 코치이자 멘토가 되어 다른 사람에게 영감을 주는 리더십이었다.[30]

리더십의 핵심은 영향력이다

소규모 비영리 사회 복지 단체의 대표인 도로시는 유방암 수술을 하루 앞두고 자원봉사자 후보가 모이는 자리에서 연설해야 했다.

"정말 하기 싫었어요. 저는 별로 외향적인 사람이 아니거든요." 이후에 도로시가 말했다. "그래도 우리가 도와야 할 가족과 고객이 원하는 것을 이야기했죠. 사람들이 고개를 끄덕이며 '그게 제일 중요하지', '좋은 생각이야' 같은 말을 소곤거리는 걸 들었어요. 이사회 앞에서 얘기할 때도 마찬가지였고요."

도로시는 이런 대면 회의에서 감동적인 이야기를 하면 사람들이 더 몰입한다는 사실을 깨달았다. "제 열정과 흥분, 절박함을 다른 사람과 공유하는 게 정말 중요해요. 제 에너지와 흥분이 다른 사람에게 기운을 불어넣거든요."

이런 개인 대 개인의 영향력은 강한 리더십의 핵심이다. 이때 자기감정을 이용해서 다른 사람에게 영향을 주는 능력이 필요하다. 예를 들어 리더가 슬픈 감정을 느끼고 표현하면 상실을 경험한 사람들에게 안정감을 줄 수 있다.[31]

스탠퍼드경영대학원 대인 관계 역학 강좌로 인기를 끈 캐럴 로빈Carole Robin이 언급했다. "지금 존재하는 리더 세대는(앞으로 정말 전도유망한 리더들이죠) 감정 없이는 사람들에게 영감을 줄 수 없다는 사실을 알아차렸어요."[32]

리더가 거리낌 없이 감정을 표현하면 본인에게 도움이 되겠지만 그 방식이 교묘해야 한다. 어떤 일터에서도 일반적으로 '표현해도 괜찮다고' 규정하는 감정인지, 얼마나 강하게 표현할지, 언제 해야 하는지 고려해야 한다. 리더가 이런 규범을 어기면 직원들은 물론 리더의 효과성에도 부정적인 영향을 미칠 수 있다. 규범은 누가 무슨 감정을 표현할 수 있는지에도 영향을 미친다. 예를 들어 남성은 자유롭게 분노를 표현하고 '그냥 넘어갈' 수 있지만 여성은 같은 행동을 하더라도 불리한 평가를 받곤 한다.

리더는 원하든 원하지 않든 감정을 느낀다. 이런 감정을 억제하거나 표현하지 않으려 하면 리더의 신뢰성과 영향력을 해칠 수 있다. 같은 맥락에서 리더가 실제로 느끼지 않지만 '적절한' 감정을 어설프게 표현할 때도 마찬가지다. 그래서 리더가 감정을 규범에 부합하면서도 자연스럽게 표현할 수 있는 감성지능이 특히 중요하다.

예를 들어 대형 건설 기업 CEO인 에런을 보자. 전임자가 갑자기 쓰러져서 심장 마비로 사망하면서 에런은 주요 회의에서 그의 자리를 채워야 했다. 상사와 가깝게 지냈던 에런은 절실하게 애도했다.

그날 밤 에런은 직원들에게 자신과 같은 감정을 느껴도 괜찮다고 했다. 그는 회의가 열리는 호텔에서 사람들에게 얘기했고, 회사 전체에도 메시지를 전달했다. "오늘 업무는 잊어버립시다. 우리는 가족이자 친구를 잃었습니다… 가족 중에 정말 사랑하는 사람이 있다면 오늘 가서 사랑한다고 하길 바랍니다. 우리에게 그 시간이 언제 올지 아무도 모르니까요." 에런의 말과 표현 방식은 모두에게 위안이 되었다.

에런은 사고가 나자마자 감정을 표현할 수도 있었다. 하지만 자기 기분을 말하기 전에 좀 더 차분해져야 할 리더도 있다. 우리는 인간이니까.

해로운 상사

한 대형 병원의 CEO는 직원들의 심각한 번아웃 문제로 고민했고, 병원의 HR 부서에서 처니스에게 관리자를 도와줄 교육 프로그램을 진행해 달라고 요청했다.

CEO가 처니스에게 지난 교육 시간에 뭘 했느냐고 물었고, 처니스는 리더가 직원들을 귀하게 생각하고 그들의 기여를 중시한다는 걸 알려줘야 한다는 내용이었다고 설명했다. CEO는 질겁해서 대답했다. "말도 안 돼요. 성인이면 칭찬받지 않아도 열심히 일해야죠. 그 일을 하라고 돈을 받는 거잖아요. 보상은 그거면 돼요."

CEO의 말을 듣고 처니스는 병원 직원들의 번아웃 문제가 왜 그렇게 심각한지 이해했다.

유해한 상사의 부정적인 영향은 어디에나 존재한다. 한 연구에서 NBA 선수 693명과 코치 57명을 대상으로 두 시즌에 걸쳐 코치의 스타일과 선수의 성과를 들여다봤다. 코치는 '폭력적인 리더십'과 공격성을 평가받았고 선수들의 성적은 파울 횟수, 골 횟수 등 객관적인 숫자로 평가했다. 폭력적인 코치는 선수의 파울 횟수를 높이고 득점수를 낮췄다. 이후 시즌에도 마찬가지였다.[33]

직원들은 상사가 기분 좋았을 때보다 무례하거나 화났을 때를 더 잘 기억한다. 이런 부정성 편향(긍정적인 정보보다 부정적인 정보에 민감하게 반응하고 오래 기억하는 경향_옮긴이)은 하버드대학원에서 기분 좋은 날을 연구했을 때 긍정적인 사건보다 부정적인 사건이 감정(앞서 살펴봤듯이 업무 성과도)에 더 큰 영향을 준다는 결과와도 일맥상통한다. 관리자가 기회만 되면 직원을 들볶는 행동을 줄여야 한다는 뜻이다.

우리 뇌는 기분 좋았던 일보다 뭔가 꼬였던 사건을 더 잘 기억하도록 연결된 것으로 보인다. 아마 진화 측면에서 생존에 유리하려면 다음번에 이런 응급 상황과 장애물을 마주쳤을 때 대응 방법을 생각해야 하기 때문일 것이다.[34] 그래서 아이들은 부모와의 애정 넘치는 순간보다 부모가 소리 질렀던 때를 더 강하게 기억한다. 우리가 사랑하는 사람에게 어떤 말투로 말하는지 생각해보자. 자녀나 파트너, 반려자가 실망스러우면 화내며 소리를 지르는가? 우리가 어조에 드러내는 기분은 다른 사람의 스트레스를 더하거나 줄인다. 그래서 상처를 주거나 회복이 될 수 있다.

우리가 상사의 행동이나 말에 주의를 기울이다 보니 상사는 우리의 기분에 큰 영향을 미친다. 다들 마음속으로 알고 있는 사실이 많은 연구로 확인됐다. 상사가 무례하고 배려심과 존중 없이 소통하면 우리의 감정 들판에 재앙과 같은 돌풍이 분다. 나쁜 상사는 업무에 대한 열의를 낮추고 그 일의 만족도와 전반적인 정신 상태를 저해한다.[35]

같은 이유로 자상한 상사(예를 들어 상대를 존중하면서 정중하고 예의 바르게 대하는 사람)는 업무 만족도와 조직에 대한 열정을 높이고 성과를 촉진한다.[36]

이 모든 건 관리자가 비판하면 칭찬보다 강하게 느껴지기 때문에 조심해야 한다는 뜻이다. 상사가 피드백할 때, 본인은 부드러운 질책이라고 느껴도 직원은 고함으로 인식할 수 있다.

리더의 감성지능을 어떻게 높일 것인가?

대형 산업 식품 서비스 기업의 지역 관리자인 캐런은 한 서빙 직원이 산업 보건 안전국OSHA, Occupational Health and Safety Administration에 회사의 서비스 방식이 안전하지 않다고 신고했을 때 경악을 금치 못했다. 처음에는 그 직원의 '목을 비틀어버리고 싶은' 충동을 느꼈다.

하지만 그 마음을 누르고 탐구하는 자세를 선택했다. 먼저 회사의 관행에는 문제가 없다는 것부터 확인했다. 그다음 이 직원이 왜 화나서 회사를 비난했는지 조사했다. 캐런은 감독관에게 일할 때 직원을 관찰하라고 지시한 다음 직접 직원과 대화를 나눴다.

캐런은 이 대면에서 화를 내지 않고 직원이 살면서 무슨 일을 겪고 있는지 파악하려 했다. 직원은 처음에는 꺼렸지만 캐런이 공감하며 귀를 기울이고 부드럽게 질문하자 남편이 암에 걸렸고 치료에 문제가 있다는 사실을 털어놨다.

캐런은 더없이 호의적인 태도로 직원이 의료 체계를 파악할 수 있게 도와줬다. 직원의 스트레스와 분노가 해소됐고 OSHA는 회사의 관행이 안전하지 않다는 증거를 찾지 못했다.

처니스와 그의 동료 코닐리아 로슈Cornelia Roche가 베테랑 경영자 코치와 HR 임원, 조직 심리학자들에게 특히 감성지능을 능숙하게 발휘하는 훌륭한 리더를 정의해보라고 하면서 이 이야기가 화두에 올랐다.[37] 수많은 리더가 감성지능 역량을 비슷한 방식으로 활용했다.

이들은 모두 자기 행동이 타인에게 감정적으로 어떤 영향을 미치는지 고했다. 자기 인식과 공감에서 나온 행동이다. 대형 의료 기술 기업의 HR 부문 부사장인 리타가 임원진이 설정했던 성과 목표를 회사 차원에서 달성하지 못할 것이 분명했을 때 어떻게 반응했는지 살펴보자. 과거에는 성과가 좋지 않아도 회사 고위 임원들은 상여금을 받았지만 낮은 직급의 직원들은 상여금을 받지 못했다.

하지만 리타는 이런 처분이 직원의 감정에 끔찍한 영향을 준다는 사실을 깨달았다. 다행히 그는 임원진과 이사회를 설득해서 고위 경영진을 상여금 지급 대상에서 제외하고 고생한 직원들에게 재량 상여금을 주기로 했다.

리타가 어떻게 감성지능을 발휘했는지 살펴보자. 리타는 처음부터 공감력을 발휘해 나쁜 의사 결정이 조직 전반에 나쁜 감정을 퍼트린다는 사실을 알아챘다. 특정한 결정이나 행동이 다른 사람에게 영향을 미칠지 확신하기 어려울 때가 있지만, 항상 자신에게 귀를 기울이면 그들이 내게서 무엇을 느끼는지는 알 수 있다.

타인의 기분을 예리하게 감지하려면 어떻게 해야 할까? 다른 사람이 기분을 상하게 했던 일을 떠올려보자. 그때 기분이 나빴던 이유가 무엇인가? 어조? 몸짓? 했던 말이나 하지 않았던 말? 당신은 어떤 기분을 느꼈고, 상대는 기분을 어떻게 표현했는가? 당신은 어떻게 반응했나? 마지막으로 그 사람과 입장을 바꾼다면 어떤 행동을 했을까?

이제 다른 사람 덕분에 기분이 좋았던 경험을 떠올리고 같은 과정을 거쳐보자. 이것이 당신이 바라는 모습이다.

생각을 바꿔서 접근하라

한 대형 철강 회사의 최고 운영 책임자(스탠리라고 하자)는 직원이 유난히 어려운 문제를 보고하고 스트레스가 쌓일 때마다 이런 생각을 떠올렸다. '이 세상은 엉망이야… 내 방에 들어오는 사람 열에 아홉은 문제가 있어… 한 사람이 망쳐서 그 모든 문제가 생겼다거나 그 사람이 무능력하고 부주의해서 그랬다고 보는 건 너무 단순해. 세상은 보통 그보다 복잡하거든.'

스탠리는 시각을 바꿨다. 유능한 리더들이 효과적이라고 생각하는 전략이다. 이 자기 관리 역량은 감정적 균형을 되찾고 더 분명하게 생각해서 차분하게 행동하게 해준다.

또 다른 사례를 살펴보자. 대형 건설 회사 대표 로드니는 값비싼 실수를 한 뒤 스스로 이렇게 말했다. '좋아, 자책하지 말자. 모

든 걸 다 잘할 수는 없어.'

로드니는 업무에서 의사 결정을 하는 건 야구 타율과 같다는 사실을 떠올렸다. '매일 명중할 수는 없어. 모든 걸 하나하나 맞추는 건 불가능하니까. 누구나 실수하기 마련이야…'

감정지능 역량이 뛰어난 리더들을 연구한 결과에 따르면 그들은 감정적 자기 관리를 위해 감성지능 전략 중에서 '탐구적 사고방식inquiring mindset'을 활용할 수 있다.[38] 단순한 정신 훈련으로 이 능력을 다듬어보자. 업무나 사생활에서 감정적으로 격앙되고 딜레마에 빠졌던 경험을 떠올린다. 있는 그대로, 떠오르는 대로 어떤 일이 있었는지 적어본다. 그 사람이(혹은 사람들이) 그런 행동을 했던 이유를 떠올리자. 그다음 자문한다. '내가 그렇게 되도록 자극한 건 아닐까? 어떤 행동을 했더라?' 그리고 질문을 이어간다. '다른 이유는 뭐가 있을까?'

여기서 목표는 문제를 '해결'하는 게 아니라 그저 그 문제에 대한 시각을 넓히는 것이다. 다양한 시점을 고려해서 감정적 인식과 상황을 폭넓게 이해해야 한다.

타인의 무대에 올라라

　누구나 정체성을 보여주는 자신만의 이야기와 드라마, 시나리오가 있다. 이런 개인적인 '무대'는 자신이 누구라고 생각하고 어떻게 보이고 싶은지 결정한다. 따라서 다른 사람의 자아상을 감지하면 리더로서 강력한 공감력을 얻을 수 있다.
　리더의 감성지능 역량은 상당 부분 공감으로 귀결한다. 유치원 원장인 에이미는 아이들의 잘못된 행동에 관해 학부모와 대화할 때 어려움을 겪었다. 그는 본인이 어린 자녀를 키웠던 경험을 떠올리고, 공감력을 발휘해서 섣불리 판단하지 않으려 했다.
　"저도 엄마예요. 유치원 선생님이 내 딸 일로 전화해서 기분을 살펴줬던 때를 지금도 기억해요." 에이미는 부모 입장에서 생각했고, 자녀에게 문제가 있다는 말이 얼마나 가슴 아플지 이해했다.

이럴 때 '적극적 경청active listening'이 도움이 된다. 당신이 잘 알고 편하게 생각하는 학습 파트너와 이 능력을 연습해보자. 그들이 일터나 집에서 행복했거나 슬프고 불안하고 화났던 이유를 말해달라고 하라. 그리고 그들이 무슨 말을 하는지 내내 집중해서 들어라.

이해를 돕기 위해 그럴 때 쓸 수 있는 대본을 소개한다.

- 그 일이 있었을 때 어떤 기분이었는지 더 자세히 말해주세요.
- 그때 당신에게 무슨 일이 있었나요?
- 그 일을 떠올리면 어떤 느낌이나 생각이 드나요?
- 이 상황에 대해 다른 사람이 모르는 게 뭔가요?
- 어떤 시각으로 이 일을 바라보나요?
- 다른 하고 싶은 이야기가 있나요?

상대가 하는 말을 듣고 나서 들은 말을 당신의 언어로 다시 얘기하고, 제대로 이해했는지 잘못 들은 말은 없는지 질문하라. 무엇을 오해하거나 잘 이해했는지 설명하게 하자. 그다음 대화가 자연스럽게 흘러가게 두면 된다.

리더를 위한 감성지능의 핵심을 살펴보자. 감성지능(특히 자기인식과 공감)이 뛰어나면 리더는 긍정적인 영향을 미칠 수 있다. 자기감정을 솔직히 터놓는 리더는 진정성을 느끼게 하고 관계에서 신뢰를 구축한다. 연구에 따르면 감성지능이 높은 리더의 직원은 업무 만족도와 성과가 뛰어나고 몰입도가 높았다. 이런 요인이 수익과 성장에 도움이 됐다.

한편 해로운 리더(감성지능이 낮은 리더)는 모든 지표에서 좋지 않은 결과를 보였다. 리더십은 감정 노동이고 무척 버거울 수 있다. 하지만 감정적으로 회복탄력성을 높이는 등 리더의 감성지능을 높일 방법이 많다.

제일 중요한 건 감성지능이 뛰어난 리더는 다른 이의 행복과 성과에 큰 영향을 미치며 이들을 최적 지대로 보낸다는 사실이다. 리더는 다른 사람의 감성지능을 개발하고 성숙하게 해서 영향력을 키울 수 있다. 이것이 팀에 어떤 의미인지 생각해보자.

11장
감성지능이 높은 팀

 조직 내 감성지능 연구 컨소시엄(CREIO)는 1996년에 9명으로 시작했고, 몇 달에 한 번꼴로 모여 당시 낯선 개념이었던 감성지능을 연구했다. 다들 관련 분야의 전문가였지만 서로 모든 것에 동의하지는 않았다. 분위기에 긴장이 흘렀고 구성원들은 어색한 평화를 깨트리지 않도록 조심했다.

 그러자 진전은 더 느려졌다. 이렇다 할 성취가 눈에 보이지 않자 한 멤버가 잠깐 쉬면서 무엇이 문제인지 생각해보자고 했다. 쉽지 않은 논의였지만 결국 생산적인 회의를 위해 소통 패턴(규범)을 만들어냈다.

 여기서 나온 규범이 '회장뿐만 아니라 모두가 노력해서 궤도를 벗어나지 않고, 적절히 분배해서 노력을 투입하며 절차에 의문을 제기해야 한다.' 이는 질문으로 컨소시엄의 방향을 명확히 하고 논의하는 주제를 요약해서 다들 이해하는지 확인하며 서로 다르게 이해하는 부분을 명확히 정의해야 한다는 뜻이다. 또 다른 규범은 '의도적으로 경청하기'였다. 무엇보다 회의를 시작할 때마다 모든 규범을 함께 검토하고 어떻게 행동할지 떠올리는 활동이 가장 중요했다.

그때부터 컨소시엄은 번성했고 몇 가지 연구 프로젝트와 책, 논문을 완성했다. 가입 기준이 높았는데도 전 세계에서 100명이 넘는 사람으로 구성된 네트워크로 진화했다.

CREIO 사례는 팀의 진실을 보여준다. 컨소시엄 멤버들은 정서 역량을 몇 년이나 연구했고 사람들에게 이 역량을 어떻게 관리하고 사용하는지 컨설팅하고 가르쳤는데도, 그들이 집단으로 함께 어떻게 일할 것인지 직접 대면하기 전에는 최적의 성과를 달성할 수 없었다. 궁극적인 문제는 집단 내 어떤 개인도 아닌 소통 패턴 문제였다. 구성원들이 소통에 관한 새로운 규범(합의된 지침)을 개발한 후로 컨소시엄은 훨씬 개선되고 변화했다.

개인의 감성지능을 개선하려면 몇 달에 걸쳐 교육하고 연습해야 하지만, 팀은 단 한 번 회의를 통해서 소통 방법을 정의하고 운영 규범을 바꾸며 인식을 공유하면 눈에 띄게 감성지능이 높아질 수 있다. 물론 한 번의 회의로 당장 바뀌진 않고 계속해서 인식과 피드백, 연습이 이뤄져야 한다. 일부 팀원은 자기감정을 관리하고 다른 사람을 이해하기 위해 도움을 받아야 할 것이다. 하지만 팀에 초점을 맞추면 이 변화 과정은 훨씬 빠르고 강력해진다.

오늘날 협업과 팀워크는 그 어느 때보다 중요하다. 〈하버드 비즈니스 리뷰〉에서 실시한 펄스 서베이pulse survey(문항 수가 적고 간단하며 자주 실시하는 설문조사_옮긴이)에 따르면 기업 리더의 89퍼센트는 협업과 팀워크가 '생산성과 혁신을 위해 전략에 필수'라고 대답했다.[1] 팀의 성과가 최고조에 달하면 조직의 수익에 막대한 영향을 미친다. 갤럽의 일터 조사 보고서에 따르면 몰입하는 팀은 몰입도가 낮은 팀보다 14~18퍼센트 더 생산적이었다. 또한 몰입도가 낮은 팀은 높은 팀보다 이직률이 18~43퍼센트 높은 것으로 나타났다.[2] 직원을 교체할 때 드는 비용은 그 사람의 급여보다 훨씬 많다는 점을 기억하자.

또 다른 연구에서는 팀의 기능이 마비됐을 때 그 영향이 심각해질 수 있다는 사실이 드러났다. 럿거스대학교에서 니셸 카펜터Nichelle Carpenter와 동료들이 수십 건의 연구를 검토한 결과 빈둥거리거나 남을 괴롭히고 지각하는 등 비생산적인 업무 행위가 잦은 팀은 고객 만족과 수익성이 낮았다.[3]

연구에 따르면 리더의 자기 인식과 팀의 전반적인 감정 분위기 사이에는 밀접한 연관이 있다.[4] ESCI로 리더를 평가한 데이터에 따르면 자기 인식이 낮은 리더가 이끄는 팀은 분위기가 좋지 않았다. 관리자의 감정적 자기 인식 수준이 낮으면 당신의 성과를 별로 지원하지 않을 것이다. 반대로 관리자의 자기 인식이 탁월하다는 건 당신이 최적 상태를 경험할 확률이 높다는 뜻이다.

무엇이 훌륭한 팀을 만드는가?

구글의 소프트웨어 엔지니어들은 훌륭한 팀을 구성하는 요인을 안다고 생각했다. 일본 속담에 이런 말이 있다. '평범한 사람 3명이 모이면 문수보살 같은 지혜가 생긴다.' 그럼 정말 똑똑한 사람들만 모으면 끝내주는 제품이 나오지 않을까?

유감스럽게도 그렇지 않다. 애초에 구글은 오랫동안 똑똑한 사람들 위주로 채용하고 있었다. 그래서 구글은 왜 훌륭한 팀과 그렇지 않은 팀이 있는지 알아내기 위해 엔지니어링 팀, 판매 팀을 비롯한 약 200개 팀의 데이터를 수집했다. 여기에는 성과가 낮은 팀과 높은 팀이 섞여 있었다.[5] 구글 연구원들은 팀 구성원, 재직 기간, 직위, 위치부터 내향성, 성실성 같은 개인적 특성에 이르기까지 외부 연구원들이 떠올린 것까지 참고해서 팀의 모든 측면을 대상으로 데이터를 수집했다. 또한 팀의 집단 역학을 파악하기 위해 '팀과 방향성이 다른 의견을 거리낌 없이 표현할 수 있다' 같은 말에 동의하는지 질문하기도 했다. 결국 팀의 성과를 결정하는 핵심 요인은 팀원 개인의 특성보다 그 팀의 협력 방식과 관련이 있었다. '단언컨대' 가장 중요한 요인은 심리적 안전감psychological safety이었다. 달리 말하면 심리적으로 안전한 팀에 있는 사람들은 안심하고 위험을 감수하며, 다른 팀원을 걸리적거린다고 생각하거나 구글에서 흔히 그러듯 무식하고 무능력하다는 시각으로 보지 않는다.

심리적 안전감이 높은 팀의 팀원은 실수를 인정하거나 질문하거나 새로운 아이디어를 제시했을 때 다른 팀원이 무안을 주거나 벌하지 않을 거라고 확신한다.[6] 이런 팀에 속한 개인은 팀원들이 제안한 다양한 아이디어를 더 잘 활용했다. 이렇게 심리적으로 안전한 팀은 높은 수익을 올리는 한편 '경영진 평가에서 두 배나 자주' 유능하다는 평가를 받았다.[7]

또한 구글은 그룹 효과성을 예측하는 유력한 변수인 명확성이 심리적 안전감과 관련 있다는 사실을 발견했다. 명확성이 중요한 이유는 팀원들에게 기대하는 가치와 팀의 목표가 불확실하면 안전하다고 느끼기 힘들기 때문이다.

IQ는 그다지 중요하지 않았다. 팀원들의 평균 인지 지능이나 과거 경험은 가장 미미한 예측 변수였다(물론 IQ의 '바닥 효과'가 작용했을 것이다. IQ가 높은 사람들을 채용하는 게 구글의 자랑이니까). 팀원들의 성격 특성도 별로 중요하지 않았다. 제일 중요한 건 리더가 심리적 안전감을 창조하기 위해 무엇을 하느냐였다.

소속감

당신은 팀에 소속감을 느끼는가? 팀원들을 가족처럼 생각하는가? 이런 질문에서 심리적 안전감을 구성하는 요소를 엿볼 수 있다. '안전은 좋지만 사람들이 여전히 숨기려 할 가능성이 크다.' 컨소시엄 멤버이며 오랫동안 팀을 연구하고 컨설팅한 버네사 드러스캣Vanessa Druskat이 한 말이다. "이들은 다른 사람의 감정을 해치고 싶어 하지 않아요. 하지만 더 중요한 건 자기 비밀을 숨기려 한다는 거죠. 직위가 높아질수록 정보를 숨기는 사람이 많아져요. 본인이 성공한 비결일 수도 있으니까요. 그리고 이렇게 생각해요. '이걸 팀에 공유하면 더는 내 것이 아니야.' 지식 경제에서는 지식이 힘이잖아요."

드러스캣은 팀원이 중요한 정보를 감추지 않아도 된다는 안전감을 형성하는 방법을 알아내는 게 핵심이라고 본다. 여기서 심리적으로 안전한 분위기를 구축하는 방법이 바로 소속감이다. 드러스캣은 이렇게 표현했다. "소속감은 마음을 열어줍니다." 팀원들이 자신의 욕구와 감정을 공유할수록 심리적 안전감이 강해지고 결국 더 큰 소속감으로 이어진다.

드러스캣에 따르면 구성원이 소속감을 느끼면 자기 관점을 더 자신 있게 표현하며 자유롭게 아이디어를 공유하고 더 활발하게 기여한다. 팀에서 소속감은 어느 조직에서나 탁월한 팀의 특징으로 보는 효과적인 협력을 매끄럽게 이뤄지게 한다. 게다가 소속감이 있으면 팀원이라는 사실을 기분 좋게 받아들이고 기꺼이 서로 도우려 한다.

소속감에는 팀원들이 신경 쓰는 미묘한 신호가 존재하며 소속된 사람과 아닌 사람을 구분해준다. 드러스캣에 따르면 이런 신호는 비언어적이고, 굳이 말로 표현할 필요가 없는 행동이다. 예를 들어 누군가 곁눈질하거나 찡그리는 건 가장 강력한 비언어적 표현이다. 누군가 나를 못마땅해한다는 생각이 들면 이런 감정이 널리 퍼져 있고 나는 이곳에 소속되지 않았다고 가정하기 쉽다.

우리는 어떤 집단에서 일하든 무의식적으로(아마 지속적으로) 타인이 자신을 인정하는지 살피고, 이 신호를 어느 정도 소속됐는지 파악하는 기준으로 삼는다. 당신이 집단에서 느끼는 안도감은 자존감과 상관없이 당신이 중요하고 가치 있으며 존중받는 팀원이라는 주기적인 신호에서 온다.

이런 신호는 당신이 말할 때 상대가 주목하거나 그 말을 메모하거나, 동의하는 등 단순한 행동일 수 있다. 우리는 이렇게 안심하지 못하면 경계 태세를 유지한다. 말이 나오기 전에 검열하고 위험한 역할은 맡지 않으려 한다. 누군가 배제됐다고 느끼면 환심을 사려 할 거라고 추측하겠지만 드러스캣에 따르면 처음에는 어울리려 하다가도 결국 감정적으로 폭발하거나 화내고 방해하고, 고함을 치는 등 부정적인 행동으로 이어진다. 드러스캣은 이 모든 행위를 소속감을 되찾고 싶은 신호라고 본다.

코로나19 팬데믹은 소속감에 도움이 되지 않았다. 드러스캣에 따르면 비언어적 활동이 보이지 않으면 심리적 안전과 소속감이 발전하기 어렵다. 드러스캣은 가상 회의를 이렇게 평가했다. "완전히 똑같지는 않아요. 대면해서 얘기할 때와 달리 감정이 오가지 않거든요. 자신이 어딘가 소속됐다는 느낌을 받지 못해요." 이런 이유로 집에서 일하다가 직접 일하러 가면 보람을 느끼는 사람이 많다. 최소한 가끔은 말이다.

전체는 부분의 합보다 크다

구글에서 최고의 팀을 연구하기 한참 전에 버네사 드러스캣이 비슷한 연구를 했다. 드러스캣은 약 300개의 팀으로 구성된 대형 제조 공장에 가서 구글 연구원이 그랬던 것처럼 먼저 어느 팀이 제일 뛰어난지 확인했다. 성과 같은 객관적 지표를 들여다보면서 동시에 고위 간부와 팀원으로 구성된 초점 집단focus group(여론 조사를 위해 추출한 소수의 집단_옮긴이)에 질문했다. "어느 팀이 가장 훌륭한가요?" 그다음 모든 지표에서 상위 10퍼센트에 해당하는 팀에 초점을 맞췄다. 드러스캣은 그 팀을 다른 팀과 차별화한 요인을 알아내기 위해 팀원들을 철저히 면담했다.

드러스캣은 첫 번째 회사로 멈추지 않았다. 드러스캣과 스티브 울프Steve Wolff는 같은 방법으로 다른 기업을 몇 군데 더 연구했다.

예를 들어 존슨 앤드 존슨에서 가장 훌륭한 신약 개발 팀을 확인하는 한편 폴리에스테르 섬유 공장의 현장직에서도 무엇이 그들을 최고로 만드는지 연구했다.[8] 이 과정을 여러 기업에서 반복하자 한 가지 그림이 떠올랐다.

드러스캣과 울프는 일류 팀들이 서로 동의한 소통 패턴(규범)을 개발해서 긍정적인 감정 환경을 창조했다는 사실을 발견했다. 이런 규범 가운데 일부는 팀원 사이에 심리적 안전과 신뢰를 구축했고, 그 밖에도 다른 긍정적인 효과를 주는 규범이 존재했다. 고성과 팀을 창조하려면 무엇보다 팀 내부와 외부 환경에서 인식과 감정 조절 방식을 정의하는 규범이 필요하다. 두 사람은 훌륭한 팀에서 창출한 부가 가치에서 이런 규범의 기여도가 최대 30퍼센트가 된다고 밝혔다. 즉 집단 수준의 감성지능 덕분에 이런 경쟁 역량이 생긴다고 결론 내린 것이다.

드러스캣과 울프는 팀 감성지능team emotional intelligence[9] 모델에서 규범을 몇 가지 유형으로 분류했다. 이들이 측정한 고성과 팀의 통합 감성지능에서는 세 가지 필수적인 '규범 통buckets of norms'이 도출됐다. 일류 팀에는 세 가지 통 모두와 연결된 규범이 존재했다.

첫 번째 규범 통은 팀원들이 서로 보살필 수 있게 집단의 자기 인식을 창조한다. 이 규범은 '팀원들의 욕구와 시각, 능력, 감정'을 표면에 드러내고 이해하도록 도와준다. 드러스캣은 팀이 최적 수준으로 작동하려면 팀원들이 대화해야 한다고 했다. "각자의 욕구를 털어놓고 자신에 대해, 팀에 대해 대화해야 해요… 항상 할 수는 없죠. 하지만 주기적으로 해야 합니다."

이를 실천할 방법을 살펴보자. 팀원들의 기분을 다들 감지할 수 있도록 회의를 시작할 때마다 일상적으로 확인하는 팀이 많다. 이 단순한 연습으로 집단 수준의 자기 인식을 향상할 수 있다. 각자 걱정거리나 별로 자랑스럽지 않은 실수를 언급하면 다른 팀원들은 그 사람을 더 강렬하게 의식하게 된다.

또 다른 집단 감성지능 규범은 팀 운영 방식과 관련 있다. 팀원은 팀 자체를 파악하는 한편 팀에 대한 자기 인식을 형성해서 팀의 자기 관리 방식을 인지한다. 이 집단 수준의 자기 인식은 팀이 '성과를 내는 방법과 전체 분위기를 인식하고 잘 작동하는지 평가하기 위해 정보를 탐색한다'는 뜻이다.

예를 들어 휴렛팩커드의 한 팀은 '대인 관계 이해' 규범을 적용했다. 팀 내에서 교차 교육을 진행해서 팀원 하나가 부재중이면 누구든 채울 수 있게 했다. 하지만 한 팀원이 새로운 업무를 배우는 게 불안하다며 거부했다. 다행히 이 팀은 뭔가 어긋났을 때 단순히 짜증 내기보다 먼저 구성원의 행동을 이해해야 한다는 사실을 일찍이 알고 있었다. 그래서 불안해하는 팀원에게 특별히 신경을 썼다. 서로의 기분을 인지하는 것이 이 팀의 유용한 규범이었다.

규범이 높은 성과로 이어지려면 집단 차원에서 구성원을 관리해야 한다. 개인의 자기 관리를 팀 수준에서 진행하는 것이다. 이 규범 통에서는 구성원들이 서로에게 관심이 있다는 걸 보여줘야 한다. 전문 용어로 '집단이 구성원을 존중하고 지원하며 의견을 구하고, 그들의 노력을 인정하는 정도'라고 볼 수 있다.

한편 파괴적인 감정을 다스리는 것이 개인의 자기 관리에 포함되듯이, 집단 차원에서는 규범을 어기거나 효과성을 저해하는 구성원과 대면해야 한다. 이때 '대면'은 그 사람에게 무슨 규범을 어겼는지 말해주는 정도로 가볍게 진행될 수 있다.

예를 들어 혁신 컨설팅 기업 아이디오Ideo에서 일부 팀은 누가 회의 중에 다른 사람을 방해하면 다들 그 사람에게 봉제 인형을 던진다. 다른 사람이 말을 끝내도록 모두가 경청해야 한다는 암묵적 규칙을 강화하는 재미있는 방법이다. 이렇게 서로 돌보면서도 규범을 깨는 구성원을 함께 대면할 수 있다.

그다음 규범은 집단의 자기 관리를 도모한다. 집단이 '문제를 예상하고 방지하는 한편 문제가 발생하면 책임지고 해결하려고 노력하는 행동'이다. 이번 장을 시작하면서 소개했던 CREIO의 초기 회의를 예로 들 수 있다. 우리는 일이 잘 풀리지 않을 때 잠깐 멈추고 원인이 무엇인지 의논했으며 그 결과 규범을 만들어서 25년이 넘도록 지키고 있다.

고성과 팀이 지키는 또 다른 규범 통에서는 집단이 조직 내 다른 집단과 관계를 맺는 방식을 고민한다. 집단 수준의 관계 관리라고 할 수 있다. 이 규범은 팀의 이해관계자를 이해하고 그들과 긍정적인 관계를 구축하도록 돕는다.

팀의 내부 환경이 중요하긴 하지만 효과적인 팀이 되려면 외부 관점도 필요하다. 이 세 번째 규범 통은 집단 수준의 조직 이해 능력이다. 집단은 조직 내 다른 부문이 무엇을 걱정하고 그들의 운영 방식이 팀에 어떤 영향을 미치며, 이 모든 요소가 조직의 더 큰 목표에 어떻게 기여하는지 이해하려 노력한다. 예를 들어 다른 팀의 부탁을 들어줘서(시상식 후보로 추천한다든지) 관계를 발전시킬 수 있다.

한 제조 기업의 선행 공정 팀은 앞서 나가려면 특정 제품을 3개월 동안 추가로 제작해야 한다는 결론을 내렸다. 안타깝게도 그러려면 후속 공정 팀이 과도한 부담을 떠안아야 했다. 곤경에 처한 후속 공정 팀은 선행 공정 팀에게 사정을 설명했지만 그들은 후속 공정팀에게 짜증을 냈다. 선행 공정 팀은 기존보다 앞서 나가면 자기 팀이 돋보일 거라고 믿었기에 다른 팀을 이해하거나 도와주려 하지 않았다. 이처럼 조직의 다른 부문과 소통하고 이해하려는 규범이 부족하면 공장 전체 라인의 생산성에 해를 끼칠 수 있다.

다른 집단에 무엇이 필요한지 인식하면 그들과의 관계를 어떻게 관리할지 직접적으로 파악할 수 있다. 고성과 팀은 상황을 앞서 주도하며 어떤 식으로든 성과에 영향을 미칠 수 있는 집단과 관계를 구축한다. 드러스캣은 이렇게 말했다. "이해관계자를 이해하고 그들과 관계를 맺는 게 중요해요. 보통 팀 리더가 담당하는 일이죠. 우리는 팀 리더를 외부에서 자원을 마련하는 경계 관리자 boundary manager로 생각하니까요. 하지만 정말 훌륭한 팀은 팀원 전체가 그 일을 한다는 사실을 발견했어요."

예를 들어 고성과 팀은 특정 팀원에게 조직 내 중요한 이해관계자와 좋은 관계를 구축하는 '외교관' 역할을 맡긴다. 그러면 언젠가 도움이나 자원이 필요할 때 의지할 수 있는 집단과 강한 유대를 형성할 수 있다. "그들이 올 때까지 기다릴 필요 없어요. 직접 가서 좋은 관계를 구축하면 되죠. 그러면 필요할 때 자원을 가져다줄 겁니다."

집단의 감성지능 규범은 이념형 ideal type(어떤 대상을 이상적인 모습으로 단순화한 유형_옮긴이)을 넘어선다. 드러스캣과 동료들은 모든 팀이 이런 강점을 직접 개발할 수 있게 감성지능 규범을 지도로 활용한다.[10]

팀 감성지능

버네사 드러스캣은 팀이 집단 수준의 감성지능 규범을 인식하면 팀원들의 자기 관리와 공감, 관계 역량이 개선된다는 사실을 발견했다. 드러스캣은 이렇게 감성지능을 강화하는 길을 가리켜 '팀 감성지능'이라고 한다. 집단 역학을 활용해서 구성원의 감성지능 역량을 개발하는 방법이다.[11]

드러스캣은 이 연구를 실용적인 형태로 전환하고, 팀이 공통적인 습관을 개발해서 사회적, 감정적으로 현명하게 상호 작용하여 생산성을 높일 수 있게 도왔다. 첫 단계에는 팀원들을 대상으로 체계적인 설문 조사를 진행했고, '모든 팀원이 서로 이해하려고 노력하나요?' 같은 질문으로 팀의 규범을 파악했다. 그러면 팀이 어떤 측면에서 공통 습관을 개선해야 하는지 알 수 있다.

팀원 전체가 이 데이터를 공유했고 무엇을 개선해야 할지 논의했다. 먼저 바꿔야 할 규범을 서너 가지 선정했다. 더 중요한 건 그다음이었다. 팀원들은 이 규범으로 어떻게 하면 더 잘 협력할 수 있을지 직접 결정했다.

드러스캣은 오늘날 사람들이 시간에 쫓기고 있고 팀 구성원으로 보내는 시간이 적기 때문에 새로운 습관이 규범으로 자리 잡으려면 몇 달이 걸릴 수 있다고 지적했다. 드러스캣에 따르면 감성지능에 가치를 두고 충분히 시간과 노력을 쏟아서 변화를 일으키는 건 전반적으로 팀 리더에 달렸다.

드러스캣과 동료들은 군대부터 에너지 기업, 병원, 은행, 금융서비스 기업, 대학교, IT 기업, 유통업체에 이르기까지 다양한 분야에서 팀이 감성지능을 개발하도록 도왔다. 많은 기업에서 조직 목표 달성률을 기준으로 팀 성과를 측정한다. 드러스캣이 이와 비슷한 방식으로 운영되면서 프로젝트를 진행하는 MBA 팀을 분석한 결과 집단 감성지능이 높은 팀은 교수들의 프로젝트 평가 점수가 높아지는 상관관계를 보였다.[12]

철저한 시험으로 검증하다

드러스캣과 울프는 직접 다양한 팀을 조사하여 고성과 그룹의 집단 수준 감성지능 모델을 구축했다. 하지만 두 사람은 과학적 방법, 즉 실험을 통해 다음 단계를 진행하지는 않았다. 집단 수준의 감성지능이 고성과로 이어진다는 드러스캣의 관점은 카네기멜런대학교 심리학 교수인 어니타 울리Anita Woolley의 연구에서 철저한 시험을 거쳤다. 울리는 MIT와 유니언대학교의 동료들과 함께 2~5개 그룹에서 일하는 수백 명을 조사하여 집단의 효과성을 예측하는 가장 강력한 변수를 찾아냈다.[13]

구글에서 그랬듯이 처음에 연구원들은 집단 구성원의 평균 인지 지능으로 효과성을 예측할 수 있다고 생각했다. 하지만 울리의 팀에 따르면 집단의 평균 지능과 문제 해결 능력은 상관관계가 약했다. IQ가 아주 높은 사람들이 모였다고 해서 꼭 성과가 더 좋지는 않았다.

고성과를 가장 잘 예측하는 변수는 감성지능 영역에 존재했다. 집단 구성원의 사회적 민감성, 대화에서 발언 기회의 균등한 배분, 그리고 (아마도 가장 놀라운 요소인) 집단의 여성 비율이었다. 다시 말해, 타인의 감정과 욕구를 알아차리는 민감도 점수가 높고 모든 구성원이 공평하게 발언할 수 있도록 순서를 나누어 말하는 집단이 최고 성과를 보였다. 그리고 남성보다 여성이 균등한 발언 패턴을 많이 보였기에 성별 비율도 변수가 된 것으로 보인다. (이 성별 비율이 향후 연구에서도 동일하게 나타난다면, 조직이 형평성 문제에 대한 더 나은 해결책을 찾는 데 강력한 근거가 될 수 있다.)

울리의 연구에서 심리적 안전은 측정하지 않았지만 연구 결과를 보면 중요한 요인이라는 사실이 드러난다. 집단 구성원이 다른 구성원의 감정과 욕구에 민감하면 모든 이가 안전하게 느끼도록 행동할 가능성이 크다. 모든 구성원(심지어 무안당할까 봐 무서워서 참는 경향이 있는 사람까지)이 의견을 낸다는 건 집단의 심리적 안전 수준이 높다는 뜻이다.

이렇게 효과적인 팀에서는 집단 규범이 심리적 안전감을 형성하고, 이 안전감이 규범을 강화하는 '선순환'이 발생하는 것으로 보인다. 예를 들어 영향력이 큰 구성원이 다른 사람을 배제하는 현상이 억제되고 원래 잘 발언하지 않는 구성원이 자기 생각을 표현할 확률이 높다. 누구나 자유롭게 기여할 수 있는 집단은 탁월한 해결책을 도출하기 마련이다.

소속감, 구성원의 사회적 민감성, 평등한 발언권 등 집단의 심리적 안전에 기여하는 요소는 결국 팀 감성지능으로 돌아온다. 팀원 대부분이 소속감을 느끼면 자신을 더 내보이는 게 안전할 때를 알아차린다. 팀원들이 건설적인 방식으로 능숙하게 대처하고 다른 사람도 똑같이 하도록 격려하면 심리적 안전과 소속감이 더 번성한다. 감성지능은 다른 팀원이 어떤 기분을 왜 느끼는지 민감하게 감지하게 도와준다. 감성지능이 높다는 건 자기 관리에 뛰어나고 소수만이 아닌 모두가 기여할 수 있는 공간을 창조하는 능력이 있다는 뜻이다.

울리 팀은 이 감성지능의 연계를 뒷받침하는 구체적인 근거를 찾아냈다. 이들은 연구 참여자들에게 '눈으로 마음 읽기' 검사를 해서 사진에 찍힌 사람들의 얼굴에 드러나는 생각이나 느낌을 묘사하게 했다. 우수한 팀에서 온 삶들은 이 공감 평가 점수가 높았고 덜 효과적인 팀에서 온 사람들은 점수가 낮았다.[14]

팀의 감성지능이 미치는 영향을 주제로 한 연구는 대부분 팀원의 평균 감성지능이나 리더의 감성지능에 기반을 둔다. 하지만 연구원들에 따르면 팀의 문화(팀 규범의 총합)는 개인의 태도나 성격보다 행동에 더 강한 영향을 미친다. 팀 문화가 집단 규범에서 형성되는 만큼, 팀의 감성지능이 대단히 중요하다는 사실이 여기서도 드러난다.

  몇 가지 연구에서 감성지능과 팀 효과성의 연결고리를 확인했다. 예를 들어 수력 발전소에서 일하는 프로젝트 팀을 연구한 결과 팀의 집단 감성지능과 팀 성과에 긍정적인 상관관계가 존재했다.[15] 비슷한 연구에서 프로젝트 관리자 팀이 업무에 감성지능을 적용했을 때 성과가 더 높다는 사실을 발견했다. 감성지능은 깊은 몰입으로 이어지기도 한다.[16] 리더는 복잡한 프로젝트를 관리할 때 감성지능을 활용해서 집단 성과를 높인다. 관계 역량을 발휘해서 갈등을 관리하고 구성원이 상호 작용 방식을 개선하며 공통 목표를 위해 노력한다.

  연구에 따르면 집단 감성지능은 실용적인 효과를 가져온다. 예를 들어 군사 조직에 속한 팀을 연구한 결과 집단 감성지능이 높은 팀은 원재료 낭비와 사고를 줄였고 비행 목표 달성률이 더 높았다.[17] 또한 팀원 개인의 감성지능 수준과 집단 성과는 상호 작용을 하는 것으로 보인다. 감성지능이 뛰어난 팀원은 효과적으로 협력하고 소통하며 적절한 목표를 수립했다.[18]

다양성과 평등, 포용

한 엔지니어링 기업은 얼핏 보기에 다양성과 평등, 포용 측면에서 좋은 성적을 기록했다. 이 기업은 여성과 남성 엔지니어를 똑같이 고용했다. 공학 학위를 받은 여성이 훨씬 적다는 사실을 생각하면 쉬운 일은 아니다.[19] 하지만 자세히 들여다보면 여성들이 승진하는 비율이 낮았고 회사를 떠나는 숫자가 훨씬 많았다. 아프리카계 미국인 또한 평균보다 세 배의 비율로 회사를 그만뒀다. 이 기업의 채용 성적은 좋아 보였지만 다른 수치는 실패를 가리켰다.

일터에서 다양성, 형평성, 포용성diversity, equity, inclusion, 줄여서 DEI를 높이려는 노력은 수십 년 동안 계속되고 있다. DEI 운동에는 숫자만 그럴싸하게 확보한 다양성으로는 최적의 업무 환경을 구축할 수 없다는 전제가 깔려 있다. 여성과 유색 인종을 많이 고용한다고 해서 공평하게 대우하고 진정한 구성원으로 받아들인다는 보증은 없다. 회사가 할당을 채우려고 소수 집단 출신의 구성원을 채용해서 다양성을 강요하면 심리적으로 역효과를 내기 쉽다. 고용된 사람들은 스스로 자격이 부족할까 봐 두려워하고, 동료들은 애초에 그들의 고용 자체를 억울하게 느낄 수 있다.

이와 대조적으로 소속감은 포용성과 다양성이 존재할 수 있는 분위기를 형성한다. 구성원은 '이곳에 온 걸 환영합니다. 당신이 와서 진심으로 기쁩니다.'라는 메시지를 느낄 수 있다. 이 메시지는 사무실 동료든 팀원이든 당신이 자주 보는 동료들 사이에서 가장 강력하게 오간다.

반대 상황을 생각해보자. 하루에 8시간 정도 보내는 곳에서 소속감을 느낄 수 없다면 어떨까? 방어적인 성향으로 바뀌고, 한발 물러나려 하고, 무서워서 기분을 자유롭게 표현하지 못한다. 한마디로 직장은 안전한 곳이 아니다. 모든 사람이 소속감을 느끼는 일터가 훨씬 건전할 것이다.

안타깝게도 포용성과 형평성을 고취하려는 노력은 다수가 실패로 돌아갔다.[20] 다양성 교육은 특히 문제가 많다. 강제로 참여를 유도하다 보니 처음부터 원성과 거부를 사기 때문이다. 교육 프로그램도 가끔 백인 남성을 '재판에 올릴' 때가 있어서 반발을 사고, 결국 개선은커녕 상황을 악화하곤 한다.

〈뉴욕타임스〉에 발표된 한 기고문에서 '백인을 비롯한 역사적인 특권층에 죄책감을 유발하는 건 DEI 성과 향상에 도움이 되지 않는다.'[21]라고 했다. 그리고 이렇게 덧붙였다. 'DEI 교육은 개인이 진정으로 자신의 태도와 사람을 대하는 자세, 신념을 탐색하고 이해하게 도와서 문화적, 조직적 수준의 참여에 변화를 일으켜야 한다.' 다양성 워크숍은 상당히 종류가 많지만 우리는 감성지능, 특히 공감과 팀 역량을 발휘할 때 DEI 계획을 가장 효과적으로 실행할 수 있다고 본다.

또한 연구에 따르면 DEI 교육 자체만으로는 효과가 제한적이다. 구체적인 실행을 병행해서 조직의 포용과 평등 문제를 해결해야 한다. 하버드 케네디 스쿨의 로버트 리빙스턴Robert Livingston에 따르면 성공하는 조직은 'DEI로 정확히 문제를 진단하고 구체적인 해결 전략을 마련한다.'[22] 소수 집단을 위한 멘토링 프로그램을 예로 들 수 있다.

그 엔지니어링 기업을 다시 생각해보자. CEO는 DEI 측면을 개선할 수 있다고 생각했고 다양성과 포용을 담당하는 부사장이 믿을 만한 외부 동료를 초청해서 감성지능에 기반한 DEI 프로그램을 개발했다.

이 프로그램은 부사장 7명만을 대상으로 반나절 동안 진행됐다. 이들은 지금까지 살면서 배제됐던 경험을 바탕으로 연습에 집중했다. 이 연습은 질문으로 시작한다. "당신의 외모나 말투, 기타 특징으로 짐작당했던 적이 있습니까?" 텍사스 출신의 한 참여자가 말했다. "사람들은 내 말투를 듣는 순간 IQ를 20점 정도 깎아요."

모든 참여자가 배제와 편견을 경험했고 그 기분을 기억한다는 걸 공유한 뒤, 컨소시엄 멤버인 스티븐 켈너Stephen Kelner가 개발한 방법론으로 교육을 진행했다. 이 모델은 포용과 배제 측면에서 공감력을 개발하려는 의도로 개발됐으며 '무엇을 느꼈나요? 무슨 생각을 했어요?' 같은 중립적 질문으로 각자의 사연을 탐색한다.[23]

그다음에는 이 구조적인 방법론을 활용해서 직속 부하 직원, 팀원 등과 일대일로 토론하라는 과제를 냈다. 임원들이 예민한 문제를 캐묻는 것처럼 보일까 봐 불안해하지 않게 중립적 질문을 제시했다. 토론 결과를 보고하는 자리에서 "인생을 바꾸는 경험이었어요", "둘 다 큰 깨달음을 얻었어요" 같은 반응이 나왔다.

무엇보다 이 임원들은 민감한 문제에 보이는 관심이 토론을 진행한 두 사람은 물론이고 다른 사람들에게도 긍정적인 영향을 미친다는 사실을 깨달았다. 공감을 표현하면서 가까워졌기 때문이다. DEI 측면에서 임원들은 더 열린 마음으로 이런 질문을 받아들일 수 있었다.

먼저 이들은 민감한 문제를 감성지능으로 탐색하는 법을 배웠다. 상대에게 공감하면서 자신의 반응은 밀어두고 인간 대 인간으로 소통했다. 그 결과 자칫 위험해질 수 있는 다양성이나 포용 같은 문제가 떠오를 때 '소프트 스킬'을 활용하면 된다는 자신감을 얻었다. 또한 스스로 경험했던 편견은 그런 문제가 생겼을 때 절대적인 동기로 작용했다.

  프로그램을 시작한 지 2년 만에 CEO가 은퇴하고 CEO가 프로그램을 해체했지만 위원회는 계속 포용성과 형평성을 옹호했다. 가장 극적인 순간은 회사 고위직 25명이 모여 회의하던 자리에서 이 임원 중 한 명이 일어나 발언했을 때였다. "저는 다양성과 포용성이 뭔지 잘 알고 있다고 생각했습니다. 하지만 제가 못 봤던 현실이 있었어요. 듣지 못했던 것도요. 제가 틀렸던 겁니다. 우리가 보지도 듣지도 못하는 문제가 분명히 존재해요. 이걸 고민해봐야 합니다."

학습 동아리

 빌은 문제아였다. 다른 팀원들은 다 원만하게 어울렸다. 누구 한 사람이 토론을 장악하지 않았고 으스대지 않으려 노력했다. 하지만 빌은 협력을 몰랐다. 그는 실제로 으스댔고 토론을 장악했으며 독선적이었다. 게다가 다른 사람을 경멸하는 발언을 했다. 빌은 똑똑하고 열심히 일했으며 항상 목표를 맞추거나 초과 달성했다. 하지만 팀 회의에서 파괴적이고 비판적인 태도를 보여서 다른 팀원의 성과를 저해했고 팀의 생산성을 떨어트렸다.

 한 컨소시엄 멤버는 회의 때 '빌 문제'를 소개하며 그의 파괴적 행동을 저지할 아이디어를 구했다. 그렇게 나온 첫 번째 아이디어는 CREIO에서 유용하게 사용했던 규범 형식을 사용하는 것이었다. 구성원의 행동 원칙을 정의한 '참여 법칙'을 개발하고 이 규범이 모두에게 익숙해질 때까지 회의를 시작할 때마다 검토하는 방법이다.

두 번째로 누군가 파괴적인 행동이나 말을 할 때 구성원이 어떻게 대응해야 하는지 참여 법칙에 명시하자는 아이디어가 나왔다. 이런 말로 실천할 수 있다. '내가 보기에 당신은 이렇게 합니다. 그래서 이런 영향이 발생합니다.' 이는 직접적인 피드백 방식이다.

세 번째 아이디어는 구성원이 더 깊고 의미 있는 수준에서 서로를 파악하도록 돕는 것이었다. CREIO 회의에서 한 참석자는 자기 회사에서 효과 있었던 방법을 제안했다. "각자 가장 중요하게 생각하는 가치 5가지를 공유하고 서로 어떤 사람인지 알아갑니다. 이 방식으로 상대를 파악하면 서로 이해하고 여유를 주게 돼요. 그리고 좀 더 효과적으로 피드백할 수 있죠. 본인에게 중요한 가치를 벗어나는 행동을 하면 지적할 수 있거든요."

이처럼 CREIO에서 진행된 논의는 서로 정기적으로 만나서 배우는 '학습 동아리'의 모범 사례다. 시카고 지역의 기업에 근무하는 관리자와 경영자를 모아서 여러 개의 동아리를 만들고 매월 만나게 했던 실험과도 비슷하다. 각 동아리는 다른 회사 출신의 관리자나 경영자 9명으로 구성됐고 노련한 사회자와 규범으로 활용될 참여 법칙을 표시한 매뉴얼도 제공됐다.

규칙을 만든 이유는 안전한 환경을 창조하고 긍정적인 상호 작용을 촉진하기 위해서였다. 규칙을 일부 소개하면 비밀을 유지하고 주의 깊게 들으며 충고하지 않고, 다른 사람을 공격하거나 비하하는 발언을 금지한다. 한 번 더 발언하려면 모든 사람이 한 번씩 발언한 다음에 가능하다.

매월 한 멤버가 '지금 내게 가장 큰 문제나 걱정거리'와 그 배경 정보, 자기 이력을 소개했다. 다른 멤버는 내내 경청하고 발표가 끝날 때까지 질문하지 않았다. 확인차 질문할 수는 있지만 충고는 금지였다. 질문 시간이 끝나면 다른 멤버들도 비슷한 문제에 관한 개인적인 경험을 공유했다.

학습 동아리 과정은 발표자가 따로 조언을 구하지 않으면 끝난다. 발표자가 실제로 조언을 요청하면 다른 멤버는 자신이 발표자의 상황에서 어떻게 했을지 '당신은 이렇게 해야 한다'가 아니라 '나'라는 표현을 써서 1분간 발언할 수 있다.

프로그램을 진행한 지 1년이 지나자 멤버들은 개인적인 걱정이나 문제, 업무 관련 문제도 소개했다. 또한 매월 한 가지씩 연습하면 좋은 습관을 설명한 '7가지 감성지능 습관' 목록을 받았다. '경청 연습', '매일 다른 사람을 진심으로 칭찬하기' 등이었다.

이런 감성지능 규범은 빛을 발했다. 학습 동아리에 참여한 리더들은 2년 후 360도 평가 결과 감성지능이 확연히 증가했지만 무작위로 할당된 대조군은 아무런 변화도 없었다.[24] 핵심을 살펴보자. 감성지능 규범을 본보기로 삼은 집단의 구성원은 그저 참여만 하고 구체적인 감성지능 개발 프로그램으로 훈련하지 않아도 개인적인 감성지능이 개선됐다.

심지어 온라인으로도 팀의 기능을 향상할 수 있다. 스페인에서 한 팀이 드러스캣과 울프의 감성지능 모델을 기반으로 한 온라인 교육 프로그램을 개발했다. 교육을 받은 그룹은 대조군에 비해 뛰어난 문제 해결 능력을 보였다.[25]

구글은 팀을 대상으로 한 워크숍에서 시나리오를 제시해서 어떤 행동이 심리적 안전감을 강화하거나 약화하는지 실험했다. 이 시나리오는 역할극으로 생생하게 펼쳐졌다. 상상 속의 팀도 심리적 안전이 확보되면 실제 삶에서 효과를 봤다.[26]

팀에 새로운 규범 하나만 제시해도 변화를 일으킬 수 있다. 예를 들면 한 팀과 일하는 컨설턴트는 팀이 건설적인 피드백을 주고받을 수 있도록 '주고 싶은 선물이 있다'는 말로 세심하게 배려하면서 말문을 열게 했다. 버네사 드러스캣은 자신이 돕는 팀에게 한 규범을 채택하도록 제시했고 이 규범으로 모든 팀원의 소속감을 강화했다. "누구든 팀원이 말을 시작하면 다들 휴대폰을 내려놔야 합니다." 한 병원 병동에서 했던 실험을 살펴보자. 주로 위중한 환자들이 이곳에 있었고 오랜 기간 치료받다가 사망한 사람도 많았다. 병원 직원들은 그동안 많은 환자와 가까워졌고, 환자가 사망하면 특히 고통스러워했다. 이 병동에서 일하는 팀들이 자기 문제를 털어놓고 해결책을 공유하도록 교육한 결과 스트레스에 잘 대처할 수 있었다.[27]

팀과 관련해서 꼭 기억해야 할 사실이 있다. 팀의 성과는 상당 부분 팀원의 소통 방식, 즉 규범에 달렸다. 구글에서 최고의 성과를 보이는 팀은 강한 '심리적 안전감'을 느끼는 것으로 나타났다. 이런 안정감은 '소속감'으로 보이기도 한다. 안전하다는 느낌은 비판을 배제하는 집단적 자기 인식 규범을 반영하며, 이는 탁월한 팀에서 발견되는 감성지능 규범에 속한다. 이런 팀 감성지능 규범은 전형적으로 감성지능이 높은 개인과 일맥상통하지만 집단 수준에서 작동한다. 팀의 감성지능을 높일 방법은 많다. 특히 다양성과 포용을 당연시하는 긍정적인 분위기가 중요하다.

팀원이 따르는 규범의 총합으로 팀 문화가 결정되듯이 전체 조직도 마찬가지다. 이 모든 건 교육에서 시작한다.

12장
효과적인 감성지능 교육

제리가 밉상이라는 건 모르는 사람이 없었다. 그가 부사장으로 고용된 이유는 이전에 다닌 회사에서 높은 수익을 기록했기 때문이다. 하지만 직속 부하 직원은 제리를 괴물이라고 생각했다. 제리는 사람들 앞에서 폭발하고 공개적으로 모욕하고 사람들과 거리를 뒀으며 냉담했다. 게다가 본인은 무엇이 문제인지 전혀 몰랐다.

제리의 회사는 애초에 제리 같은 문제를 피할 수 있었을까? 다들 감성지능으로 부적합한 사람을 걸러낼 방법을 찾으려고 혈안이다. 그러면 기업은 감성지능이 우수한 인재만 고용할 수 있을 테다. 그렇다면 채용이나 승진을 결정할 때 감성지능 시험을 치면 어떨까? 여기에는 위험 부담이 존재한다. 감성지능은 스스로 평가하기 힘들기 때문이다.

일단 제리는 자기 단점을 인식하지 못했다. 이런 사람들은 주변에서 결점을 확실히 눈치채지면 본인은 감성지능이 높다고 평가한다. 따라서 누군가의 감성지능을 측정하려면 그 사람과 꾸준히 상호 작용하는 사람의 말을 들어야 한다. 자가 평가에서는 스스로 속일 위험이 있다. 예를 들어 연구에 따르면 자기 인식이 낮은 사람은 대부분 감성지능 역량이 낮았지만 본인은 그걸 몰랐다!

JP 모건 체이스의 회장이자 CEO인 제이미 다이먼Jamie Dimon은 좀 더 직관적으로 접근하자고 제안한다. 그는 자문해보라고 했다. "당신의 자녀가 이 사람 밑에서 일하길 원합니까?"[1] 다이먼에 따르면 내부 직원을 승진시키거나 새로 채용할 때 당연히 하드 스킬을 중요하게 본다. 금융 부문에서는 모두가 '사실, 분석, 디테일' 훈련을 받아야 한다. 이 산업에서 능력을 발휘하려면 누구에게나 필요한 전제이자 한계 역량이다.

하지만 다이먼은 '진짜 리더'가 되려면 단순히 숫자에 강한 것을 넘어선 역량이 필요하다고 했다. 재무상태표뿐만 아니라 감성지능도 중요하다. 다이먼은 리더의 감성지능이 어떻게 드러나는지 몇 가지 예를 들었다. "몸짓언어를 알아볼 수 있습니까? 누군가 상처받았을 때 이해할 수 있어요? 사람들 앞에서 말할 때 그들이 무엇을 숨기는지 압니까? 당신에게 공감력이 있습니까?"

다이먼은 후보자가 조건에 부합하는지 확인하려면 그 사람을 잘 알고 솔직하게 말해줄 사람에게 물어보길 추천한다. 합법적으로 진행해야 하지만 제일 이상적인 대상은 그 사람의 상사, 동료, 부하 직원이나 예전 상사, 동료, 부하 직원이고 심지어 현 반려자나 예전 반려자도 좋다. 이들에게 정식으로 360도 평가를 하라는 건 아니지만 체계적인 대화로도 상당히 비슷한 정보를 얻을 수 있다.

이 과정에서 후보자를 향한 편견을 최소화하면서 면접이나 시험에서 보여주는 모습에만 의존하지 않고 다각도로 파악하게 된다.

주의하자. 노골적으로 감성지능을 적용해서 사람을 채용했다가 법적 문제에 휘말릴 수 있다. 미국 평등고용기회위원회_{U.S. Equal Employment Opportunity Commission}에 따르면 '고용주가 시험이나 절차의 정당성을 증명하지 못하는 한 인종, 성별이나 기타 보이지 않는 근거로 특정 집단을 불공정하게 배제하면 인지력 시험, 성격 시험 및 이와 유사한 수단은 연방 차별 금지법에 위반될 수 있다.'[2]

현실에서 이 조항은 어떤 식으로든 편향되지 않았다는 연구 결과가 없는 한 고용주가 감성지능 시험을 선발 기준으로 삼아선 안 된다는 뜻이다. 그리고 채용 시험을 치르기 전에 이런 연구에 필요한 자원을 동원할 수 있는 고용주는 거의 없다.

더구나 감성지능으로 직원을 뽑으려다 이 역량의 본질을 오해할 수 있다. 감성지능은 IQ와 달리 삶의 과정을 개선한다. 따라서 누군가 특정 시점에 보이는 모습은 시간이 지나면서 그 사람이 성장하고 발전하는 영상이 아니라 순간적인 사진에 불과하다. 사람의 감성지능은 순간에 멈추지 않고 유동적으로 변화한다.

결론적으로 우리는 감성지능 평가를 채용 기준이 아니라 개발 목적으로 사용하길 추천한다. 이 방법으로 어떤 지원자를 배제하고 특정 지원자를 고르는 건 위험하다. 채용이나 승진 담당자는 그 과정 자체에 감성지능을 사용하기보다 두 가지 방법으로 조직의 전반적인 감성지능을 개선할 수 있다.

첫째, 직무 기술서나 회사의 고용 사이트, 링크드인LinkedIn(구인구직과 SNS 기능을 합친 글로벌 인맥 웹사이트_옮긴이) 같은 채용 자료에 회사가 얼마나 감성지능을 중시하는지 표시하면 지원자가 스스로 선택하는 데 도움이 된다. MD 앤더슨 암 센터MD Anderson Cancer Center는 구인 글에 자사 리더십 모델의 '협동성'과 '적극적 경청'을 언급하고 지원자에게 감성지능 자가 평가 기능을 제공했다. 채용을 결정하기 위해서가 아니라 감성지능에 얼마나 가치를 두는지 소통하기 위해서였다.

둘째, 잘 훈련된 채용 담당자가 면접에서 지원자에게 '중요한 사건(예를 들어 '실패한 경험과 거기서 배운 점을 말해보세요')'에 관해 질문한다. 면접을 진행하면서 지원자의 실제 과거 이야기를 들으면 감성지능 역량을 직접적으로 추정할 수 있다.

예를 들어 MD 앤더슨 센터에서는 구체적인 감성지능 측면을 반영하여 면접 지침을 설계했다. 센터는 이런 질문으로 지원자의 관계 관리 역량을 평가한다. '일터나 다른 장소에서 의견 충돌이나 갈등 상황을 해결할 때 본인이 활약했던 상황을 설명하세요. 문제를 해결하기 위해 어떤 행동을 했습니까?', '본인이 포함된 팀에서 프로젝트의 의사 결정이나 행위에서 배제된 구성원이 있었습니까? 어떤 상황이었죠? 당신은 어떻게 참여했습니까?'

요약해보자. 많은 조직에서 감성지능이 우수한 사람을 고용하려 하지만 우리는 다른 전략을 선호한다. 특정 업무 역량을 기준으로 채용한 다음 고성과 리더를 특정하는 감성지능 역량을 교육하고 개발하는 것이다. 감성지능이 뛰어난 조직은 채용과 선택 과정에서 감성지능을 신중하게 활용할 수 있지만, 무엇보다 중요한 건 교육과 개발이다.

교육으로 시작하라

우리가 보기에 감성지능에서는 교육이 핵심이지만 효과를 극대화하려면 특정한 방식으로 홍보해야 한다. 경청 같은 '소프트 스킬' 개발은 오랫동안 HR의 교육 부서가 주로 담당했지만 이제 리더들도 점점 그 중요성을 인식하고 있다. 1000명에 달하는 CEO를 대상으로 한 설문 조사에서 응답자의 약 90퍼센트가 조직 개선에 성공하려면 핵심 경영자가 바뀌어야 한다고 응답했다. 이 90퍼센트라는 숫자는 3년 전 같은 대답을 했던 비율인 30퍼센트와 대비된다.[3] 시대는 계속 바뀌고 있다.

게다가 감성지능 교육이 아이들에게 미치는 효과를 뒷받침하는 강력한 근거가 존재한다. 미국과 전 세계 학교에서 유치원생부터 12학년에 이르는 유아와 어린이에게 감성지능을 가르친다. 몇 가지 연구에서 이런 교육 프로그램을 정교하게 설계하고 실행하면 정서적, 사회적 웰빙은 물론 학업 성취까지 개선된다는 사실을 밝혔다. 27만 명이 넘는 학생들이 참여한 213건의 연구를 메타 분석한 결과 사회성과 정서 학습 프로그램은 학생들의 학업 성취도를 11퍼센트 향상했다. 이런 프로그램에 참여한 학생들은 수업 태도가 개선됐고(제멋대로 굴거나 수업을 방해하는 비율이 낮았다) 스트레스와 우울을 잘 관리했으며 자신과 타인, 학교에 긍정적인 태도를 보였다. 이런 결과는 최초의 연구 이후에도 몇 번 정도 반복됐다.[4]

하지만 성인은 어떨까? 성인도 교육으로 감성지능을 향상할 수 있을까? 관리자와 경영자를 대상으로 한 감성지능 교육 효과에 관한 연구는 오랫동안 드물었지만 결국 공신력 있는 연구가 다수 진행됐고 설득력 있는 증거가 도출됐다.[5] 교육 프로그램을 잘 설계하고 효과적으로 시행하면(분명히 말해두지만 아주 중요한 '가정'이다) 성인의 감성지능도 개선됐고 개선된 면을 유지할 수 있었다.

프로그레시브 보험사Progressive Insurance는 우리가 이 책을 쓰는 지금도 여전히 감성지능 교육의 영향을 연구하고 있다.[6] 프로그레시브에서 실시한 연구의 초기 분석 결과 직원들이 감성지능을 높게 평가하는 리더의 팀원은 소속감이 높았다. 소속감이 팀 성과뿐만 아니라 포용성 증진 노력에 어떤 역할을 하는지 생각하면, 이 연구 결과는 감성지능 교육이 팀원과 전반적인 팀 성과에 직접적인 효과를 일으킨다는 사실을 보여준다.

프로그레시브 연구에서는 개인 코칭과 온라인 감성지능 교육을 비교했다. 전설적인 경영자 코치인 마셜 골드스미스Marshall Goldsmith는 이 연구를 전해 듣고 커다란 관심을 보였고, 이렇게 코칭의 영향에 관한 실질적인 평가는 드물지만 꼭 필요하다고 지적했다.[7]

감성지능을 교육하는 방법은 많지만 이런 교육을 어떻게 설계하는지 실제로 실험한 사례는 지나치게 적다. 우리는 이런 연구 하나를 11장에서 소개했다. 이 연구에서는 리더들을 무작위로 배치해서 정기적으로 만나 개인적인 문제와 업무 고민을 털어놓는 그룹과 비교군을 설정했다. 고민을 털어놓는 그룹은 다른 곳에서는 말할 수 없었던 문제를 안심하고 공유했다. 앞서 언급했듯이 2년이 지나자 이들의 감성지능 점수가 높아졌다.[8]

하지만 이런 접근은 감성지능을 향상하는 수많은 방법 중에서 하나에 불과하다.

골먼이 공동 설계한 한 가지 방법에서는 일주일에 걸쳐 교육 과정을 배치하여 각 감성지능 역량을 교육했다. 세부적인 특징을 설명하고 리더들이 일과 삶을 반추하게 하며 전문가를 동반하여 매일 연습을 진행하는 방식이었다.[9] 예를 들어 감정적 균형 역량 교육 과정에서는 학습자가 감정적으로 폭발했던 순간을 떠올린다. 무엇이 그 반응의 기폭제가 됐는지 되짚으면서(일명 '기폭제 일기') 자신이 어떻게 반응했고 어떤 대응이 더 현명했을지 고민한다. 그다음 한 가지 방아쇠가 나타나면 잠깐 멈추고, 반사적으로 반응하기보다 더 나은 대응으로 바꿔서 실제로 시도해본다. 학습자들은 노련한 코치의 주관 아래 사람들과 함께 실시간으로 교육을 받으면서 현명하게 대응하는 방법을 연습하는 한편 대화가 과열되는 위험한 상황을 다루는 요령을 듣기도 한다.

두 가지 메타 분석(다시 말하지만 독립적으로 진행된 다수의 연구에서 결과를 도출하는 방법이다)에서 이런 감성지능 개발 프로그램을 평가했다. 분석 대상 연구에는 중견 기업과 대기업 관리자, 경영자부터 프로 크리켓 선수, MBA 학생에 이르기까지 다양한 직군과 업무 환경이 포함됐다.[10] 그리고 모든 참여자가 효과를 봤다. 예를 들어 프로 크리켓 선수는 교육 결과 감성지능이 13퍼센트 향상됐고 비교군은 평균적으로 변화가 없었다.

이런 교육 프로그램은 거의 모두 감성지능 향상으로 이어졌지만 무엇보다 실질적인 성과 측면에서 긍정적인 결과가 발생했다. 예를 들어 의료 레지던트들에게 감성지능 교육을 진행했더니 환자 만족도가 눈에 띄게 상승했다. 은행 직원을 교육한 후에는 고객 만족도가 개선됐다. 감성지능 교육을 받은 제약 회사 영업사원들은 비교군보다 판매 실적을 초과 달성했다.[11]

감성지능 교육 프로그램은 직원의 행복과 직장 내 관계 같은 조직 생산성의 핵심 동력도 개선했다. 예를 들어 방위 계약 조직에 근무하는 직원들에게 감성지능 교육을 실시하자 직무 만족도가 눈에 띄게 향상됐다. 대형 유통업체 체인의 중간 관리자를 교육했을 때는 직업 만족도, 스트레스 수준, 전반적인 건강이 모두 개선됐다. 감성지능 교육을 받은 프로젝트 관리자는 그 직무에 요구되는 핵심 역량인 팀워크와 갈등 관리 측면에서 발전을 보였다.[12] 이런 교육 프로그램은 코칭 역량 향상, 구직 능력과 재고용률 개선, 직장 내 무례함 감소, 조직 분위기 향상으로 이어졌다.[13]

효과적인 감성지능 교육 프로그램의 구성 요소

한 컨설턴트가 기업 두 곳에서 고위 경영자와 관리를 대상으로 똑같은 교육 프로그램을 진행했다. 지금까지 설정을 달리해 효과를 봤던 프로그램인데 두 기업 중 한 곳에서 긍정적인 영향을 미쳤다. 하지만 나머지 한 기업에서는 효과가 없었다. 이유가 뭘까?

컨설턴트는 CEO의 행동이 결정적인 역할을 했다고 믿었다. 교육이 실패한 회사의 CEO는 첫 번째 세션을 시작할 때 들어와서 참여자들에게 감성지능이 얼마나 중요한지 연설한 다음 한 번 둘러보고 떠났고 다시는 돌아오지 않았다. 성공한 프로그램에서는 CEO가 팀원들과 함께 교육에 적극적으로 참여했다.

이렇게 최고위 리더가 감성지능 교육의 중요성을 몸소 보여주면 강한 지지 메시지가 전달된다. 우리는 영향력 있는 리더가 적극적으로 지지할 때 감성지능이 긍정적인 문화로 자리잡아 강력한 변화를 일으킨다는 사실을 발견했다. 이런 현상이 현실로 나타난 사례가 프로그레시브의 고객 관계 관리 부문(영업 중심 부서로 보험을 판매한다)과 BL컴퍼니, MD 앤더슨 암 센터의 CEO들이며 모두 감성지능 분야의 챔피언이다. 이렇게 적극적인 지지가 꼭 위에서 아래로 내려올 필요는 없다. 아마존웹서비스는 자칭 '감성지능 전도사'로 아래에서 위로까지 그 관심을 대폭 확대했다.

과거 MD 앤더슨에서 리더십 교육을 부서장 같은 중간 관리자에만 집중했지만 새로 부임한 사장은 감성지능 문화의 중요성을 개인적으로 설파하며 관련 교육을 시작했고 모두가 참여하길 바랐다.[14] MD 앤더슨의 리더십 협회Leadership Institute에서 1단계 프로그램은 현장 근로자 대상이며 자기 인식에 초점을 맞추지만 감독관과 관리자 프로그램은 관계 관리를 다룬다. 3단계 과정은 주로 부서장을 대상으로 하며 까다로운 대화를 할 때 감정을 관리하는 법에 집중한다. 부문장과 기관 대표 대상 프로그램에서는 감성지능 모델링과 리더가 기분을 퍼뜨리는 감정 전파를 강조한다.

MD 앤더슨의 다른 교육 프로그램에도 감성지능 요소가 들어갔다. '곤란한 대화 시작하기' 같은 강좌에서는 교육자들이 이렇게 질문한다. '이 대화에서 감성지능을 어떻게 활용할 건가요?' 경영자에게 감성지능 강좌 수강이 의무는 아니지만 90퍼센트가 넘는 리더들이 참여했다.

효과적인 교육 설계하기

대대적으로 광고해도 별다른 효과를 거두지 못하는 프로그램도 있다. 제대로 설계되고 실행되지 않는 프로그램도 지나치게 많다. 우리는 성공한 감성지능 교육 프로그램을 들여다봤고 다음과 같은 5가지 요소를 발견했다.

의욕적인 참여자. 감성지능을 확대하려면 상당한 시간과 노력이 소요된다. 상당한 헌신과 동기 부여가 뒷받침되지 않으면 다들 변화가 일어나기 전에 중단할 것이다. 성공하는 프로그램은 다양한 방식으로 참여를 확대하고 유지한다. 예를 들어 한 프로그램에서는 참여자들에게 4주 동안 일주일에 두 번씩 매번 다른 내용으로 메일을 보내서 교육 내용을 적용하라고 격려했다.[15]

**교육 시간은 10시간 이상이고 진행하면서 점차 간격을 넓히며

주기적으로 촉진 강좌를 진행한다. 이때 투입량이 중요하다. 교육 시간이 길수록 좋고 가능하다면 서서히 시행해야 한다. 한 우수한 프로그램은 사기업 고위 간부 54명을 대상으로 7주에 걸쳐 95분씩 총 30시간 교육을 진행했다. 게다가 대면 교육이 진행될 때마다 의무적으로 온라인 교육 5시간을 수료해야 했다.[16]

꾸준한 연습과 보강. 강의 자체도 중요하지만 감성지능을 정복하려면 강의와 강의 사이는 물론 정규 교육이 끝나고 오랜 시간이 지나도 피드백과 연습을 반복해야 한다. 신경학적 관점에서 감성지능 교육에는 학창 시절과는 다른 학습 모델이 적용된다. 예산 수립이나 물류 기획 같은 인지 역량과 달리 감성지능은 행동 역량이다. 이런 소프트 스킬은 골프 경기처럼 본보기를 모방과 건설적인 시험, 무수한 연습으로 단련된다.

사회적 지지. 다른 사람의 지지를 받는 느낌은 큰 차이를 불러온다. 코칭은 리더들에게 효과적인 학습 방법이지만 다른 계층은 학습 팀이 더 적합하다. BL컴퍼니에서 모든 참여자는 응용 그룹에 배치됐고 매월 한 번씩 만나서 직원들끼리 연습하는 한편 교육 동안 스스로 개발했던 직장 내 학습 계획에 따라 지원받았다.

강력한 모범과 주요 리더의 지지. 앞서 살펴봤듯이 고위 임원이 감성지능 프로그램에 참여하면 교육을 얼마나 중요하게 생각하는지 모범을 보일 수 있다. 이는 실제로 교육받으며 리더의 참여도를 평가하는 경향이 있는 구성원들에게 큰 영향을 준다. 한편 임원이 이런 교육을 공공연히 무시하면 관심도를 끌어내린다. 존경받는 고위 임원이 감성지능 교육에 암묵적이든 명백하든 큰 지지를 보내면 이런 프로그램에 실질적인 힘이 실린다.

모든 교육 프로그램이 똑같을 필요도, 5가지 요소를 다 포함할 필요도 없다. 하지만 많은 요소를 포함할수록 효과를 낼 확률이 높다. 효과적인 교육 프로그램은 학습자가 의욕적이고 프로그램이 잘 실행되면 최적 성과를 내도록 도와주지만, 진정한 보상은 전체 조직이 그 방향으로 움직일 때 얻을 수 있다. 조직이 고성과를 위한 발전을 강조한다면 전반적인 문화가 그 가치를 지지할 때 효과가 극대화된다. 우리는 이 접근법에서 두각을 나타내는 인재가 인사 부문보다는 사업부에 존재할 때 훨씬 큰 효과가 발생한다는 사실을 발견했다. 고위 임원(특히 CEO)가 교육의 가치를 반복해서 언급하면 사람들은 더 절실하게 참여한다. 이처럼 리더는 규범을 정립하는 데 큰 효과를 보일 수 있다.

감성지능 교육은 계속된다

리처드 보야치스의 의도적 변화 이론Intentional Change Theory, ICT은 감성지능 교육에서 상당히 주목받고 있는 접근법으로 5가지 요소를 모두 포함한다. 보야치스는 이 일련의 학습법을 케이스웨스턴리저브대학교 웨더헤드 경영대학원의 경영자 MBA 과정에 30년 이상 활용했다. 놀랍게도 보야치스 팀은 MBA 학생들이 케이스웨스턴리저브대학교에서 개발했던 감성지능 역량이 7년 후에도 여전히 굳건하다는 사실을 그 동료들에게서 확인했다.[17]

감성지능에 접근할 때는 첫 번째 단계로 개인의 내면에 존재하는 강력한 동기인 '이상적 자신'을 정의하게 한다. 교육자나 코치는 이렇게 질문한다. '5년 후에 이상적인 자신은 어떤 모습인가요?'

두 번째 단계로 전체 감성지능 영역에 걸쳐 각 참여자의 강점과 한계점을 진단하고 평가한다. 이때 사용하는 감성 및 사회 역량 지표(ESCI)는 360도 평가 도구로서 스타 성과자를 평범한 사람들과 구분하는 12가지 감성지능 역량 점수를 제시한다.[18]

감성지능을 측정하는 도구는 12가지가 넘고 각각 독특한 강점을 가지고 있지만 그중에서 360도 평가가 일터에서 업무 성과를 가장 잘 예측하는 것으로 나타났다.[19] 이 평가 방식은 대상자를 잘 알고 존중하는 사람들이 바라본 강점과 한계점을 보여준다. 예를 들어 가족 기업의 리더 100명을 조사한 결과 감성지능 순위와 유능함에 밀접한 관계가 있다는 사실이 드러났다. 이때 자기 평가를 제외한 '다른' 순위만 활용했다.[20] 그 결과 신뢰하는 사람들의 익명 평가를 기반으로 전반적인 역량 프로필을 도출하고 개선해야 할 부분을 특정할 수 있다.

세 번째 단계에서 교육자나 코치는 경영자가 자신의 역량 프로필과 첫 단계에서 정의한 이상을 연결하게 한다. 이 활동에서는 '이상을 실현하려면 어떤 역량을 강화해야 할까요?' 같은 질문으로 참여자의 깊은 동기를 감성지능 학습 과제와 연결한다. 예를 들어 경영자들은 존재감을 키우기 위해 공감의 핵심인 경청 습관을 개선한다. 캘리포니아대학교 버클리캠퍼스에서 실시한 연구에 따르면 권력을 쥔 사람들은 다른 사람이 생각을 끝내기 전에 말을 자르는 경향이 있다. 이는 좋지 않은 청취 습관이며 배워서 개선해야

한다.[21]

마지막 단계는 학습한 행동이 제2의 천성이 될 때까지 반복하는 것이다. 참여자들은 평소에 마음속으로 습관을 개선할 기회를 벼르고 있다가 10대 자녀나 반려자와 저녁을 먹거나 부하 직원과 일터에 있을 때 연습할 수 있다.

앞서 언급했듯이 이런 연습을 반복하면 새로 배운 내용을 굳이 생각해서 행동을 바꾸지 않아도 대뇌핵에 주입해서 자동적인 습관으로 자리 잡는다. 이런 '신경 가소성(지식이나 경험이 쌓이면서 뇌가 유연하게 변화하는 성질_옮긴이)'은 살면서 언제든 새 습관을 들일 수 있다는 면에서 감성지능 교육에 유리하게 작용한다. 이 역량을 개선하는 건 지금도 늦지 않았다.

고인이 된 플로리다 주립대학교의 심리학자 안데르스 에릭슨 Anders Ericsson은 골먼에게 1만 시간을 연습하면 마법이 일어난다는 통념이 마음에 들지 않는다고 했다. 그 통념의 근거가 된 에릭슨의 연구는 실제로는 어떤 분야의 거장이 되기까지 필요한 시간은 분야마다 제각각이며 습득하려는 구체적인 기술에 따라 달라진다는 사실을 보여주었다. 수석 바이올리니스트가 교향곡 오케스트라를 능숙하게 연주하기까지 1만 시간쯤 걸릴 수도 있다. 하지만 긴 숫자열을 암기하는 기술은 수백 시간이면 충분하다.

제각각 다르겠지만 일반적으로 오래 연습할수록 특정 역량을 습득할 가능성이 커진다. 최적 상태에 들어갔을 때 당신이 발휘하는 재능은 그동안 들인 시간과 의식적 연습에 어느 정도 좌우된다. 타고난 능력과 별개로 전문성은 의식적 연습이 필요하다. 사소한 개선들이 점진적으로 쌓이며 변화하는 법이다.

    감성지능도 마찬가지다. 리처드 보야치스는 몇 년 동안 ESCI를 활용하여 MBA 학생들의 강점과 한계를 360도로 평가하고 개선해야 할 역량을 선정했다. 이들이 쏟은 시간을 추적할 수는 없지만, 도움이 되지 않는 감성지능 습관을 대체할 새로운 행동 원칙을 몇 번이나 연습했는지는 측정할 수 있다.

코칭

개인 참여자나 교육에 처음 참여하는 리더는 주로 강좌 형식으로 진행하지만 고위직은 일대일 코칭을 할 때가 더 많다. 앞서 소개했듯이 콘퍼런스 보드에서 기업 회원에게 리더를 코칭할 때 무엇에 집중하는지 질문하자 대부분 최우선으로 떠오른 분야가 감성지능이었다(감성지능 역량을 다르게 지칭하기도 한다). 콘퍼런스 보드의 설문 조사는 코로나19 이전에 진행됐지만, 팬데믹이 심해지면서 조직은 이런 연구 결과에 다시 관심을 돌렸고 리더의 공감 역량을 중심으로 전반적인 감성지능 수요가 대폭 증가했다.[22]

코칭 주제 중에서도 한참 아래 위치한 분야가 전략적 사고와 사업 역량이다. 보고서에 따르면 공감력과 자제력 같은 역량은 어느 때보다 수요가 늘었다.

감성지능을 개선하려면 일회성 강좌나 외부 강연뿐만 아니라 이 역량을 강화할 방법이나 동기에 계속 노출되고 지속적인 피드백을 받아야 하지만 교육이 끝나면 그대로 방치하는 경우가 많다. 대상이 고위 임원이면 코치를 할당해서 계속 개별 지도를 받기도 한다. 중간 관리자도 임원 못지않게 교육이 필요하지만 비용 때문에 조직이 코치를 고용할 가능성은 희박하다.

감성지능이나 좀 더 일반적인 용어인 '소프트 스킬'은 고위 임원 사이에 널리 퍼졌지만 이렇게 제한적인 교육으로 조직이 최적 성과 수준에 도달하기는 힘들다. 팀 전문가 버네사 드러스캣이 지적했듯이 고위 임원이 높은 성취동기가 있었기에 그 위치에 올랐고, 지금도 경쟁심이 강해서 조직 전반의 성공보다 본인이 속한 부문이 '승리'하는 쪽을 선호할 수 있기 때문이다.

드러스캣은 이런 고위 경영진이 훌륭한 팀으로 협력해서 조직의 전반적인 목표를 달성하려면 이들이 하는 일에 전형적인 고성과 팀의 규범을 적용해야 한다고 주장한다. 드러스캣은 팀의 감성지능을 향상하려면 '개인 코칭으로는 부족하다'면서 '효과적인 집단 규범을 정립하면 상호 보완적인 발전 경로를 구축할 수 있다'라고 덧붙였다.

개인과 팀의 감성지능은 학습 경로가 다르다. 고위 경영진의 팀 빌딩team building(팀 업무나 활동을 개선하는 조직 개발 기법_옮긴이)은 심리적 안전감이 부족해서 타인에게 할 말을 숨기는 관행을 없앤다는 뜻이다. 드러스캣은 다음 단계로 개인의 목표를 겨냥한 코칭을 넘어 경영자 팀의 상호 작용을 위한 감성지능 규범을 구축하려 한다. 물론 이 접근법은 팀의 위치나 특성과 상관없이 효과를 볼 수 있다. 예를 들어 아마존웹서비스는 우리가 이 글을 쓰는 지금도 드러스캣의 팀 학습 방식을 활용해서 전사에 걸쳐 감성지능을 개발할 방법을 연구하고 있다.

팀 감성지능은 개인 교육을 병행했을 때 시너지가 발생한다. 드러스캣은 이렇게 관찰했다. '감성지능이 매우 높은 사람들은 다른 사람의 기분이 좋아지는 방식으로 상호 작용한다. 감성지능이 높은 팀에 소속되면 개인의 감성지능도 발전한다. 팀이 개인에게 학습 경험으로 작용하여 모두에게서 최선을 끌어낸다.' 사람들은 안전하다고 느낄수록 더 솔직하게 공유한다.

요컨대 감성지능을 기준으로 지원자를 거르기는 어렵지만 교육하면 훨씬 큰 효과를 거둘 수 있다. 감성지능을 개발하는 방식은 많지만 그중에서도 훌륭한 방법에는 몇 가지 공통점이 존재한다. 이런 프로그램은 참여자에게 동기를 부여하고 격려한다. 교육 시간이 충분하고 일회성이 아니라 지속적으로 진행한다. 참여자들은 서로, 혹은 다른 동료로부터 사회적 지지를 받는다. 그리고 리더는 감성지능 교육에서 모범을 보이며 이런 소프트 스킬을 개발하라고 촉구한다. 앞으로 살펴보겠지만 이 모든 효과는 조직이 감성지능의 중요성을 받아들일 때 가장 강력하게 작용한다.

13장
감성지능을 문화로

이 기업은 몇 년에 걸쳐 급속히 성장하고 발전했지만 불황이 닥치면서 회사 역사상 최초로 구조 조정을 진행했다. BL컴퍼니의 CEO인 캐럴린 스탠워스Carolyn Stanworth는 남은 직원들을 모두 한자리에 모았다. 그는 격려 연설을 하지도, 별일 아니라며 무시하지도 않고 슬픈 마음을 나누며 말문을 열었다.

그다음 다른 직원에게도 기분과 걱정거리를 말하게 했다. 다들 마음의 준비가 된 것으로 보였을 때 회사가 앞으로 어떤 모습이 될지 설명했다.

이 과정에서 스탠워스는 처음에는 슬퍼하고 애석해하다가 점차 미래에 대한 낙관과 흥분을 표현했다. 불안이 남아 있었지만 회사의 미래에 대한 기대가 분위기를 바꿨다. 현실에서 감정 전염이 일어난 사례다. 이들은 슬픈 사실을 직면한 뒤 그 너머를 바라봤다.

중견 건설 엔지니어링 기업인 BL컴퍼니는 10년 이상 경쟁 기업보다 높은 성과를 올렸다. 하지만 늘 그런 건 아니었다. 15년 전에는 직원 이직률이 높았고 성장이 무척 부진했다. 그렇다면 무엇이 바뀌었을까?

그 사이에 BL컴퍼니는 감성지능 개발을 포함한 리더십 프로그램을 시행했다. 당시 대형 조직으로서는 독특한 시도였고 특히 그 산업에 속한 기업에서는 더 드물었다. BL컴퍼니는 리더의 감성지능을 개발하는 데 그치지 않고 문화를 바꿨다. 회사는 채용과 성과 평가에 감성지능을 반영했다. 무엇보다 CEO 자신이 감성 문화를 중시한다는 사실을 사람들에게 보여줬다.

그 결과 BL컴퍼니에서 리더들의 관계 구축, 팀워크, 공감 등 감성지능의 기반이 되는 역량이 눈에 띄게 향상됐다. 이런 변화는 회사의 다양성, 참여도, 직원 유지 전략, 직원 웰빙, 고객 생애 가치는 물론이고 궁극적으로는 전반적인 성과와 성장 개선으로 이어졌다.[1]

오늘날 BL컴퍼니 같은 곳은 또 있다. MD 앤더슨 암 센터(종양학 분야에서 세계 최고의 권위를 자랑한다)부터 프로그레시브(프로그레시브 보험으로 유명하다), 아마존에 이르기까지 다양한 조직에서 직원들의 감정적 자기 관리와 대인 관계 기술에 투자하고 있다.

아마존은 사내 곳곳에 직원을 교육하는 감성지능 팀을 배치했다.

연구원들에 따르면 조직 리더와 직원들이 자기감정과 다른 사람과의 관계에서 오가는 감정을 능숙하게 관리하면 회사와 직원들에게 혜택이 돌아가고 수익과 성장, 직원 유지와 충성도, 동기 부여, 감정적 분위기와 전반적인 웰빙 등 모든 측면에서 더 나은 성과가 나타난다. 우리는 이런 조직이 감성지능이 뛰어나다고 한다.

리더들이 회사에서 어떻게 이런 강점을 개발할 수 있을까? 어떻게 채용하고 교육하며 성장시키고, 회사 문화에 녹아들게 할까? 현시점에서 우리의 생각을 소개한다. 감성지능이 높은 조직에 무엇보다 필요한 건 감성지능 문화의 모범을 보이고 대변해줄 경영진이다.

교육 프로그램을 잘 설계하고 실행하는 것도 중요하지만, 조직이 극적인 효과를 보려면 감성지능 교육을 넘어서야 한다. 감성지능 조직이 뛰어난 조직은 모집과 채용, 성과 관리, 승진에 이르기까지 감성지능을 DNA에 새겨넣는다.

감성지능 성과 평가

소프트 스킬이 중요하다지만 대부분의 기업은 리더의 성과를 평가할 때 하드 스킬에 초점을 맞춘다. 그러면 자기감정 조절이나 공감력 발휘 등 귀한 소프트 스킬을 놓치기 쉽다. 하지만 BL컴퍼니의 연간 성과 평가에서는 하드 스킬과 소프트 스킬의 비중을 똑같이 평가한다. 관리자는 직원이 무엇을 달성했는지 그리고 어떻게 일했는지 들여다본다.

"업무를 완수해도 그 과정에서 다른 사람들을 짓밟았다면 그 행동은 급여 인상이나 상여금을 받지 못합니다." CEO이자 대표인 캐럴린 스탠워스가 말했다.

역량 모델(3장 참고)은 탁월한 성과자만 보이는 구체적인 역량을 반영했고, 특정 회사에서 일하는 사람들이 되고 싶어 하는 이

상형을 그림으로 보여준다. 조직의 리더십 기술 모델에 감성지능이 포함된다는 건 이 능력이 중요하다는 뜻이고, 모두에게 감성지능의 중요성을 끊임없이 고취하는 동기로도 작용한다. 무엇보다 조직은 이를 기반으로 연간 성과 평가 과정에 정식으로 감성지능 개발을 포함할 수 있다.

예를 들어 MD 앤더슨에서 채용, 교육, 성과 관리, 진급 체계에 도입한 리더십 모델은 모든 직원에게 감성지능 역량인 '협업'과 '적극적 경청'을 요구한다. MD 앤더슨에서의 '협동성'은 모든 팀원이 활발하게 협력하고 다른 사람의 기여에 가치를 두며 다양성을 격려하고, 팀원의 목표와 팀의 목표 사이에서 균형을 잡는다는 뜻이다. '적극적 경청'은 다른 사람의 말을 주의 깊게 듣고 관점의 차이를 인정하며 상대에게 공감하려고 노력한다는 뜻이다.

성과 평가 관련 논의는 감성지능의 중요성을 보여주는 데서 그치지 않는다. 특정 리더에게 어떤 감성지능 교육과 개발이 효과적일지 확인할 때 더 유용하게 활용된다.

직원 성과 평가로 관리자의 감성지능을 측정할 수도 있다. 프로그레시브의 직원 성과 평가에서는 스스로 가치 있고 인정받으며 온전히 참여한다고 느끼냐고 질문한다. 상사의 감성 리더십을 판단할 수 있는 질문이다.

리더가 있어야 가능하다

　팬데믹 당시 BL컴퍼니의 대응에서 CEO인 캐럴린 스탠워스가 공감과 배려의 가치를 어떻게 강화하는지 엿볼 수 있다. 스탠워스는 이렇게 말했다. "정말 힘든 해였어요. 반려자가 팬데믹으로 직업을 잃은 사람이 많았거든요. 하지만 직원들 모두 우리가 요구한 것 이상으로 잘했어요. 그래서 정기 연말 상여금에 추가로 '감사 상여금'을 3000달러 지급하기로 하고 연휴에 선물을 살 수 있게 추수 감사절 직전에 입금했죠. 비용은 100만 달러 들었지만 그럴 가치가 있었어요. 직원에게 감사하는 마음을 보여주면 10배로 돌아올 겁니다."
　스탠워스는 자신의 가장 중요한 역할이 '문화 리더'로서 매일 가치와 규범을 강화하고 회사를 '감성지능이 뛰어난' 조직으로 만드는 것이라고 믿는다. 이렇게 CEO가 감성지능의 가치를 꾸준히 지지한 덕분에 이 개인 역량이 포함된 교육과 성과 평가 프로그램이 지속될 수 있었다.

우리는 전통적으로 인적 자원HR, Human Resources으로 불리는 부문에서 소프트 스킬 자체만 도입했을 때 별다른 성과가 없다는 사실을 발견했다. 반대로 영향력 있는 리더가 열정적으로 감성지능의 가치를 언급하고 모범을 보이면 전사 차원에서 규범과 문화를 구축할 수 있었다. 경영진이 이 역할을 한다면 더 좋다. 우리는 이런 현상을 BL컴퍼니와 프로그레시브의 고객 관계 관리 부문Customer Relations Management, CRM(보험 영업과 설계사를 관리하는 조직)에서 확인했다.

더 유명한 사례로는 마이크로소프트 역사상 세 번째 CEO가 된 사티아 나델라Satya Nadella를 들 수 있다. 나델라는 CEO로 부임한 첫날 회사 전체에 공감(당시 마이크로소프트에는 낯선 단어였다)과 성장형 사고방식이 앞으로 발전을 위한 핵심 역량이 될 거라는 메시지를 보냈다.[2] 나델라는 이런 감성지능형 '소프트 스킬'을 사업 전략과 연계했고, 고객과의 공감(충족되지 않고 말하지 않은 욕구를 감지하는 능력)과 발전에 대한 열린 마음이 혁신의 원천이라고 밝혔다.

나델라는 경영진에게 공감을 통해 신뢰할 수 있는 기업 문화를 구축하자고 촉구했다. 경기 침체로 IT 기업들이 수천 명의 직원을 해고할 때 나델라는 직접 공감을 실천했다. 마이크로소프트는 다른 IT 기업(트위터로 갑자기 수천 명을 해고한 기업도 있다)과 다를 거라고 약속했다. "우리는 최대한 배려하면서 투명하게 이 과정을 진행할 겁니다." 그는 일반적인 수준보다 많은 퇴직금을 지급하고 해고된 후 6개월 동안 건강 보험과 주식 수령권을 유지해서 충격을 완화했다.

이와 비슷하게 프로그레시브의 기업 문화에도 감성지능이 뿌리내렸다. 전 CRM 부문장 존 머피John Murphy(이후 보험금 청구 부문 사장으로 승진했다)의 강력한 지지 덕분이었다. 원래 CRM 부문 리더를 대상으로 설계됐던 감성지능 교육은 IT와 보험금 청구 같은 부문으로 확산했다. 감성지능은 CRM 부문의 문화적 특징(머피가 리더로 있는 동안 감성지능을 논의하고 지지하며 발전했다)으로 남아 있지만 회사 전체로 폭넓게 관심이 퍼져나갔다.

기업에서 감성지능이 뛰어난 조직을 구축하려면 사업부 리더(한마디로 HR 외부 인물)가 감성지능을 지지해야 한다. 우리는 이런 현상을 BL컴퍼니, MD 앤더슨의 CEO를 비롯하여 아메리칸익스프레스파이낸셜American Express Financial(지금의 아메리프라이즈파이낸셜Ameriprise Financial)에서 사내 전문가들을 감독하는 임원에게서 목격했다.

조직 내 하위 부문의 리더가 감성지능 챔피언이 될 수도 있다. 아마존에서 수익성이 높은 클라우드 컴퓨팅 부문인 아마존웹서비스를 시작할 때 감성지능을 향한 열정은 풀뿌리처럼 번졌다. 엔지니어이자 전략 수립가, 자칭 '감성지능 전도사'인 리치 후아Rich Hua는 감성지능에 관심이 많은 600명을 모아서 팀을 구성했고 지금까지 30만 명이 넘는 직원들에게 감성지능을 교육했다.

아마존의 감성지능 팀은 즉흥적으로 시작했지만 이제 공식적으로 인정받고 자체 예산을 할당받았으며 후아는 글로벌 책임자로 승진했다. 이 교육은 EPIC 리더십 프로그램EPICEmpathy,(목적Purpose, 영감Inspiration, 소통Connection을 의미한다)으로 불리며 감성지능에 초점을 맞췄다.

멀리 떨어진 부문에서도 소속 직원 수천 명을 대상으로 EPIC에 감성지능 교육을 요청하는 임원이 늘고 있다. 위에서 하라고 해서 하기보다 직접 감성지능 교육에 앞장서면 동기가 부여되고 참여도가 높은 만큼, 상향식 접근이 하향식보다 유리한 면이 있다.

리더를 위한 지침

"심한 눈보라가 쳤을 때 집에 전기가 끊긴 직원이 많았지만 사무실은 괜찮았어요." BL컴퍼니의 CEO 캐럴린 스탠워스가 이야기했다. "동료들은 전기가 끊긴 직원을 위해 음식을 가져왔죠. 사무실을 나갈 수 있을 정도가 됐을 때, 직원에게 남은 음식을 가져가서 집에 있는 가족들에게 주라고 했어요." 그리고 덧붙였다. "우리가 무엇에 마음을 쓰는지 이런 일화에 드러난다고 생각해요."

스탠워스는 이야기야말로 기업이 감성지능을 중시한다는 사실을 효과적으로 전달하는 수단이라고 본다. 예를 들어 직원들이 역경에 부딪혔을 때 어떻게 대응했는지 이야기로 표현하면 공감과 팀워크의 중요성을 전달할 수 있다.

감성지능 챔피언이 감성지능의 가치를 단순히 언급하기보다 공공연히 선포하면 더 큰 효과가 발생한다. 이상적으로는 감성지능의 가치를 조직에 분명하게 선보이는 한편 특히 사명이나 성과 목표 같은 필수 가치와 연계하고 본인의 업무에 미친 영향을 보여줄 수 있다.

리더에게 유용한 팁을 몇 가지 소개한다.

감성지능이 손익에 중요하다는 사실을 보여줘라. 현 아메리프라이즈파이낸셜의 '감성지능 역량' 팀은 연구 결과 재무 설계사들이 생명 보험 영업을 할 때 어려움을 겪는다는 사실을 알아냈다. 사망을 준비한다는 건 생각만으로도 어색하고 당황스러운 주제기 때문이다.

일부 설계사와 그들을 담당하는 관리자를 대상으로 감성 역량 시범 교육 프로그램을 진행한 후, 관리자와 함께 교육받은 설계사들은 그렇지 않은 설계사들에 비해 15개월 동안 11퍼센트 높은 판매 성장률을 보였다. 매출이 2억 달러 증가했다는 뜻이다(현재 가치로는 3억 2천만 달러가 넘는다).

모범을 보여라. 감성지능을 대변하는 리더는 실천해야 한다. 기업 문화의 전반적인 분위기를 바꾸는 세 가지 행동을 살펴보자.

자기 통제를 실천하라. 한 기업의 창립자는 자주 화냈고 이 행동이 모두에게 영향을 미쳤다. 그의 직속 임원은 이렇게 표현했다. "아주 맹렬하게 상대를 공격합니다. 본인은 아무렇지도 않아 하고

5분이면 잊어버려요. 하지만 다른 사람들은 아니죠. 그래서 우리는 어떤 정보를 공유하기 전에 그가 어느 지점에서 감정적으로 변할지 판단합니다. 이건 좋은 현상이 아니에요. 어떤 직원에게 문제가 있고 도움이 필요한데 곧바로 접근하지 못하니까요. 말하기까지 몇 배는 시간이 더 걸려요."

'자기 통제'는 자신의 감정과 말, 행동 관리를 가리키는 전문 용어다. 예를 들어 사람들 앞에서 폭발하지 마라. 연구에 따르면 상사가 누군가에게 분노를 터뜨리면 그 사람은 소외감을 느끼고 상사로부터 멀어지고 싶어 한다(계속 함께 일해야 한다면 소극적 저항의 형태를 띤다). 상사의 지나친 분노는 소통을 망친다.

감정을 투명하게 표현하라. 한 기업의 리더가 사망했을 때 이인자는 눈물을 흘리며 직원들에게 슬픔을 토로했다. 이 행동을 계기로 직원들이 감정을 솔직하게 털어놓을 수 있었다. 사람들은 리더의 약한 모습을 약점이 아니라 강점이자 진정성으로 받아들였다. 자기 인식과 공감, 투명한 감정 표현이 합쳐지면 외부에서 당신의 기분을 들여다보는 창이 된다.

존재감을 드러내라. BL컴퍼니의 CEO인 캐럴린 스탠워스는 팬데믹이 시작됐을 때 금요일 정오에 한 시간 동안 365명이 넘는 직원과 가상 회의를 시작했다. 그날 오후에는 시간을 비우고 회의 후에 직원들이 보내는 이메일에 바로 응답했다. 스탠워스는 이렇게 모범적으로 공감력을 발휘했다. 직원들의 입장에서 생각했고, 답장을 미루면 직원들이 얼마나 실망하거나 불안해할지 감지했다.

거리감을 줄여라. 자기 사람에게 공감하고 기본적으로 존중하는 태도를 보이면서, 동시에 명확한 선을 지키고 다른 이도 똑같이 실천할 수 있도록 규범을 만들어야 한다는 뜻이다. 디지털 시대에 맞는 적절한 사례를 살펴보자. 프로그레시브의 CRM 부문 전 사장 존 머피는 전국에서 일하는 설계사 약 7000명과 최대한 소통하고 싶었다. 코로나19 이전에는 직접 현장에 가서 관리자들과 대화하며 관계를 쌓았고, 이런 활동이 사람들을 계속 분발하게 하는 연료라고 생각했다. 게다가 까다로운 부탁을 할 때 상대와 관계가 좋으면 더 수월해진다. 머피는 설계사들에게 유익한 자필 쪽지와 영상을 보내곤 했다. 하지만 코로나19가 시작되면서 설계사들을 하나하나 만날 수 없어서 일상을 공유하기 위해 페이스북을 개설했다. 처음에는 참여하는 설계사가 몇 명뿐이었지만 갈수록 늘어났다.

이 페이스북 계정은 일이 아니라 일상을 다뤘다. 사람들은 기념일, 자녀 출산 같은 사소한 개인사를 게시했다. 코로나19 봉쇄가 시작되고 바이러스 확산에 대한 공포가 커지면서 페이스북 계정은 불안을 공유하고 감사를 표현하는 장으로 떠올랐다. 경제적으로 어려운 시기에 직업이 있어서 감사하다는 사람도 있었다. 머피는 결혼기념일을 축하하거나 개인적인 바람을 적기도 했다. 페이스북 계정은 멀리 떨어진 설계사들이 모이는 곳이었다.

감성지능이 뛰어난 조직을 만들려면 리더가 얼마나 중요한지 CEO인 스탠워스가 잘 보여준다. 우리가 스탠워스에게 감정 관리가 업무에서 상당한 부분을 차지하는 듯하다고 말하자 그가 즉각 대답했다. "실제로 제 업무예요."

감성지능의 확산

감성지능을 향해 일관성 있게 문화를 바꾸려면 인내가 필요하다. 대부분의 기업에서 여러 해가 걸렸고 수십 년 걸린 곳도 있다. 아무리 장점이 있어도 기업들은 감정처럼 보이지 않고 '소프트'한 것에 집중하길 꺼린다. 또한 리더들은 감성지능이 부적절하다는 암시를 억울하게 생각하고 관련 교육을 거부하기도 한다.

존 머피는 거의 20년 전에 프로그레시브 보험의 CRM 부문에 사장으로 부임해서 감성지능을 지지했고 저항에 부딪혔다. 고위 리더들의 감성지능을 평가하자 처음에는 반발이 일었다. 이 리더십 개발 프로그램의 관계자는 이렇게 말하기도 했다. "문화가 준비되지 않았어요. 리더들은 자기 감성지능이 수준에 못 미친다는 말을 듣고 싶어 하지 않았죠."

하지만 머피는 집요하게 계속했다. 지역 관리자들과 함께 감성지능을 주제로 연간 리더십 회의를 진행하면서 자기 인식과 자기 관리, 관계를 기반으로 하는 보험 판매 사업에서 공감의 중요성을 강조했다. 몇 년이 지나자 감성지능 개발에 참여한 현장 설계사의 숫자는 총 7000명 중 200명 정도에서 5000명으로 늘었다.

"초기 기업 문화는 전략과 업무에 초점을 맞췄어요." 머피가 말했다. "지금은 리더들의 감성지능 수준이 올라가면서 관계 중심으로 문화가 바뀌었죠." 머피는 감성지능을 직원과 직원, 직원과 고객이 유대를 강화하고 유지하는 비결로 본다. "관계는 우리가 하는 모든 일의 핵심입니다."

이상적인 감성지능 조직

우리는 감성지능이 어떻게 조직 성과를 높이는지 연구 결과를 조사하고 고민하면서, 잠정적으로 감성지능 진단 목록을 개발했다. 드러스캣과 울프가 고성과 팀에서 발견한 집단 규범에서 일부 영감을 받았고, 그들의 통찰력을 조직 수준에 맞춰 적용했다.

우리는 이런 연구 결과를 분석하고 자체 추론을 추가했으며 감성지능이 뛰어난 조직이 어떤 모습인지 종합해서 이 목록을 작성했다. 이 시점에 추정할 수밖에 없는 이유는 확실한 모습을 보여주는 정확한 연구가 아직 진행되지 않았기 때문이다. 25년 전에 일터에서의 감성지능을 연구할 때도 같은 상황을 겪었다. 우리는 감성지능이 개인 성과와 리더십, 팀을 어떻게 개선하는지 수십 년 동안 연구한 끝에 이 책을 쓸 수 있었다. 그다음에는 이상적인 감성지능 조직의 모습을 야심 찬 비전으로 제시하려 한다.

감성지능이 뛰어난 조직은 개인과 팀이 그랬던 것처럼 자기 인식을 드러낸다. 조직 구성원의 네트워크에 흐르는 감정과 욕구, 동기를 이해한다는 뜻이다. 조직 수준에서 감정적 분위기를 읽는 행동은 주로 팀이나 좀 더 큰 사업 부문에서 설문 조사 형태로 진행된다. 개인이나 팀을 제대로 파악하면 찬사나 보상, 격려를 받고, 이런 평가로 문제 영역이 드러나면 조직은 근본 원인을 탐색하고 해결하려고 행동한다. 조직이 스트레스 원천을 들여다보는 과정을 수립했거나 기존에 있었다는 뜻이다. 그러려면 조직의 정책이나 관행이 직원들의 감정에 긍정적인 영향이나 부정적인 영향을 주는지 인식해야 한다.

자기 인식을 잘하는 조직은 강점(지금까지 무엇을 잘했는지)과 한계점(성장과 발전이 필요한 영역)을 안다. 전체 조직 구성원의 감정과 욕구를 감지하고 특정한 내부 집단과 적절한 시기에 공감하고 배려하며 소통해야 한다.

자기 인식은 다음 단계인 자기 관리를 가능하게 한다. 감성지능 조직에서 자기 관리는 내부적으로 감정을 관리한다는 뜻이다. 예를 들어 감정을 어떻게 표현해야 적절한지 규범으로 정할 수 있다. 리더는 어떤 감정을 표현하든 모범을 보이며 규범을 어기면 지적하고 대처해야 한다. 규범을 어긴다는 건 무례하게 굴거나 소리를 지르는 등 분노를 표현하고 혼란을 일으키는 행위를 뜻한다.

자기 인식이 긍정적으로 작용하면 리더가 압박을 받을 때도 의연하게 모범을 보일 수 있다. 예를 들어 장애물이나 문제가 생겨도 긍정적이고 낙관적인 자세를 유지한다.

감성지능이 뛰어난 조직은 감정 표현 규범을 정하는 한편 직원들의 스트레스가 어떻게 발생하는지 인지하고 스트레스 요인을 줄일 방법을 찾는다. 흔히 조직 스트레스는 시간과 자원이 지나치게 부족한데도 과중한 업무를 일상적으로 기대할 때 발생한다. 이런 스트레스가 발생한다는 신호가 높은 이직률이다. 사람들은 지나친 스트레스를 피해 도망치려는 경향이 있기 때문이다. 소수 집단은 은근한 편견으로 스트레스받는 경우가 많고, 이런 집단의 높은 이직률 또한 또 다른 스트레스 지표다. 조직 분위기 진단 설문조사로 압박과 스트레스의 원인을 파악하면 도움이 된다.

조직 스트레스에 대응하는 또 다른 전략은 개인이 장애물에 맞닥뜨렸을 때 스트레스에서 빨리 회복할 수 있도록 회복탄력성을 키우는 것이다. 하지만 이렇게 접근하려면 조직이 스트레스에 취약한 사람들에게 책임을 지우는 '피해자 탓'은 금물이다. 애초에 조직에서 스트레스를 일으키는 측면을 고쳐야 한다.

내부 불만을 관리하려면 기대치와 목표가 정확해야 한다. 목표가 명확하지 않으면 혼란이 발생하고 추진력과 동기를 훼손한다. 반대로 조직의 목표가 명확하면 개인이 에너지를 모아서 단순한 핵심 성과 지표 달성을 넘어 더 큰 목표에 기여하려 노력한다. 조직의 목적이 무슨 의미인지 공유하고 분명하게 표현하면 직위를 막론하고 사람들에게 영감과 지침을 줄 수 있다.

조직은 명확한 목표를 부여하는 한편 구성원이 유대하고 협력하도록 격려해야 한다. 단순히 정보 공유를 장려하는 규범을 정할 수도 있지만, 보통 더 나아가서 구성원과 리더가 인간 대 인간으로 알아가는 행사를 만들기도 한다. 퇴근 후 동네 식당에서 모이거나 주말에 외부에서 만나도 좋다. 일상적 의식이나 기념식 등으로 구성원의 사기를 북돋워서 이런 유대를 강화할 수 있다. 승리를 자축하는 행사가 대표적이지만 이런 사기 진작 활동은 연중 언제라도 진행할 수 있다.

그다음 소속감을 고취해야 한다. 버네사 드러스캣(그리고 구글)이 팀 성과의 핵심은 안전한 공간에서 느끼는 소속감이라고 했듯이, 이 원칙은 조직에도 똑같이 적용된다. 이런 심리적 소속감은 숫자와 비율로 다양성과 평등, 포용 목표를 달성하는 것보다 훨씬 큰 역할을 한다. 진정한 소속감은 DEI를 실현하는 정신적 표상이다. 소속감이 부족하면 전체 근로자 수에서 이상적인 소수 집단이 차지하는 비율을 보여주는 숫자는 무의미하다.

또한 일터에서 감정적 분위기에 대한 자기 인식을 공유하고 서로 도와줄 방법이 있다. 이런 의식 공유는 또 다른 핵심 단계로 이어진다. 누군가 사망했거나 동료가 떠났거나, 대규모 구조 조정으로 친구를 잃었을 때 슬프고 불안한 감정을 관리하도록 서로 도와야 한다. 감성지능 조직에서는 상실감이 가져오는 불안을 무시하지 않고 함께 인식하며, 감정적 반응을 대화로 해소하고 서로 관리할 수 있게 도와준다. BL컴퍼니의 캐럴린 스탠워스가 시장 환경 악화로 인원을 감축하면서 느낀 기분을 공유했던 공개회의를 생각해보자.

혼합 근무를 한다면 해결해야 할 과제가 있다. 사람들이 떨어져서 일하면서 소통에 시간차가 생기고, 가상 회의나 슬랙Slack(사내 메신저 플랫폼_옮긴이)으로 따로 소통하는 과정에서 임원에게는 보이지 않는 무리와 하위문화가 형성된다. 이런 상황에서 감성지능은 리더가 어떻게든 과제를 해결하도록 이끈다. 구성원 모두에게 자기 관리와 관계 관리가 중요하다는 사실을 전파하고 리더 스스로 모범을 보여 더 나은 문화와 분위기를 조성하는 데 도움을 준다.

감정을 잘 관리하도록 도와주면 사람들이 서로 코칭하면서 더 잘하는 법을 함께 배운다는 긍정적인 측면이 발생한다. 코칭은 동료들 간에도 진행될 수 있다.[3]

마지막으로 조직은 언젠가 마주칠 수밖에 없는 실패에서 교훈을 얻을 수 있다. 안타깝게도 많은 집단에서 '비난전'이 만연하다. 단순히 실패의 원인으로 특정할 사람이나 실수를 찾고 거기서 멈추는 것이다. 감성지능 조직에서는 차질이 발생하면 학습 기회로 삼고 무엇이 잘못됐는지 살펴보며, 한발 나아가서 앞으로 그런 문제에 대처할 방법을 예측한다. 그러면 변화하는 수요에 더 민감해진다. 게다가 기업 내부에서 꾸준히 교훈을 얻는 학습 조직으로 발전해서 모든 구성원에게 끊임없이 개선하는 법을 가르치게 된다.

감성지능 조직에는 매끄러운 운영을 뒷받침하는 공급망부터 고객, 경쟁자, 규제 기관 등 다른 조직을 능숙하게 다루기 위한 규범이 존재한다. 이 능력은 다른 조직이 우리를 어떤 시각으로 보는지, 무엇을 느끼고 무슨 동기로 움직이며 무엇이 필요한지 파악하는 조직 수준의 공감으로 시작한다. 상대 조직이 지역 사회와 환경에 어떤 영향을 미치는지 관찰하는 것도 포함된다. 또한 우리 조직에 중요한 모든 외부 집단과 적절한 시기에 정확하게, 배려하면서 꾸준히 소통해야 한다.

마지막으로, 감성지능이 높은 리더나 팀과 마찬가지로 이런 조직은 다른 집단과 관계를 맺을 때 감정을 능숙하게 관리해야 한다. 조직 수준에서는 다른 핵심 집단과 원만하게 제휴한다는 뜻이다. 이때 마케팅과 의사소통 기능이 대단히 중요하다. 조직은 발신자와 수신자 모두 감동하도록 설득력과 영감을 줄 수 있는 주제를 메시지로 퍼뜨려야 한다. 감성지능 조직은 다른 집단과 충돌했을 때 건설적으로 갈등을 관리한다. 이상적으로는 조직 내 사업체가 자기 조직은 물론이고 다른 집단, 더 넓은 환경에 지속적으로 기여한다.

요약해보자. 미래를 바라보는 조직은 감성지능을 문화의 DNA에 심는다. 데이터에 따르면 감성지능이 뛰어난 조직은 수익과 성장, 직원 유지와 충성도, 긍정적인 동기와 참여 등 다양한 지표에서 성과가 향상된다. 이런 조직은 감성지능 같은 '소프트 스킬'을 다른 객관적 지표와 함께 성과 평가 기준으로 삼았다. 이들은 감성지능 교육을 시행하며 직원들이 직위와 상관없이 골고루 참여하게 한다.

감성지능이 DNA에 뿌리내렸다는 건 리더들이 모범을 보이고 지지한다는 뜻이다. 사업부 리더가 감성지능을 지지하고 인사 부문에서 이 역량을 개선할 방법을 제시하면 가장 이상적이다. 하지만 이런 개념이 조직에 낯설다면 근본적인 변화가 일어나기까지 시간이 걸리고 끈기와 인내가 필요하다. 리더는 조직을 이 방향으로 움직이기 위해 구체적인 단계를 밟을 수 있다. 감성지능이 조직의 목표와 손익에 얼마나 중요한지 보여주고, 리더 스스로 감정과 관계를 잘 관리하여 감성지능의 모범을 보이며 자기감정에 솔직하고 사람들이 겪는 일에 공감하는 것이다.

4부에서 살펴보겠지만 이런 대인 관계 기술은 미래에 어떤 문제나 위기가 존재하든 이를 대면하려면 꼭 필요한 능력이다.

4부
감성지능의 미래

14장
시너지를 일으키는 조합

지금까지 우리는 감성지능이 무엇인지, 최적 상태로 들어갈 때 어떻게 도와주고 직장 생활을 할 때 왜 중요한지 살펴봤다. 이제 감성지능 자체를 넘어, 인류 앞에 놓인 역경을 헤쳐 나갈 때 감성지능 역량과 함께 시너지를 내는 역량이 무엇인지 알아보려 한다.

이렇게 시각을 넓히는 계기는 몇 년 전 골먼이 세일즈포스Salesforce(클라우드 컴퓨팅 서비스를 기반으로 한 고객 관계 관리 솔루션 기업_옮긴이)의 경영진을 대상으로 강연을 한 뒤 창립자이자 CEO인 마크 베니오프Marc Benioff와 저녁을 먹을 때 찾아왔다. 베니오프는 골먼에게 감성지능이 창의성과 하드 스킬, 목적의식과 어떻게 시너지를 내는지 써보라고 권했다. 그는 이 역량을 EQ, IQ, CQ(C는 창의성Creativity이다), SQ(S는 영성Spiritual 또는 목적성purpose이다)라는 의미를 담아 '4Q'라고 했다.

같은 맥락에서, 애플의 CEO인 팀 쿡Tim Cook이 직원을 채용할 때 고려한다는 역량도 4Q와 비슷하다.[1] 쿡은 이탈리아의 나폴리 페데리코 2세Naples Federico II대학교에서 명예 학위를 받으면서 자신이 고려하는 역량들을 말했다. 그리고 이런 역량을 갖춘 사람들을 채용했을 때 무척 뛰어난 성과를 보였다고 했다. 쿡이 말한 역량들은 다음과 같다.

자기 분야에서 기술적 전문성. 이 인지 역량에는 폭넓은 호기심(질문을 많이 한다)이 포함된다. 컨소시엄 멤버인 클라우디오 페르난데스 아라오스가 쿡보다 몇 년 앞서 미래에 꼭 필요한 특성이라고 했던 역량이다.[2] 앞으로 살펴보겠지만 현재의 전문성을 기반으로 광범위한 정보를 수집하는 능력은 혁신의 첫걸음이다.

깊은 목적성. 주변 세계에 관심을 기울이고 지금보다 더 나은 세상으로 만들겠다는 욕망을 뜻한다. 이 사명(개인보다 더 큰 이치)은 최선을 다할 동기로 작용한다. 기업이 직원의 목적의식을 끌어내려면 이와 비슷하게 사람들의 삶을 개선할 수 있는 사명이 필요하다. 목적성이 없으면 아무리 돈을 많이 받아도 일할 가치가 없을 것이다.

혁신적 협업. 팀과 잘 어울려 일해야 한다. CEO인 쿡에 따르면 경이로운 제품 혁신은 개인이 창의적인 통찰력을 발휘할 때보다 사람들이 함께 새로운 아이디어를 낼 때 일어난다. 창의성은 어떤 문제를 '다르게 생각하는 것'을 뜻한다. 쉽고 일반적인 해결책에 열중하기보다 '다른 시각'으로 바라봐야 한다.

우리는 베니오프와 쿡의 생각을 반영하고 다른 내용을 덧붙였다. 미래에 어떤 고난이 펼쳐지든 대처하려면 앞서 언급한 역량에 덧붙여 시스템적 사고방식이 꼭 필요하다고 본다.

핵심은 감성지능이다

 시대가 변하면서 감성지능의 여러 측면이 강조됐으며 의심할 여지 없이 앞으로 점점 더 중요해질 것이다. 특정 역량은 다양한 차원에서 과거보다 미래에 더 크게 떠오를 것으로 보인다. 예를 들어 적응성에서 확인했듯이, 앞으로 리더에게는 바뀌는 수요에 민첩하게 대응하는 한편 애매하고 불확실한 상황에서 차분하게 대응하는 재능이 많은 일을 한꺼번에 처리하는 능력보다 더 중요해진다.
 인공 지능이 글을 생성하는 시대가 도래하면서 일자리에 지각변동이 예측된다. 누가 무슨 일을 할지 극적으로 변화한다는 뜻이다. 인공 지능 때문에 누구는 일자리를 잃고 누구는 얻고 어떤 일은 도움을 받겠지만, 사람이 사람을 대하는 대면 역량은 여전히 필요하다. 그리고 훨씬 중요해질 것이다.

일터 또한 근본적으로 변화한다. 누가 출근하고, 얼마나 자주 출근하는지도 예전처럼 중요하지 않다. 혼합 일터에서는 이메일이나 화상 회의 등 가상 공간에서의 의사소통이 중요하다. 우리 뇌의 사회적 감지 능력은 대면 상호작용에 적합하지만 앞으로 가상 회의는 더 자주 진행될 것이다. 가상 수단으로 소통하면 타인의 감정을 감지할 통로가 줄어들기 때문에 어떤 감정 신호가 들어오든 더 민감해져야 한다. 당신의 인지력이 얼마나 우수하든, 여기서 감성지능이 또다시 중요한 축을 담당한다.

감성지능이 리더와 조직 전체에서 두드러진 자산이 될 가능성이 큰 이유를 살펴보자. 자동화와 챗봇이 등장하면서 로봇과 인공지능이 맡는 일이 많아지고, 인간의 역할은 설계나 창의력이 필요한 업무 등 수준 높은 분야로 확대된다. 엔지니어링 같은 분야에서도 일상 업무는 인간이 아닌 조수에게 점차 이양될 것이다. 이렇게 많은 기업의 기술과 하드 스킬이 엇비슷하다면 결국 사람을 어떻게 관리하느냐에 따라 큰 차이가 발생한다.

콘퍼런스 보드가 국제 설문 조사에서 지적했듯이, '자동화가 일터에 침투하고 있지만 팀은 여전히 사람으로 구성되며 그 어느 때보다 '인간의 손길'이 간절해졌다.'[3]

게다가 젊은 세대와 미래의 리더들은 독특한 경험을 바탕으로 고유한 관점을 형성한다.

그들에겐 목적이 중요하다

'덕 앤드 커버duck and cover(덮고 가린다는 뜻_옮긴이)'를 기억하는가? 모르는 독자를 위해 설명하자면 덕 앤드 커버는 1950~1960년대에 학생들이 매월 반복했던 훈련이다. 책상 밑에서 몸을 숙인 채 한 손으로 눈을 가리고 다른 한 손으로 목을 덮는다. 교사들은 이렇게 하면 핵폭발에도 살아남을 수 있다고 말했다.

당신이 덕 앤드 커버를 기억한다면 아마 베이비 붐 세대일 것이다. 냉전이 한창이던 시절에는 이 훈련과 함께 방사성 낙진 대피소도 자주 언급됐다.

하지만 덕 앤드 커버가 아니라 교실에 숨거나 복도를 뛰어서 탈출하는 '액티브 슈터active shotter(사람이 모인 곳에서 무차별적으로 총격하는 총기 난사범을 가리킨다_옮긴이)' 훈련을 기억한다면 Z세대나 그다음 세대일 것이다. 가장 어린 층은 아직 학교에서 이 훈련을 할 테고 가장 나이 든 층은 기업의 신입 사원 정도로 볼 수 있다.

세대가 공유하는 트라우마는 집단 목적의식으로 이어진다. 예를 들어 베이비 붐 세대와 Z세대의 차이에는 어린 소비자와 신입 직장인(그보다 나이 많은 X세대 포함)의 현실적인 공포가 숨겨져 있다. 하지만 아직도 기업을 운영하는 베이비 붐 세대는 이런 공포가 와닿지 않는다.

구세대와 신세대의 분명한 차이를 살펴보자. 두 세대는 전혀 다른 트라우마를 공유하며 살았다. 2차 세계 대전이 끝나고 수십 년 후에 태어난 사람들은 냉전뿐만 아니라 핵전쟁을 두려워하며 살았다. 신문 1면에서는 역사상 가장 파괴적인 폭탄과 발사 장치를 소개하며 핵에 대한 공포를 과장했다. 많은 가정에 방사성 낙진 대피소가 있을 정도였다.

하지만 1980년대 이후에 태어난 세대의 집단 트라우마에는 학교 총기 난사 외에도 환경 파괴에 대한 두려움이 작용한다. 생태계에 경종을 울리는 뉴스가 끊임없이 쏟아지고 있기 때문이다. 대규모 들불이 호주와 캘리포니아를 초토화하는가 하면 기록적인 열파가 유럽과 남극을 덮치고, 대형 허리케인으로 수백 개에 달하는 블록과 마을 전체가 침수되기도 한다. 매일 사람들을 불안하게 하는 소식이 휘몰아친다.

두 세대의 차이는 극명하다. 특히 점점 빨라지는 기후 변화에 싸워야 한다는 목적의식에서 두드러지게 갈라진다. 구세대는 경기 호황 시대를 살았고 대자연에 문제가 있다는 걸 어렴풋이 느꼈지만, 오늘날 신세대는 환경 위험에 촉각을 곤두세우고 있다. 이들은 지금의 위기가 지구를 죽음으로 몰고 간다고 인지하고, 이런 현상을 늦추거나 되돌릴 방법을 찾아야 한다고 진심으로 생각한다.

갤럽에서 실시한 여론 조사에서 이 나이 차이에 숫자를 부여했다. 18세에서 34세 미국인의 70퍼센트는 지구 온난화를 걱정하지만 55세 이상에서 이 비율은 56퍼센트에 불과했다. 나이가 어릴수록 환경을 더 걱정한다는 상관관계가 성립한다.

이런 세대 차이를 극명하게 보여주는 질문이 있다. 본인이 살아 있는 동안 기후 변화가 문제가 될 거라고 생각하는가?

가장 어린 Z세대는 기업이 무엇보다 환경 문제에 나서주길 바란다. 젊은 소비자와 재능 있는 젊은 직원이 환경을 생각해야 한다는 시급한 목적의식을 느낀다면 기업도 이런 목표를 받아들이려고 노력하기 마련이다. 그런데 기업은 분기 실적에 대한 압박이 있다. 목표를 바꾸려면 투자자들의 기대가 바뀌어야 한다. 그러면 조직의 탄소 발자국 절감 등 환경친화적인 사명이 늘어날 것이다.

고차원적인 사명을 추구하는 기업이 늘고 일부는 행동주의자나 투자자들이 이런 현상을 주도하기도 한다. 하지만 이 추세에 고객의 역할이 점점 커지고 있다. 이제 많은 기업이 지구 온난화에 대응하는 것을 두 번째 사명으로 삼고 최대한 노력할 것이다. 기후에 신경을 쓰는 소비자가 적었던 시절에는 이런 전략이 무의미하지만 이제 때가 됐다는 신호가 곳곳에서 보인다. 다만 소비자가 원한다고 말하는 것과 투자자가 원하는 것을 조화하기 쉽지 않다. 그 모호한 수요를 관리하려면 리더가 침착해야 하며, 여기서 다시 감성지능이 중요해진다.

Z세대는 기업이 환경 문제에 적극적으로 나서길 기대한다. 환경 보호 활동을 기업 사명으로 선언하면 재능 있는 젊은이들을 끌어들이는 데 큰 도움이 된다. 이들 중 다수는 목적의식이 자신과 맞지 않는 기업에서는 일하고 싶지 않다고 말한다. 게다가 Z세대와 밀레니엄 세대의 눈에 비친 '좋은 회사'는 앞으로 그들을 의뢰인과 고객으로 맞이할 가능성이 크다.

환경 불안eco-anxiety은 젊은이들 사이에서 새로운 소비자상을 형성했고 구매보다 재창출repurposing(이미 있는 물건으로 새로운 용도를 개발하는 행위_옮긴이)을 더 가치 있게 생각한다. 〈환경 심리 저널 Journal of Environmental Psychology〉이 1338명을 대상으로 진행한 온라인 설문 조사에서 응답자의 46퍼센트가 환경의 미래가 무척 불안하다고 답했고 이 공포는 나이가 가장 어린 층에서 제일 심했다.[4] 환경 불안을 느끼는 젊은 층 가운데 상당수가 소비를 더 줄여야 한다고 생각한다. 전문가들은 시간이 지날수록 젊은 층에서 이런 우려가 커질 것으로 본다.

문제를 일으키는 당사자가 아니라 공공이 환경 영향을 책임져야 한다는 인식은 이제 통하지 않는다. 점점 많은 기업이 세상을 어떤 식으로든 더 나은 곳으로 만든다는 사명을 내걸고 있다. 지구를 보호하는 동시에 젊은이가 중시하는 가치에 호소하고, 목적과 행동을 조화하는 것이 현명한 전략으로 보인다.

아주 특별한 버스

 수십 년 전, 골먼은 후텁지근한 여름날 맨해튼에서 3번가로 올라가는 버스를 탔다. 그리고 지금도 그 운전기사를 기억한다. 기사는 쾌활하고 활달한 아프리카계 중년 미국인으로 버스가 지나치는 곳을 재미있게 설명했다. 어디에서 할인 중인지, 이런저런 건물과 상점에 어떤 역사가 있는지, 지나가는 극장에서 무슨 영화를 상영하는지 알려주고 가까운 박물관 전시회에 가보라고 추천했다.
 중요한 건 내용이 아니라 그가 퍼뜨린 유쾌한 분위기였다. 그 버스는 긍정적인 감정을 퍼뜨리는 열광의 도가니 같았다. 무더운 8월에 승객들은 뚱한 기분으로 버스에 올랐다. 하지만 내릴 때쯤 기사가 웃으며 행복한 하루를 빌었고, 승객들도 마주 웃으며 이미 행복해졌다는 걸 보여줬다.

몇 년 뒤 골먼은 〈뉴욕타임스〉에 뜬 부고에서 그 운전기사의 이름이 고번 브라운Govan Brown이라는 사실을 알게 됐다. 부고에 따르면 브라운은 롱아일랜드에 있는 흑인 교회의 목사였고 승객들을 양 떼라고 생각했다. 그는 그저 따분하게 여길 수 있는 업무에 더 큰 목적(양 떼를 돌보는 사명)을 부여했다.

고번 브라운의 목적의식은 고용주인 뉴욕시 교통국New York City Transit 산하 메트로폴리탄 교통공사Metropolitan Transportation Authority와는 극명한 차이를 보인다. 그 조직의 사명은 승객을 목적지까지 효율적으로 데려다주는 것으로 요약된다. 승객의 행복에는 거의 신경 쓰지 않는다. 교통공사의 상당히 건조한 예전 강령을 살펴보자. '안전하고 시간을 잘 지키며 믿을 수 있고 깨끗한 이동 서비스를 저렴하게 공급하여 삶의 질과 지역 경제에 이바지한다.'

사실 개인의 목적과 조직 사명의 부조화는 그리 중요하지 않을 수도 있다. 조화 자체보다 자신의 목적을 유지하는 것을 더 중요하게 생각하기도 한다.

컨소시엄의 동료이자 콘 페리 연구소Korn Ferry Institute에서 일하는 사인 스펜서Signe Spencer의 연구에서는 목적의식을 무척 중요하게 본다. 스스로 명확한 목적이 있고, 이상적으로는 그 목적과 조직에서 차지하는 역할이 조화를 이뤄야 한다. 스펜서의 연구 데이터에 따르면 이런 목적성은 자기 업무에 대한 몰입도, 조직을 향한 헌신과 밀접한 상관관계를 보인다.[5]

예를 들어, 화석 연료 기업이 기후 변화 운동가를 고용했을 때 어떤 이점이 있는지 살펴보자. 이 운동가의 목적은 이산화탄소를 배출하지 않는 것이므로 언뜻 이해하기 어렵다. 하지만 이런 비전과 열정은 회사가 대체 에너지를 활용해서 탄소 배출을 줄이는 부문을 개설하는 데 도움이 되고, 결국 앞으로 살아남기 위한 전략에 힘을 실어줄 수 있다.

요약하면 개인의 목적과 조직의 사명이 정확히 일치할 필요는 없다. 고번 브라운처럼 개인의 간절한 목적이 조직의 사명과 찍어낸 듯 똑같지 않은 사람을 받아들여서 기업이 효과를 볼 수 있다는 사실이 드러났다.

물론 누구나 고번 브라운처럼 표면적으로는 그저 한 장소에서 다른 장소로 사람들을 옮기는 일에서 의미를 찾을 정도로 운이 좋지는 않다. 당신의 마음과 일에 가치 갈등이 존재하면 큰 스트레스로 다가올 것이다. 학교 양호 교사가 본인의 업무 윤리를 거스르는 일을 계속 교장에게 강요받는다고 생각해보자. 교사는 결국 그만뒀다.

우리가 중시하는 가치와 실제로 하는 일이 일치해야 의미 있는 일을 위해 노력해야 한다는 목적성의 위력이 발생한다. 의미 있는 일은 최적 상태에 들어가고 머무르게 해준다. 우리 내면의 나침반(이 길이 맞는다는 느낌과 뭔가 이상하다는 느낌)이 그 방향을 가리키기 때문이다.

우리는 최선을 끌어내는 최적 상태에 있을 때 깊이 몰입하고 열중한다. 타인이 정해준 목표를 향해 꾸역꾸역 나아갈 때가 아니라 좋아하는 일을 잘할 때, 그저 주어진 일을 처리하는 게 아니라 더 큰 목적을 위해 노력할 때 우리의 경험은 더없이 풍부해진다.

따뜻한 인정과 우정, 소속감, 충성도 같은 가치, 즉 다른 이를 배려하는 마음은 그저 개인의 변화와 웰빙을 추구할 때보다 업무 참여도를 높이고 선한 조직 시민으로 거듭나게 한다. 이렇게 사람을 중시하는 가치는 목적성과 훌륭한 상관관계를 이루며 조직적 헌신과 참여로 이어진다. 주변 세상을 더 나은 곳으로 만들겠다는 목적이 있는 조직은 단순히 자기 위치를 높이려는 조직보다 더 높은 성과를 보였다.

스펜서는 이렇게 표현했다. '직원 개인의 목적과 조직이 선언한 목적이 일치할 필요는 없지만, 자기 업무와 의미 있는 목적이 통한다는 느낌에서 혜택을 누릴 수 있다.'

윤리, 도덕이나 의미와 상관없이 돈만 추구하면 행복을 저해할 수 있다. 많은 이가 개인적인 이익이나 금융 보상보다 중요한 목적이 있을 때 더 보람차다고 생각한다.

골먼이 《EQ 감성지능》을 시작하면서 소개했던 고번 브라운과의 버스 일화는 하버드 심리학자 하워드 가드너Howard Gardner의 심금을 울렸다. 그는 브라운이야말로 자신과 연구 파트너인 스탠퍼드대학교 윌리엄 데이먼William Damon과 당시 클레어몬트대학원

Claremont Graduate University에 재직했고 지금은 고인이 된 미하이 칙센트미하이Mihaly Csikszentmihalyi가 말하는 '훌륭한 일'의 완벽한 사례라고 생각했다. 훌륭한 일은 최고의 성과와 완전한 몰입, 길잡이 역할을 하는 윤리적 목적성의 조합이다. 이 조합을 갖추면 좋아하는 일에 탁월한 기량을 발휘하고 깊은 만족감을 느낀다.

브라운은 정말로 탁월한 버스 기사였다. 브라운이 은퇴했을 때 그를 따르던 승객들이 모여 파티에 참석했다. 뉴욕시 교통국에서 은퇴식을 개최한 건 그때가 유일하다. 당시 브라운은 1400장이 넘는 감사 편지를 받았다. 그중에 불평은 전혀 없었다.

목적성과 금전적 보상

놀랍게도 직원이 가치와 업무의 조화를 추구하면 조직의 목적성을 보수보다 중요하게 여길 수 있다.[6] 기업이 전략적으로 목적성에 초점을 맞춰야 하는 이유다. 자신의 목적성을 지지해주는 기업에서 일하고 싶다고 말하는 젊은이가 점점 늘고 있기 때문이다.

최근 연구에서도 삶의 만족도에 목적성이 중요하다고 보는 추세다. 다들 알다시피 직위가 높거나 돈을 많이 버는 등 객관적 기준으로 성공한다고 해서 행복이 보장되지는 않는다. 괴롭고 불행한 고위 경영자가 얼마나 많은가.

〈노인학 저널 Journal of Gerontology〉에 보고된 데이터에 따르면 직위가 높지 않더라도 업무에서 목적성과 의미를 찾으면 삶의 만족으로 이어진다. 삶의 만족도를 높이는 건 자기 일을 어떻게 생각하느지(주관적인 현실)에 달렸다.

심각한 발달 장애인을 수용하는 기관을 운영하는 수녀들을 살펴보자. 대부분 업무가 힘들 것이다. 계속 사고를 수습해야 하고, 사람들에게 최대한 쉬운 말로 몇 번이나 반복해서 몸조심하라고 말해줘야 한다. 이런 곳에서 일하는 직원들의 번아웃 비율은 악명 높을 정도로 높다.

하지만 처니스가 이런 기관을 운영하는 수녀들을 평가한 결과 번아웃 비율이 사실상 0에 가까웠다. 이유가 뭘까? 수녀들은 신을 섬긴다는 목적의식을 공유했기 때문이다. 예를 들어 한 수녀는 항상 자기 일을 사랑한다고 했다. 입소자가 사고를 쳐서 청소할 때처럼 번거로운 허드렛일도 마찬가지였다. 수녀는 가장 의미 있는 보상은 천국에 갈 때 받는다고 믿기 때문에 급여는 중요하지 않다고 덧붙였다.

앞서 1장에서 설명했듯이 사람들이 발전했다고 느끼는 기분 좋은 날의 동기는 내면에 있었다. 그들은 보상을 원해서가 아니라 자기 일을 사랑하기 때문에 일한다. 사람들을 이끄는 동기는 돈이나 승진이 아니라 일의 즐거움 자체였다. 이들은 냉담함이나 무관심과는 거리가 멀었다.

사람을 달에 보내는 일

한 일화에 따르면 1960년대에 나사에서 일하던 청소부에게 무슨 일을 하냐고 물었더니 '사람을 달에 보내는 일을 하고 있습니다'라고 대답했다고 한다. 버스 기사 브라운처럼, 경비원은 보잘것없다고 생각할 수 있는 일에서 더 큰 목적을 봤다.[7]

돈과 직위에 이끌려 어떤 일을 맡을 수는 있지만, 실제로 일을 하게 되면 목적성이 중요하다. 목적성은 참여도에 영향을 미쳐서 결국 업무 수행 정도를 결정한다. 수많은 연구에 따르면 보수와 직업 만족도의 관계는 미미한 수준에 불과했다.[8]

사람들이 느끼는 의미를 기준으로 직업에 순위를 정하면 의료와 사회 복지 분야(명백히 공익을 지원하는 직업)가 상위에 위치한다.[9] 하지만 나사의 청소부 일화가 보여주듯이 누구나 자기 일에서 자신만의 의미를 찾을 수 있다.

의미를 찾은 사람들은 최적 지대에 진입했다는 모든 신호를 보인다. 신체적, 감정적으로 더 건강하고 자기 역할에 몰입하며 번영하고 성장한다. 이런 역할은 우리가 생각하는 일반적인 업무와 무관할 수도 있다. 자녀를 키우거나 나이 들어가는 부모님을 돌보면서 큰 의미를 찾기도 한다.

이렇게 목적성을 중요한 동기로 보는 시각은 보너스, 승진, 급여로 보상해서 최선을 끌어내려는 경영 관행과 차이를 보인다. 보상이 있으면 일을 더 잘한다는 일반적인 가정은 오랫동안 상당히 급진적인 반론에 부딪혔다. 보상이 성과를 낮출 수도 있다는 반론이었다.

수십 년 전에 진행된 연구에서 참여자들이 제안받은 보상보다 열정과 목적성으로 동기를 부여하면서 보상과 성과의 관계에 의문이 제기됐다.[10] 앨피 콘Alfie Kohn은 1993년 저서 《보상의 처벌: 훈장, 인센티브 정책, 등급제 등 각종 뇌물의 문제Punished by Rewards: The Trouble with Gold Stars, Incentive Plans, A's, Praise, and Other Bribes》(책 제목에 모든 게 드러난다)에서 학생들이 성적 때문에 공부에 흥미를 잃는다는 근거를 제시했다. 수많은 연구에서 나온 근거가 이 주장을 뒷받침했고 이 시각에 동의하는 사람들이 빠르게 늘었다. 학생과 근로자의 동기 부여 요인에 관한 기존 상식을 뒤집는 생각이었지만, 이 관점은 비즈니스와 교육계를 구석구석 휩쓸었다. 이런 반

보상anti reward 관점은 학생들의 성적(상황에 따라 보상이나 처벌로 작용한다)과 성취에 어떤 관계가 있는지 수많은 데이터를 들여다본 끝에 나온 결론이다. 콘은 단순히 좋은 성적을 받으려 할 때보다 배우려는 내면의 의지가 훨씬 좋은 동기로 작용한다는 에드워드 데시Edward Deci와 리처드 라이언Richard Ryan 등 당대 심리학자들의 연구 결과[11]를 검토했다. 대니얼 핑크Daniel Pink는 경영 분야 베스트셀러《드라이브》에서 같은 주장을 일터에 적용했다.[12] 핑크는 지나치게 많은 조직에서 성과를 올리려고 이런저런 보상으로 직원들을 닦달하는 건 시대에 뒤떨어진 관행이라며 상당히 설득력 있게 주장했다. 동기는 외부가 아닌 내부에서 발생할 때 훨씬 효과적이다. 시키는 일을 할 때와 달리 스스로 선택하고 통제한다고 느끼며, 최소한 자신이 나아진다고 생각한다. 마지막으로 중요하다고 생각하는 가치와 일치하는 일을 한다고 느낀다.

사람들이 일터에서 느낀 점을 일기에 기록했던 하버드 경영 대학원 연구에서, 경영학의 일반적인 동기 부여 요인은 근로자들에게 역효과를 냈다. 하버드 연구를 토대로 핑크는 위협과 혹독한 평가, 지나치게 빠듯한 마감, 심지어 보너스 같은 보상도 모두 외부에서 부과된 동기 부여 요인이며 특히 장기적으로 꼭 성과에 도움 되지는 않는다는 결론을 내렸다. 하버드 연구에서 드러난 일상에 숨겨진 진실을 생각해보자. 심한 압박감과 공포가 생산성을 높인다는 상식과 달리 데이터는 정확히 반대되는 현실을 보여줬다.

자기가 한 일에 만족한 날은 무척 긍정적이었고 행복했다. 무엇보다 누가 정해준 일을 할 때보다 자신에게 중요한 일을 할 때 올바른 방향으로 가고 있다고 느꼈다.

여기서 커다란 역설이 발생한다. 사람들은 위협이나 압박을 받으며 일할 때보다 같은 일이라도 스스로 동기를 찾았을 때 훨씬 잘하고 즐긴다. 하지만 학생은 여전히 좋은 성적을 받으려고 고군분투하고 직장인은 급여 인상이나 승진을 위해 열심히 일한다. 최소한 우리 주변에서 동기 부여 요인을 찾으면 이런 개념이 지배적이다.

더 최근에 진행된 연구에서는 좀 더 이해가 깊어졌다. 외부적인 보상만으로도 업무를 계속할 의욕이 생기기도 한다. 하지만 이런 보상은 내면의 동기와 시너지를 이룰 때 가장 큰 효과를 발휘하며, 즐기기 때문에 더 잘할 수 있다.

당신이 일에서 의미와 목적을 찾았다고 해보자. 그러면 타인이 그 일을 어떻게 보든 상관없을까? 내면적으로 몰입했으니 누가 당신의 노력을 어떻게 평가하든 신경이 쓰이지 않을까? 사실 당신에게 중요한 사람(학교라면 선생님, 직장이라면 상사 등)이 잘하고 있다고 인정해주면 큰 힘이 된다.[13]

따라서 당신이 업무에 부여하는 의미가 가장 중요한 동기라고 해도 부정적인 피드백(낮은 성적이나 성과 평가)을 받으면 좌절하기 쉽다.[14] 한편 부정적인 피드백에 더 나아질 방법이 담겨 있고

당신이 그 평가 기준에 동의하며, 직접 제때 받는다면 내면의 동기를 강화하는 데 도움이 된다.[15]

이 세 가지 단계(개선할 방법을 보여주고 공정하게 평가하며 즉각 피드백한다)를 밟으면 상대가 얼마나 잘하고 있는지 효과적으로 알려주고 강점을 더 개발하도록 도와줄 수 있다.

큰 목적과 작은 목적

로리 산투스Laurie Santos는 예일대학교 역사상 가장 인기 있는 강좌(주제는 행복이다)를 진행하면서 학생들에게 앨피 콘의 저서를 과제로 냈다. 산투스에 따르면 성적이 우수한 학생들은 이 책을 읽고 나서 단순히 영예를 더 쌓는 게 무슨 의미가 있냐며, 이런 사람들은 무슨 목적으로 살아가냐고 묻는다고 한다.

산투스는 이렇게 대답한다. "아침에 맡는 커피 향이요. 또 자녀를 사랑하는 일도 있고요. 연인과의 섹스, 데이지꽃, 봄날도 있어요. 삶에 존재하는 모든 좋은 것들이 목적이에요."

산투스가 나열한 것들은 매일 우리에게 힘을 주는 기쁨이자 '작은 목적small-p purpose'이다. 하지만 '큰 목적big-P Purpose'이 우리를 움직이고 삶에 진정한 목적을 부여한다는 주장도 설득력이 있다.

목적의식은 일에 의미를 부여하는 가치를 중심으로 돌아간다. 목적성은 중요한 결정에서 지침으로 작용하는 관점인 '진북(지리적 기준에 따른 지구의 북쪽 끝_옮긴이)'이나 도덕적 방향성을 반영한다. 이는 우리 삶에 가장 강력한 울림을 주는 사명인 큰 목적과 특히 잘 통한다.

오스트리아의 정신과 의사 빅토르 프랑클Viktor Frankl은 나치 수용소에서 돌아온 몇 안 되는 생존자이자 유명한 큰 목적 대변인이다. 프랑클의 부모와 형제, 임신한 아내까지 모두 그곳에서 사망했다. 그는 수용소 네 군데를 거쳤고, 그중 첫 수용소인 아우슈비츠로 이송됐을 때 외투 안감에 꼭 출판하고 싶은 책 원고를 꿰매 넣었다. 외투는 도착한 첫날에 빼앗겼지만 언젠가 책을 출판하겠다는 강렬한 열망 덕분에 4년에 걸친 감금 생활을 버티고 살아남을 수 있었다.

프랑클이 출판하려 했던 책은 《죽음의 수용소에서》였다. 나중에 전 세계 베스트셀러에 올랐고 여러 세대에 걸쳐 독자들에게 윤리적 나침반으로 활용된 책이다. 그는 이 책에서 삶의 의미와 목적성을 찾으면 끔찍한 지옥에서도 생존할 수 있다고 주장하면서 4년의 수용소 생활과 죽을 뻔했던 경험을 근거로 들었다.[16]

프랑클의 논지는 한마디로 삶에 목적이 있으면 최악의 상황도 극복할 수 있다는 것이다. 그는 독일 철학자 프리드리히 니체Friedrich Nietzsche가 한 말 중에 가장 좋아하는 대목을 인용했다. '살아야 하

는 이유가 있는 사람은 그 어떤 어려움이라도 견딜 수 있다.'

자기중심적인 가치(예를 들어 고통 최소화, 쾌락 극대화)를 포기하면 더 귀한 가치를 추구할 수 있다. 그러니 단순히 기분이 가는 대로 하기보다 어떤 사람이 되고 싶은지 생각해서 선택해야 한다.[17]

많은 기업이 Z세대 대학 졸업자 등 신입 사원을 뽑을 때 사명을 내세운다. "그들은 암을 어떻게 해결할 것인지, 회선사상충증river blindness(흑파리가 전파하는 기생충 감염 질환_옮긴이)에 어떻게 대처하고 있는지 알고 싶어 해요." 머크의 채용 부문 부사장인 트레이시 프랭클린Tracey Franklin이 말했다. "자신이 실제로 세상을 바꿀 수 있다고 생각하고, 그런 회사에서 일하고 싶어 하죠."[18]

온난화가 심각해지면서 환경 지속성을 핵심 목적으로 삼는 조직은 재능 있는 젊은 리더를 끌어들이려 할 가능성이 크다. 지속가능성을 넘어 회생을 고려하고 실제로 지구가 다시 빛날 수 있게 조직을 운영하라.[19]

물론 살다 보면 가치와 사명은 변하기 마련이다.

골먼은 대학 동창회 50주년 행사에서 동기 100명에게 자기 이익이 아니라 다른 사람을 돕는 활동을 하는 사람이 몇 명이나 되는지 질문했다. 거의 모두가 손을 들었다.

이 현상은 컨소시엄 동료이자 보스턴대학교의 퀘스트롬 경영대학원 명예 교수인 캐시 크램Kathy Kram이 우리에게 했던 말과 일맥상통한다. 크램은 은퇴한 학계 동료들과 '은퇴'에 관한 연구를 진행했다. 이들은 일을 전혀 하지 않는다는 의미에서 실제로 은퇴하는 사람은 점점 줄고 있다는 사실을 발견했다. 삶의 막바지에 들어선 사람들은 목적성을 바꾸는 데 관심을 보인다. 오랫동안 다닌 직장을 그만두면 직업 정체성을 잃고 당연히 슬퍼할 수 있다. 하지만 그 덕분에 자신에게 의미가 있는 활동과 새로운 목적성에 눈에 들어온다.

직장 생활이 끝나갈 무렵, 목적성은 많은 이에게 커다란 의미로 다가온다. 이들은 살아온 날보다 앞으로 살날을 세기 때문이다. 이제 세상에 남길 유산이 한층 중요해진다. 본업에서 은퇴하고 정체성 상실로 괴로워하면서 한 가지 질문이 떠오른다. 의미 있는 목적에 내 역량과 재능을 어떻게 활용할 것인가?

"사람들은 임차인에서 건축가로 바뀌어요. 직업이 정해준 사명을 추구하다가 이제 스스로 의미를 찾는 거죠." 크램이 말했다. "전문 기술을 활용해서 본인이 믿는 가치에 기여할 수 있어요. 그러면 인생은 덜 괴롭고 더 즐거워질 겁니다."[20]

감성지능의 목적

버스 기사 고번 브라운의 탁월한 감성지능에는 우리가 간과하기 쉬운 신호가 하나 있다. 그와 소통한 사람들은 기분이 좋아졌다. 그는 접촉한 사람들에게 존재 자체로 양분이었다. 브라운은 도시에 절실히 필요한 기분 좋은 감정을 퍼뜨린 성자였다.

감성지능 1부와 2부에서는 자신에게 초점을 맞춰서 불안한 감정을 관리하고 회복탄력성 같은 긍정적인 감정으로 세상을 차분하게 바라보며, 자신과 타인의 잠재력을 알아차리고 계속 목표를 향해 나아가려고 한다. 내면에 이런 균형이 생기면 사람을 대할 때마다 공감하고 경청하며, 한번 익숙해지면 더 효과적으로 소통할 수 있다. 모든 과정이 잘 풀리면 우리와 소통했던 상대는 더 긍정적인 상태로 떠나서 최적 상태와 가까워진다.

고번 브라운이 승객들에게 전염시킨 따뜻한 환대는 감성지능의 목적을 보여준다. 나 그리고 나와 소통하는 모든 이를 최적 상태에 가까워지게 하는 것이다.

핵심을 요약해보자. 앞으로 감성지능이 필요하겠지만 먼 미래까지 갈 것도 없이 당장 시시각각 변화하는 문제에 대응하려면 감성지능 자체로는 부족하다. 역량을 조합해서 시너지를 발휘하면 인류가 맞닥뜨릴 위기와 고난, 기회에 더 잘 대처할 수 있다. 젊은 이들은 공익 측면에서 목적성을 바라보는 명분과 기업에 특히 매력을 느끼는 것으로 보인다. 마지막으로 다음 장에서는 감성지능과 시너지를 내는 역량 두 가지를 추가로 살펴본다. 시스템에 대한 이해와 혁신 정신이다.

15장
혁신과 시스템

파리 출신 프랑수아 자코브François Jacob와 남아프리카공화국 출신 시드니 브레너Sydney Brenner(둘 다 생물학자이며 나중에 각자 노벨상을 받았다)는 캘리포니아 공과대학교(줄여서 캘텍Caltech) 실험실에 하루 휴가를 내고 근처 해변에서 빈둥거렸다.[1] 두 사람은 몇 달이나 리보솜ribosom(RNA로 생성되어 유전자로 단백질을 합성하는 화학 전달 물질로 유전자 활동에 꼭 필요하다) 체내 복제에 매달렸지만 실패한 참이었다.

갖은 고생을 해가며 복잡한 생화학을 적용했고 올바른 분자를 포착했는데도 조합이 부스러졌다. 자연적으로 리보솜을 결합하는 화학 접착제가 있다는 걸 확신했지만 혼란스럽기 짝이 없었다. 대체 그게 뭘까?

브레너는 해변을 거닐며 틀림없이 생물체라면 다 있을 간단한 화학 물질일 거라고 중얼거렸다. 그러다 갑자기 무엇인가 번뜩 떠올랐다. 그는 모래를 휘날리며 벌떡 일어나 외쳤다.

"마그네슘이다!"

그랬다, 마그네슘이었다.

두 사람은 실험실에 돌아가서 리보솜 혼합물에 마그네슘을 추가했다. 비율을 맞추자 이 화학 전달 물질이 결합했다. 오늘날 유전체학이라는 대장정으로 이어진 작은 승리였다. 유전 과학은(과학 분야가 다 그렇듯이) 이렇게 창의적인 통찰력, 즉 작은 승리가 무수히 모여서 형성된 학문이다. 이런 승리는 저마다 기존 지식 위에 쌓이지만 고유한 방식으로 결합한다.

우리는 특정한 정신 능력이 혁신에 큰 영향을 미친다고 본다. 예측 불가능한 변화와 고난, 기회와 장애물이 겹겹이 닥칠 미래에 혁신 능력은 점점 중요해질 것이다. 이때 정신 상태를 유연하게 전환하는 민첩성이 창의적 통찰력의 핵심이다.

그 해변에서 찾아온 깨달음의 순간은 창의성의 전형적인 세 단계를 보여준다. 첫 번째 단계는 문제 자체에 몰입하는 것이다. 여기서는 리보솜, 즉 생화학과의 고된 씨름이었다. 두 번째 단계에서는 정신이 중립 상태로 바뀌고 어디로 갈지 방황한다. 이 단계는 '깨달음', 즉 창의적 통찰로 끝맺는다. 이것이 해변에서 있었던 일이다. 마지막 세 번째 단계는 실행, 즉 통찰을 현실에서 유용하게 쓸 수 있도록 행동으로 옮기는 과정이다.

각 단계는 창의적 궤적을 그리며 뇌 상태가 바뀌어야 한다. 1단계에서는 호기심을 발휘하고 정보를 폭넓게 수집하기 위해 신피질 영역이 활성화된다. 2단계는 '배양incubation' 단계로도 불리며 1단계 활동을 멈추고 뇌가 집중하지 않을 때 활성화되는 디폴트 모드 네트워크default mode network, DMN이라는 신경망에 접속한다.[2] 이때 창의적 통찰이 풍성해지면서 언뜻 생각지도 못했던 신선한 아이디어가 떠오른다. 3단계는 통찰을 기반으로 실행하고 실용적인 형태로 전환하며, 다시 과업에 집중할 수 있게 신피질 활동이 활발해진다.

한마디로 창의력에는 정신적 민첩성이 필요하다. 뇌 상태를 업무 처리 모드에서 수동적인 몽상 모드인 DMN으로 전환해서 정신이 자유롭게 방황하다 보면 생각지도 못했던 방식으로 신선한 아이디어가 튀어나온다. 마그네슘이야!

그다음 실행을 위해 다시 과업에 집중하는 신경 활동으로 전환하고, 창의적 통찰을 유용한 형태로 바꾼다. 브레너와 자코브는 적절한 마그네슘 비율을 찾으려 고군분투했다. 각 단계에는 서로가 필요하다. 창의적 통찰은 실행 단계를 인도하고, 실행 과정에서 발생하는 시행착오는 결국 통찰을 현실화하는 올바른 길을 마련한다.

창의적 아이디어를 쉽게 내는 사람과 그렇지 않은 사람의 뇌를 스캔하여 비교한 결과 뇌가 작동하는 방식에서 중요한 차이가 발견됐다.³ 어떤 뇌 영역끼리 더 강하게 연결되는지 분석했더니 창의적 그룹은 전전두엽 피질의 핵심 영역(구체적으로 좌측 하전두이랑left inferior frontal gyrus)과 DMN이 연결됐다. 유연한 창의력은 DMN, 상상력을 발휘하는 재능, 뇌의 실행 센터와 연결되는 것으로 보인다. 그런데 배양과 실행이 진행될 때 뇌 상태는 각각 서로 다른 시간대로 움직인다. 배양이 일어나는 DMN은 재촉할 수 없지만 실행 단계는 시간에 예민하다. 한 고급 패션 기업의 임원은 창의적인 디자이너들과 각 유명 브랜드를 담당하는 CEO들이 계속 갈등을 일으킨다고 불평했다. 갈등이 생길 수밖에 없다. 디자이너는 배양 단계에서 생성되는 통찰이 중요한데 이는 미리 계획할 수 없다. 반면 CEO는 어떻게든 1년에 서너 번씩 신선한 디자인을 선보여야 하고 디자인을 발표하기 전에 생산을 시작해야 한다. 둘은 전혀 다른 시간대로 움직이기 때문에 문제가 생길 수밖에 없다.

창의적 과정을 구성하는 3단계 개념은 최소 17세기까지 거슬러 올라간다. 당시 수학자이자 철학자인 블레즈 파스칼Blaise Pascal은 이와 비슷한 개념들을 제시했다. 지금도 과학자들은 파스칼의 모델을 참고한다. 창의적 행위의 1단계는 주로 호기심으로 시작하며, 어떤 식으로든 창의적 해결이 필요한 문제를 다양하게 탐색하고 폭넓은 정보를 수집한다.

호기심

눈 내리는 어느 날, 프랜시스 베이컨Francis Bacon이 런던을 돌아다니다가 갑자기 온도가 낮으면 죽은 닭을 신선하게 보관할 수 있을지 궁금해졌다고 한다. 17세기 철학자이자 초기 과학 방법론을 제창한 베이컨은 죽은 닭에 눈을 쌓아서 이 가설을 실험하려 했다. 그러다 체온이 떨어져서 폐렴에 걸렸고 결국 사망했다.

사실인지 의심스러운 이 일화는 또 다른 17세기 철학자인 토머스 홉스Thomas Hobbes가 지나친 호기심을 경계해야 한다는 뜻에서 교훈 삼아 했던 이야기다. 현대에 비유하자면 낚시성 콘텐츠나 음모론, 과학자들이 말하는 '헛소리'라고 할 수 있다.

한편 연구원들은 건전한 호기심이 창의력을 키운다는 사실을 알아냈다. 다만 '정보 탐식infovores(info와 vore의 합성어로 정보를 먹고 사는 동물이라는 뜻이다_옮긴이)' 습성을 제어하면서 유용한 패턴을 도출하고 삶의 불확실성을 이해하는 데 도움이 되는 정보를 사냥해야 한다. 호기심이 왕성해도 당장 쓸모 있는 정보를 많이 얻기는 힘들겠지만, 비어 있는 지식을 채우려는 성향은 경이롭고 유용한 연구를 진행하는 동력으로 작용한다.

이 동력은 뇌 활동에 기반을 둔 것으로 보인다. 불확실하거나 채워지지 않은 정보는 전전두엽 피질 내 회로를 활성화하여 긍정적인 감정을 일으키고 기억을 촉진한다.[4]

이런 건전한 호기심이 풍부하면 다양한 사실과 개념은 물론 신선한 통찰과 문제 해결에 도움이 되는 시각을 자주 접할 수 있다. 하지만 호기심의 습성이 중요하다. 최악의 형태는 병적인 호기심으로 소름 끼치는 범죄를 탐구하는 사람들이다. 정신적 욕구가 채워지지 않아서 미심쩍은 이론에 탐닉하고 강박적으로 검색하기도 한다. 가장 이상적인 형태는 '유희적 탐색$_{joyous\ exploration}$'이라고 불리며 학습과 사색의 기쁨을 동반하는 폭넓은 관심사를 뜻한다.[5]

배양

골먼은 한 저녁 식사 자리에서 마야 린Maya Lin의 맞은편에 앉았다. 베트남전 기념비를 설계한 것으로 유명한 린은 곧 작품을 설치하려 파리에 갈 계획이라고 했다. 하지만 뭘 해야 할지 모르겠다며 가보면 알 거라고 했다.

골먼 옆에 앉았던 이안 쳉Ian Cheng은 인공 지능과 비디오 게임 기술, 인지 과학, 자유로운 상상력을 결합하여 완전히 새로운 예술 형태를 창조한 인물이다.[6] 쳉은 창의적 순간에 빠지면 앞으로 무엇을 할지 무의식에 맡긴다고 설명했다.

린과 쳉은 뇌 관점에서 같은 정신 활동을 가리킨다. 우리는 모든 혁신의 씨앗인 창의적 통찰에 대한 개방적 태도가 미래에 훨씬 중요해질 거라고 본다.

한 소설가가 영감을 얻는 법을 기록했다. '소재를 찾는 게 정말 힘들 때가 있다. 생각이 잘 흐르지 않을 때는 컴퓨터를 차단하고(트위터! 인스타그램! 이메일!) 정신이 마음껏 배회하도록 내버려 둔다.'[7]

그는 팟캐스트를 듣지도, 멀티태스킹을 하지도, 남의 생각에 몰두하지도 않는 '플러그를 뽑아버린 시간'을 사랑한다. 플러그를 뽑아버리고 조용히 산책하는 편이 낫다고 생각한다. 이렇게 플러그를 뽑고 해변에서 빈둥거리거나 목욕이나 샤워를 하거나, 멍하게 출퇴근할 때 DMN이 활성화된다. 이럴 때 뭔가에 집중하던 머릿속을 쉽게 비울 수 있고, (운이 좋으면) 깊이 숨어 있던 해결책이 아무 조짐 없이 떠오른다. 로마 철학자 키케로Cicero가 유명한 말을 했다. '쉴 줄 아는 자만이 창조할 수 있다. 영감은 번개처럼 그들의 머릿속을 때린다.'

하버드대학교 연구원들은 수백 명이 근무일에 썼던 일기를 분석한 결과 시간에 쫓길 때는 창의적인 생각이 거의 떠오르지 않고, 시간 여유가 있을 때 훨씬 많이 나온다는 사실을 발견했다.[8] 아주 예외적으로 심한 압박감 속에서 혁신적인 아이디어를 떠올리는 경우도 있었다. 중요한 프로젝트 때문에 큰 스트레스를 받으면서 모든 방해 요인을 제거하고 해결책을 찾으려고 집중했을 때였다. 다른 의무를 중단하면서 DMN을 활성화할 시간이 생긴 것이다.

실행

발굽을 건강하게 관리하는 장제사들은 문제가 생긴 말발굽을 고쳐야 할 때가 많다. 발굽이 심각하게 손상되면 뼈가 소실되어 말에게 치명적인 영향을 주기도 한다.

"갈라진 말발굽을 고치려고 찍찍이며 못이며 안 해본 게 없어요." 지금은 고인이 된 전문 장제사 더그 어만Doug Ehrmann이 말했다. "다 소용없었죠."

어만은 장제서 업계에서 창의적인 발명품을 만들어냈고 특허를 6개나 보유했다. 그는 한밤중에 갑자기 특허가 될 만한 아이디어가 떠오른다고 했다. 어느 날 밤에는 아픈 발굽을 고칠 중요한 아이디어가 떠올랐다. "치료하려면 발굽에 뭔가 박아야 한다고 생각했어요. 요즘 사람들은 뭘 박아 넣기보다는 찍찍이나 본드 같은 접착제를 선호하지만요."

어만은 장제사들에게 판매할 DE 후프탭DE Hooftap(발굽이 벌어지지 않게 고정하는 일종의 나사. DE는 Doug Ehrmann의 약자다_옮긴이)에 아연을 사용하자는 아이디어를 본인이 떠올렸는지 사업 파트너가 떠올렸는지 기억하지 못했다. 후프탭은 항균 아연을 코팅한 제품으로 3센티미터 정도의 얇은 쇠에 갈고리 세 개를 달아서 장치를 고정하는 제품이다. 말발굽을 항상 건조하게 유지할 수 없기 때문에 발굽을 치료할 때 항상 녹이 골칫거리였고, 어만과 파트너는 아연이 녹슬지 않는다는 걸 알고 있었다.

하지만 두 사람이 이 제품을 장제사들에게 판매한 이후 후프탭으로 발굽 질환을 고쳤다는 이야기가 심심찮게 들렸다. 생각지도 못한 효과였다. 조사해보니 아연에 상처 감염을 막는 효과가 있었다. 아연을 코팅한 나사로 감염된 발굽을 고칠 수는 없지만, 세포벽을 복구하는 세포가 성장하는 데 도움이 됐다. 어먼과 파트너는 아연 아이디어를 실행에 옮기는 과정에서 새로운 용도를 발견했고 신선한 마케팅 방법을 떠올렸다. 이렇게 섬세하게 조정하는 과정은 낯선 개념을 실제로 적용해 시험하는 실행 단계의 전형적인 특징이다. 이리저리 트집 잡고 찔러보고 조절할수록 더 개선된다.

어먼은 DE 후프탭으로 특허를 냈다. 후프탭은 제엽염(과식이나 과로 때문에 소나 말의 발굽에 생기는 염증_옮긴이)부터 열제(물리적 충격 등으로 발굽이 갈라지는 증상_옮긴이)까지 수많은 발굽 문제를 기적적으로 해결하는 치료제나 다름없었다. 몸값이 200만 달러에 달하는 한 경주마가 만성 열제에 시달리면서 경기를 더 못하게 될 뻔했지만 DE 후프탭으로 치료했다. 코넬대학교 수의학과와 하버드 의과대학 수의학과 교수도 DE 후프탭으로 말을 치료했다.

하버드대학교 심리학자 하워드 가드너는 새로운 조합과 유용성이 새로운 아이디어를 창의적 행동으로 이끄는 두 가지 특성이라고 했다.[9] 배양 단계에서 새로운 조합이 탄생하며 실행 단계는 유용성을 중심으로 돌아간다.

이 창의적인 궤적에서 새롭고 유용한 통찰을 떠올리기가 어려워 보이지만, 창작자들은 아이디어를 실행하는 단계가 가장 어렵다고 입을 모아 말한다. 실행은 새로운 아이디어를 어루만져 유용한 형태로 바꾼다는 뜻이다. 전문 기술뿐만 아니라 절제력과 집중력, 함께 일하는 이들에게 영감을 주는 능력, 즉 감성지능이 필요하다.

제대로 실행한다는 건 새로운 용도(DE 후프탭의 치료 효과)를 더해 발명품을 재구성하는 정도로 단순하거나 많은 실험을 거쳐 올바른 마그네슘 비율을 찾아내야 할 때처럼 까다로울 수 있다. 유전과학에서 마그네슘 사례처럼, 아이디어가 최종 현실이 되려면 수없이 오류를 고치고 문제를 해결하고 뜻밖의 고난을 극복해야 한다. 기분 좋은 날에 관한 하버드 연구에서 밝혔듯 '작은 걸음이라도 많은 이가 함께하면 훌륭한 실행으로 이어질 수 있다.'[10]

혁신에 필요한 정신적 민첩성에 유일한 적이 있다면 바로 경직성이다. 〈블룸버그 비즈니스위크〉가 한 글로벌 대형 석유 기업을 조사했다. 경영진은 석유 사업에서 뜻밖에 얻은 초과 이익을 혁신적이고 지속 가능한 회사 운영 방식에 투자하기를 망설였다. 그러자 IT 부문을 중심으로 점점 불만이 쌓였다.[11] 결국 유능한 IT 기술 전문가들이 잇따라 회사를 떠나고 말았다.

스마트폰 초기 시장을 장악했던 블랙베리를 예로 들어보자. 당시 많은 기업이 직원들에게 보안과 키보드 기술이 우수한 블랙베리 휴대폰을 지급했다. 블랙베리의 공동 CEO들은 이런 기술 요소를 개선하는 연구 개발에 집중했고 기업의 직원들이 개인적으로 안드로이드나 애플 휴대폰을 직장에 가져오는 현실을 눈치채지 못했다. 시장 점유율이 급락하는데도 엔지니어 출신 CEO들은 오래되고 경직된 전략에 회사의 미래를 걸었다. 지금은 어디를 봐도 블랙베리를 찾기 힘들다.

뉴욕 증권 거래소 상장사들의 역사를 살펴보면 능숙하게 적응한 기업과 그렇지 못한 기업의 면면을 알 수 있다. 100년 전에 상장된 회사는 이제 거의 존재하지 않는다. 혁신적인 사고로 무장하고 시장에 새로운 제품과 서비스를 소개한 기업들이 이들을 대부분 대체했고 낡은 경쟁자를 몰아냈다. 이런 회사는 그대로 사라지거나 혁신할 것이다. 미래가 가져오는 압박과 기회 속에서 기업들은 창의성과 혁신으로 살아남거나 심지어 번성할 수도 있다.

정답은 시스템이다

카리브해 지역에서 온 여성이 골먼에게 말했다. "오늘 우리 섬에서 선거가 있어요. 가서 투표하려고요. 정당이 두 곳인데 제가 투표하러 갈 수 있게 둘 중 하나가 제 비행기 요금을 내줄 거예요."

그런데 문제가 하나 있다고 했다. "비행기 요금을 내는 쪽은 자기한테 투표하길 기대할 거예요. 두 정당 다 부패했고요."

그는 어느 쪽이 당선하든 측근으로 정부 부처를 채울 테고, 권력을 쥔 자들은 뇌물을 받아 부자가 될 거라고 했다. 그의 고향 섬에서 부자는 더 부자가 되고 가난한 사람들은 계속 가난하다.

부유한 특권층과 가난한 하층 계급의 격차는 오늘날 많은 국가의 전형적인 특징이다. 부패는 또 다른 문제를 낳는다. 토마 피케티Thomas Piketty의 저서인 《21세기 자본》에서 부유층과 빈곤층의 격차를 벌리는 경제적 기반이 구체적으로 드러난다. 피케티는 고용주는 계속 부유해지고 근로자는 상대적으로 가난해지는 추세가 수백 년간 끊임없이 이어졌다고 지적했다.

부자들이 자선을 베풀어서 가난한 이들을 어느 정도 도와줄 수 있지만, 자선 활동으로만 해결하기에는 수요가 훨씬 많다. 카리브해 출신 여성이 말했듯 시스템 전체에 문제가 만연하기 때문이다. 거의 불가능에 가까운 한 가지 대안은 시스템을 급진적으로 수정하는 것이다.

감성지능 역량에 속하는 조직 이해 능력은 시스템적 관점을 보여준다. 일반적으로 가족이나 조직 내부 역학을 이해하는 능력으로 설명되며 모든 시스템에 이런 인식을 적용할 수 있다. 앞서 여성이 고향 섬을 통찰한 것처럼 경제와 정치 체계도 포함된다. 세계적 규모로 공감이 이뤄진 셈이다.

어릴 때 주변 친척들 사이에서도 이런 시스템 역학을 경험한다. 부모님에게 큰 영향을 줬던 삼촌이나 숙모가 있었는가? 친형제보다 의견을 중요하게 생각했던 사촌은? 그러다 10대가 됐을 때 당신과 또래 집단에 엄청난 영향을 미쳤던 '쿨한' 친구가 있는가?

다시 말해서 가족이나 친구 가운데 특별히 큰 영향력을 행사하는 한두 명이 꼭 존재한다. 조직도 마찬가지다. 근본적으로 가족과 비슷한 역학 속에서 보이지 않는 사회적 네트워크가 존재한다. 누가 누구에게 영향을 미치는지 이해하는 능력이 조직 이해 역량의 핵심이다.

주어진 네트워크에서 영향력 있는 인물을 특정할 수 있다는 건 사회 체계가 어떻게 작용하는지 해석하는 조직 이해 능력이 있다는 뜻이다. 예를 들어 엄청난 변화를 일으킬 능력이 있는 사람에게 꼭 특정한 지위가 필요한 건 아니다. 그 변화를 향해 사회적 네트워크를 움직이면 된다.[12]

따라서 조직 이해 능력의 핵심은 집단 내의 감정 흐름과 권력관계를 읽고 누가 누구에게 영향을 주는지 파악하는 것이다.[13] 다시 말해 조직이 사회 체계라는 사실을 감지한다는 뜻이고, 이 능력은 시스템적 사고에 달렸다.

이런 민감성과 영향력 네트워크를 갖추면 그 사회에서 명시되지 않은 규칙과 지침이 되는 가치를 파악하고, 개인 간의 네트워크를 인식해서 중요한 결정권자를 특정하는 한편 필요한 일을 해내기 위해 협력체까지 구성할 수 있다.

오늘날 온난화와 빈부 격차, 정치적 부패 같은 국제적 위기에 대처하려면 시스템적 사고가 그 어느 때보다 중요하다.

기후, 경제, 전반적인 사회 문제 등 시스템에서 펼쳐지는 격동적 현실을 헤쳐 나가려면 기회와 한계를 동시에 가져오는 넓은 네트워크에 집중해야 한다. 이런 시스템적 인식을 통해 기술 발전과 경제 주기, 문화와 사회 유행, 피할 수 없는 온난화 등에 얽힌 역학이 우리의 목표와 목표를 이루는 과정에 미치는 영향을 이해할 수 있다.

모두의 삶에 영향을 주는 시스템적 딜레마가 존재한다. 우리를 둘러싼 환경은 끊임없이 우리에게 오염된 대기와 해로운 화학 물질, 더러운 물과 음식, 방사능, 혼합 약물, 중금속, 미세먼지 따위를 주입한다. 이런 화학 물질이 서서히 몸에 축적되면 평생 암과 천식, 치매, 심장병, 급격한 노화 같은 위험 요인에 노출된다.[14]

물론 이런 유해 물질에 잠깐 노출되면 주입되는 양도 적겠지만 평생 우리 몸에 축적된다는 사실이 중요하다. 한 예측에 따르면 매년 최대 1200만 명이 몸에 축적된 유해 물질 때문에 일찍 사망한다. 전체 사망 건의 20퍼센트이자 조기 사망(30세에서 69세 사이)의 3분의 1에 해당하는 수치다. 감염이나 폭력, 담배로 인한 사망보다 많다.

유전적 감수성도 중요하게 작용하지만, 여러 증거에 따르면 수많은 환경 유해 물질에 매일 노출되면 생각보다 건강에 훨씬 큰 영향을 미친다. 최근에 등장한 엑스포소믹스exposomics는 유해 물질 노출이 몸에 미치는 다양한 영향을 연구하는 학문이다.

이런 현상의 범인은 우리다. 우리는 1950년대 이후부터 건강에 어떤 악영향을 미치는지 사실상 모르는 채 수십만 가지에 달하는 새로운 합성 화학 물질에 노출됐다(최소한 미국은 그렇다. 유럽 국가에서는 예전부터 이 위험을 경고했다). 지금도 태평하게 이런 물질을 옷과 화장품, 일상용품에 활용하고 작물에 퍼뜨리고 있다.

온갖 화학 물질과 파생 제품이 몸에 축적되면서 우리가 모르는 사이에 생물학적 비용이 서서히 증가한다. 그 결과 염증, 세포사, 장기 손상부터 암, 당뇨 같은 만성 질환을 일으키고 노화를 촉진한다. 게다가 내분비 기능을 교란하여 알레르기와 감염에 취약해지고 인지 능력이 떨어진다.

현실이 이런데도 이 모든 물질의 생물학적 경로가 불투명하다. 어떤 물질에 노출돼서 이런 문제가 생겼는지 '원인'을 정확히 알 수 없다. 이런 물질이 우리를 어떻게 해치는지 '결정적 증거'를 찾지 못한 채, 원인 물질은 계속 다양한 방식으로 우리를 좀먹는다.

유해 물질 노출이 인류의 건강에 큰 영향을 미친다면, 어떻게 막아야 할까? 바로 이 지점에서 감성지능과 강한 목적의식, 혁신, 시스템적 사고 역량이 중요해진다. 유해 물질을 함유한 제품을 수없이 판매하는 기업은 실태를 공개하지 않을 테고, 화학 물질을 투명하게 관리하려면 집단의 강력한 의지가 필요하다. 이런 물질을 발견하고 공개하는 방식을 혁신해야 한다. 시스템적 시각으로 바라보면 주변 환경 곳곳에서 다양한 노출을 인식하고 조사할 수 있다. 이런 활동에 감성지능이 동반되면, 발견하고 드러내면서 불편하고 대립할 수 있는 과정이 좀 더 좀 더 매끄럽게 진행될 것이다.

엄청난 임무를 시작하는 만큼 우려와 영향의 차이를 잘 인식해야 한다. 우려의 범위는 사랑하고 걱정하는 사람(개인의 관심 범위)

부터 위험 요인에 대한 걱정, 지구 온난화까지 미칠 수 있다. 하지만 영향 범위는 실제로 영향력을 미칠 수 있는 사람과 문제를 뜻한다.[15] 영향력 수준은 주로 지위에 달렸다. 미국 국회의원이나 글로벌 식품 회사 CEO의 영향 범위는 예를 들어 그 기업의 트럭 운전사보다 넓다.

그런 의미에서 영향력을 발휘할 수 있는 곳에 노력을 집중해야 한다(철학 광대philosopher-clown 웨이비 그레이비Wavy Gravy가 '가장 도움이 될 곳에 선의를 베풀어라'라고 말했듯이). 반대로 영향 범위 밖에 있고 바꿀 수 없는 것을 바꾸려 하면 에너지가 흩어지고 시간을 낭비하게 된다.

한편 개인이 대단히 큰 변화를 일으키기는 힘들지만, 많은 사람이 모여서 사소한 행동을 함께하면 축적되어 상당한 효과를 발휘한다. 대표적 사례가 선거이며 기업 전략을 바꾸기 위한 주주 투표, 소비자들의 특정 제품 불매 운동 등이 해당한다.

특정 분야에서 힘 있는 사람들과 연합하거나 협력해서 영향 범위를 확대할 수 있다. 본인은 주어진 목표에 대단히 유능하지 않아도 그런 사람이 누구인지(협력할 수 있는지) 알아낼 수도 있다. 달라이 라마는 중요한 목표를 위해 가능한 건 무엇이든 하라고 했다. 살아서 그 목표를 달성하지 못하더라도, 최소한 그 방향으로 움직이도록 자기 몫은 했기 때문이다.

이 책을 쓰는 동안, 세계 인구는 막 80억 명을 돌파했다. 지구가 이만한 인간을 담고 버틸 수 있을까? 지금은 대답할 수 없는 문제다. 달라이 라마가 지적했듯이 우리는 근본적으로 모두 같지만, 그가 몇 번이나 말했듯이 '함께 사는 법을 배워야 한다.'

이런 현실을 고려하면, 오랫동안 당연하게 생각했던 시스템을 다시 고민해야 한다. 우리가 이 책을 마무리할 무렵 컬럼비아대학교 경영대학원 학장도 '기후 변화, 사회 정의 문제, 여러 사회에 국제화가 갖는 의미' 측면에서 근본적인 경제적 교환 법칙에 의문이 생긴다고 했다. 그리고 이렇게 덧붙였다. '이 모든 현상은 미래에 관한 심오한 질문을 던진다.'[16]

갈수록 불확실성이 증가하면서(확실한 것만 예를 들면 지구가 뜨거워지고, 자원은 줄고 경쟁은 치열해지며 신념과 이데올로기는 양극화한다) 피할 수 없는 위기에 대처하는 첫 단추로 자기감정 관리가 중요해졌다. 자기감정을 관리하면 힘든 상황에서 건전한 결정을 내리고 계속 동기를 부여하며, 목표에 집중하고 긍정적인 관계를 유지할 수 있다. 말할 것도 없이 협력과 팀워크는 꼭 필요하다.

"100년을 계획할 수는 있지만 바로 다음 순간 무슨 일이 일어날지는 모릅니다." 한 현명한 인도인 요기가 골먼에게 말했다. 오래된 곡 〈케 세라 세라〉는 '미래는 알 수 없는 것'이라고 노래한다. 아직 실현되지 않은 혁신이 언젠가 판을 뒤집을 수도 있다. 한마디로 아무도 모른다.

우리는 이 사실을 마음에 새기고 앞날을 생각하면서 감성지능이 중요해진다는 사실을 깨닫는다. 그리고 안개 같은 미래로 걸어 들어간다. 여러분에게 경고한다. 짙은 구름 속에 무엇이 있는지는 모르지만, 어떤 폭풍을 만나든 지금까지 소개한 역량이 감성지능과 함께 길을 열어줄 것이라고 믿는다.

감사의 글

먼저 〈하버드 비즈니스 리뷰〉에서 우리 글을 담당했던 편집자 아냐 오스코프스키Ania Wieckowski에게 진심으로 감사한 마음을 전한다. 그가 질문하고 요청해준 덕분에, 우리가 하고 싶은 말을 잘 표현하려면 짧은 HBR 기사보다 이렇게 긴 책의 형태가 낫다는 걸 깨달았다. 아마 본인도 모르게 우리를 이 길로 인도했을 것이다.

조직 내 감성지능 연구 컨소시엄(CREIO) 멤버들에게도 감사하다. 그들의 오랜 연구 결과에 비춰 우리의 메시지를 확인하고 고민했고, 이 책에서 여러 번 내용을 인용했다.

골먼은 〈콘 페리 브리핑Korn Ferry Briefings〉에 직접 기고한 컬럼과 kornferry.com 블로그에 쓴 글을 이 책에 인용하도록 허락해준 조너선 달Jonathan Dahl에게 감사한다. 이 주제로 글을 쓰도록 격려했던 세일즈포스의 CEO 마크 베니오프에게도 감사하다. 덕분에 결국 이 책으로 발전한 셈이다.

그 밖에 많은 이의 통찰과 데이터, 고민에서 정보를 얻었다. 리처드 보야치스, 마이클 스턴, R. J. 사도프스키R. J. Sadowski, 조지 콜라이저George Kohlrieser, 리처드 데이비드슨, 다이애나 로즈Diana Rose와 조너선 로즈Jonathan Rose, 빌 조지Bill George, 로널드 험프리, 사인 스펜서, 루스 멀로이, 맷 리핀코트Matt Lippincott, 리처드 후아, 엘리자베스 레서Elizabeth Lesser, 에마 베나Emma Bena, 빌랄 갈립Bilal Ghalib에게 감사한다.

처니스는 롭 에멀링Rob Emmerling이 CREIO를 능숙하게 이끌어준 덕분에 이 프로젝트에 전적으로 매달릴 수 있었다. 또한 기존 연구로 이 책에 많은 정보를 준 코닐리아 로슈에게 감사한다. 프로젝트를 진행하면서 럿거스대학교 응용전문심리학대학원 라라 델모리노 게이틀리Lara Delmolino Gatley와 행정 직원들에게 많은 도움을 받았다.

우리가 자유롭게 문제와 의견을 탐색하도록 도와준 하퍼콜린스의 편집자 홀리스 하임바우치Hollis Heimbouch에게도 특별히 감사를 전한다.

아내에게도 고맙다는 말을 하고 싶다. 골먼은 타라 베넷 골먼Tara Bennett-Goleman의 직관적인 감성지능과 따뜻한 조언, 오랜 세월 깨닫게 해준 모든 것에 감사한다. 처니스도 아내에게 더없이 감사한다. 데버라는 감성지능이 높은 리더의 모범이며 항상 다정하게 처니스의 곁을 지켰고, 걸어오는 길 내내 지탱해줬다.

미주

서문: 당신만의 최적 지대를 찾아라

1 　경기 설명과 그 이후 네 문단에 소개된 인용은 David Waldstein, "How Ajla Tomljanovic Faced Down Serena Williams and 24000 Others," New York Times, September 3, 2022.를 참고했다.

2 　이 컨소시엄은 감성지능을 기업이나 학교 같은 조직에 적용하려는 실무자와 방법론을 연구에 적용하고 싶어 하는 학자들을 통합한다. www.eiconsortium.org.을 참고하라. 지금 이 글을 쓰는 시점에는 롭 에멀링Rob Emmerling이 대표를 맡고 있다.

3 　조지타운 대학의 어린이와 가족 보건 정책 연구원Health Policy Institute Center on Children and Families에 따르면 2016년에서 2019년까지 우울증은 27퍼센트, 불안증은 24퍼센트 증가했다고 한다. 2019년에서 2020년 사이에 행동 문제는 21퍼센트 증가했다.

1장: 자기 최적화

1 　다른 심리학자들도 비슷한 내면 상태를 묘사했다. '긍정 심리학 운동positive psychology movement'을 주도한 마틴 셀리그만Martin Seligman은 이런 상태를 '번영'이라고 했고 우리가 말하는 최적 상태와 몇 가지 측면에서 비슷하다. Martin Seligman, Flourish (New York: Atria, 2012) 참고.《마틴 셀리그만의 플로리시》, 물푸레.

2 　Alice Isen 외, "Positive Affect Facilitates Creative Problem Solving," Journal of Personality and Social Psychology 52, no. 6 (1987): 1122–31, https://doi.org/10.1037/0022-3514.52.6.1122.

3 　B. Frederickson and C. Branigan, "Positive Emotions Broaden the Scope of Attention and Thought-Action Repertoires," Cognition

and Emotion 19 (2005): 313–32.

4   Susie Cranston and Scott Keller, "Increasing the 'Meaning Quotient' of Work," McKinsey Quarterly, January 1, 2013.

5   이런 수치는 측정하기 쉽지 않다. 최적 상태에 돌입한 시간과 그동안 생산성이 향상된 비율을 알아내려면 철저한 연구가 필요하다. 이런 추정은 추가 시험을 위한 가설이라고 생각하라.

6   좋은 하루를 보내는 방법 참고: Teresa Amabile and Steven Kramer, "The Power of Small Wins," Harvard Business Review, May 2011.

7   Teresa Amabile and Steven Kramer, The Progress Principle (Boston: Harvard Business Review Press, 2011).

8   위와 같은 책, 54.

9   섀넌 와츠 〈트라이시클〉 인터뷰, Spring 2022, 85.

10 사례 참고: Amy Arnsten and P. S. Goldman-Rakic, "Noise Stress Impairs Prefrontal Cortical Cognitive Function in Monkeys: Evidence for a Hyperdopaminergic Mechanism," Archives of General Psychiatry 55 (1998): 362.

11 Mihaly Csikszentmihalyi, Beyond Boredom and Anxiety (San Francisco: JosseyBass, 1975).

12 사례 참고: Steven Kotler, "Create a Work Environment That Fosters Flow," Harvard Business Review, October 2019.

13 Mihaly Csikszentmihalyi and Isabella Selega Csikszentmihalyi, eds., Optimal Experience: Psychological Studies of Flow in Consciousness (New York: Cambridge University Press, 1988).

14 Charles Duhigg, The Power of Habit (New York: Random House, 2014).

15 C. J. Fullagar and E. K. Kelloway, "Flow at Work: An Experience Sampling Approach," Journal of Occupation-

al and Organizational Psychology 82 (2010): 595-615, doi:10.1348/096317908X357903.

16 S. Engeser and F. Rheinberg, "Flow, Performance and Moderators of ChallengeSkill Balance," Motivation and Emotion 32 (2008): 158-72, https://doi.org/10.1007/s11031-008-9102-4.

2장 감성지능이 왜 중요한가

1 감성지능과 업무 성과에 관한 학술 토론은 지금도 계속되고 있다. Marie T. Dasborough 외, "Does Leadership Still Need Emotional Intelligence? Continuing the Great EI Debate," Leadership Quarterly (2021), https//doi.org/10.1016/j.leaqua.2021.101539.

2 참고: J. C. Rode, M. Arthaud-Day, A. Rawaswami, and S. Howes, "A Time-Lagged Study of Emotional Intelligence and Salary," Journal of Vocational Behavior 101 (2017): 77-89, https://www.researchgate.net/publication/316816644_A_time-lagged_study_of_emotional_intelligence_and_salary.

3 B. Kidwell, D. M. Hardesty, B. R. Murtha, and S. Sheng, "Emotional Intelligence in Marketing Exchanges," Journal of Marketing 75 (2011): 78-95.

4 R. E. Boyatzis, K. Rochford, and K. Cavanagh, "The Role of Emotional and Social Intelligence Competencies in Engineer's Effectiveness and Engagement," Career Development International 22 (2017): 70-86, doi:10.1108/CDI-08-2016-0136.

5 Business Wire, "MDRT Study Finds Americans Deem Emotional Intelligence the Most Trustworthy Quality in an Advisor," https://www.businesswire.com /news/home/20200507006157/en/MDRT-Study-Finds-Americans-Deem-Emotional-Intelligence-the-Most-Trustworthy-Quality-in-an-Advisor.

6 위와 같은 책.

7   J. Grobelny, P. Radke, and D. Paniotova-Maczka, "Emotional Intelligence and Job Performance: A Meta-analysis," International Journal of Work Organisation and Emotion 12 (2021): 1–47, doi:10.1504/IJWOE.2021.10037977.

8   참고: D. L. Van Rooy and C. Viswesvaran, "Emotional Intelligence: A Meta-analytic Investigation of Predictive Validity and Nomological Net," Journal of Vocational Behavior 65, no. 1 (2004): 71–95, doi:10.1016/S0001-8791(03)00076-9; D. L. Joseph and D. A. Newman, "Emotional Intelligence: An Integrative Meta-analysis and Cascading Model," Journal of Applied Psychology 95 (2010): 54–78, doi:10.1037 /a0017286; E. H. O'Boyle Jr., R. H. Humphrey, J. M. Pollack, T. H. Hawver, and P. A. Story, "The Relation Between Emotional Intelligence and Job Performance: A Meta-analysis," Journal of Organizational Behavior 32 (2011): 788–818, doi:10.1002 /job.714; D. L. Joseph, J. Jin, D. A. Newman, and E. H. O'Boyle, "Why Does Self-Reported Emotional Intelligence Predict Job Performance? A Meta-analytic Investigation of Mixed EI," Journal of Applied Psychology 100, no. 2 (2015): 298–342, https://doi.org/10.1037/a0037681; C. Miao, R. H. Humphrey, and S. Qian, "Emotional Intelligence and Job Performance in the Hospitality Industry: A Metaanalytic Review," International Journal of Contemporary Hospitality Management 33 (2021): 2632–52, https://doi.org/2610.1108/IJCHM-2604-2020-0323.

9   D. L. Joseph and D. A. Newman, "Emotional Intelligence: An Integrative Metaanalysis and Cascading Model," Journal of Applied Psychology 95 (2010): 54–78, doi:10.1037/a0017286.

10   W. Schaufeli, A. B. Bakker, and M. Salanova, "The Measurement of Work Engagement with a Short Questionnaire," Educational and Psychological Measurement 66, no. 4 (2006): 701–16.

11   J. K. Harter, F. L. Schmidt, and T. L. Hayes, "Business-Unit-Level Relationship Between Employee Satisfaction, Employee Engagement, and Business Outcomes: A Meta-analysis," Journal of Applied Psychology 87 (2002): 268–79, doi:10.1037/0021-

9010.87.2.268. 추가 참고: B. L. Rich, J. A. LePine, and E. R. Crawford, "Job Engagement: Antecedents and Effects on Job Performance," Academy of Management Journal 53 (2010): 617-35. 소방관과 그들의 감독관 245명을 연구한 결과 근로자의 몰입과 성과에서 밀접한 상관관계를 발견했다.

12 Gallup, State of the Global Workplace: 2022 Report, https://www.gallup.com/workplace/349484/state-of-the-global-workplace.aspx#ite-393245.

13 M. d. C. Pérez-Fuentes, M. d. M. M. Jurado, J. J. G. Linares, and N. F. O. Ruiz, "The Role of Emotional Intelligence in Engagement in Nurses," International Journal of Environmental Research and Public Health 15 (2018): 1915, doi:10.3390/ijerph15091915.

14 L. Wang, "Exploring the Relationship Among Teacher Emotional Intelligence, Work Engagement, Teacher Self-Efficacy, and Student Academic Achievement: A Moderated Mediation Model," Frontiers in Psychology 12 (2022):810559, doi:10.3389/fpsyg.2021.810559.

15 Y. Brunetto, S. T. Teo, K. Shacklock, and R. Farr-Wharton, "Emotional Intelligence, Job Satisfaction, Well-being and Engagement: Explaining Organisational Commitment and Turnover Intentions in Policing," Human Resource Management Journal 22 (2012): 428-41.

16 매기는 캐리가 10년에 걸쳐 진행한 추적 연구인 〈최근 서비스 직종의 전문가들은 경력 초기 번아웃에서 어떻게 회복하는가〉의 피실험자였다. 참고: Cary Cherniss, Beyond Burnout: Helping Teachers, Nurses, Therapists, and Lawyers Overcome Stress and Disillusionment (New York: Routledge, 1995).

17 C. Miao, R. H. Humphrey, and S. Qian, "A Meta-analysis of Emotional Intelligence and Work Attitudes," Journal of Occupational and Organizational Psychology 90 (2017): 177-202, doi:10.1111/joop.12167.

18 위와 같은 책.

19 Gallup, State of the Global Workplace: 2022 Report.

20 참고: T.-Y. Park and J. D. Sha, "Turnover Rates and Organizational Performance: A Meta-analysis," Journal of Applied Psychology 98 (2013): 268-309, doi:10.1037/a003072.

21 참고: M. Riketta, "Attitudinal Organizational Commitment and Job Performance: A Meta-analysis," Journal of Organizational Behavior 23 (2002), doi:10.1002/job.141. 이 메타 분석은 111가지 표본을 종합했다. 참고: Miao, Humphrey, and Qian, "A Meta-analysis of Emotional Intelligence and Work Attitudes."

22 Dennis W. Organ, Organizational Citizenship Behavior: The Good Soldier Syndrome (Lexington, MA: Lexington Books, 1988).

23 T. M. Nielsen, G. A. Hrivnak, and M. Shaw, "Organizational Citizenship Behavior and Performance," Small Group Research 40, no. 5 (2009): 555-77, doi:10.1177/1046496409339630.

24 C. Miao, R. H. Humphrey, and S. Qian, "Are the Emotionally Intelligent Good Citizens or Counterproductive? A Meta-analysis of Emotional Intelligence and Its Relationships with Organizational Citizenship Behavior and Counterproductive Work Behavior," Personality and Individual Differences 116 (2017): 144-56, https://doi.org/10.1016/j.paid.2017.04.015. 이 메타 분석은 56가지 연구 결과를 종합했으며 연구 대상 직원은 총 11542명이다.

25 이 비생산적인 업무 행동에 관한 메타 분석은 17가지 표본에서 직원 3914명을 대상으로 했다.

26 예를 들어 피실험자가 19000여 명인 메타 분석에서 감성지능과 정신 질환, 심신 질환, 신체 질환의 연관성을 발견했다. A. Martins, N. Ramalho, and E. Morin, "A Comprehensive Meta-analysis of the Relationship Between Emotional Intelligence and Health," Personality and Individual Differences 49, no. 6 (2010): 554-64, doi:10.1016/j.paid.2010.05.029. 참고: K. V. Keefer, J. D. A. Parker, and D. H. Saklofske, "Emotional Intelligence and Physical Health," in C.

Stough, D. H. Saklofske, and J. D. A. Parker, eds., Assessing Emotional Intelligence: Theory, Research, Applications (New York: Springer, 2009), 191–218; and G. Matthews, M. Zeidner, and R. D. Roberts, "Emotional Intelligence, Health, and Stress," in C. L. Cooper and J. C. Quick, eds., Handbook of Stress and Health: A Guide to Research and Practice (London: Wiley, 2017), 312–26.

27 실험실에서 공개 연설을 했던 사람들 가운데 감성지능이 높은 사람은 코르티솔 수치가 낮았다. M. Mikolajczak, O. Luminet, C. Fillée, and P. de Timary, "The Moderating Impact of Emotional Intelligence on Free Cortisol Responses to Stress," Psychoneuroendocrinology 32 (2007): 1000–1012, https://doi.org/10.1016/j.psyneuen.2007.07.009.

28 Keefer, Parker, and Saklofske, "Emotional Intelligence and Physical Health." See also the review by S. Laborde, F. Dosseville, and M. S. Allen, "Emotional Intelligence in Sport and Exercise: A Systematic Review," Scandinavian Journal of Medicine and Science in Sports (2015), e-pub ahead of print.

29 H. S. Friedman and M. L. Kern, "Personality, Well-being, and Health," Annual Review of Psychology 65 (2014): 719–42.

3장: 돌아온 감성지능

1 Peter Salovey and John D. Mayer, "Emotional Intelligence," Imagination, Cognition and Personality 9, no. 3 (1990): 185–211, https://doi.org/10.2190/DUGG-P24E-52WK-6CDG.

2 Cliff Lansley, "What Scientists Who Study Emotional Intelligence Agree On," Emotional Intelligence Academy, April 2021

3 Cary Cherniss, "Emotional Intelligence: Toward Clarification of a Concept," Industrial and Organizational Psychology: Perspective on Science and Practice 3, no. 2 (2010), 110–26.

4   David C. McClelland, "Testing for Competence Rather than for Intelligence," American Psychologist 28 (1973): 1–14.

5   Lyle M. Spencer and Signe M. Spencer, Competence at Work: Models for Superior Performance (New York: Wiley, 1993).

6   참고: Jonas W. B. Lang and Harrison Kell, "General Mental Ability and Specific Abilities: Their Relative Importance for Extrinsic Career Success," Journal of Applied Psychology 105, no. 9 (2020): 1047–61.

7   Jared S. Allen et al., "What Matters More for Entrepreneurship Success? A Meta-analysis Comparing General Mental Ability and Emotional Intelligence in Entrepreneurial Settings," Strategic Entrepreneurship Journal 15, no. 3 (2020): 352–76.

8   이 차이는 인간의 능력마다 담당하는 뇌 체계가 다르다는 수많은 증거 중 하나다. 이 두뇌 네트워크에 대한 연구는 계속 진행되고 있다. 참고: e.g., Chunlin Li et al., "Large-Scale Morphological Network Efficiency of the Human Brain: Cognitive Intelligence and Emotional Intelligence," Frontiers in Aging Neuroscience, February 24, 2021, https://doi.org/10.3389/fnagi.2021.605158.

9   Cherniss, "Emotional Intelligence."

4장 건전한 자기 인식을 깨워라

1   George Mumford, interviewed in Tricycle, Summer 2003, 103.

2   Richard Huskey et al., "Flexible and Modular Brain Network Dynamics Characterize Flow Experiences During Media Use: A Functional Magnetic Resonance Imaging Study," Journal of Communication 72, no. 1 (February 2022): 6–32, https://doi.org/10.1093/joc/jqab044.

3   Daniel Goleman and Richard Davidson, Altered Traits: Science Reveals How Meditation Changes Your Mind, Brain, and Body

(New York: Avery, 2018).

4 참고: James Wagner, "For the Mets, Deep Breaths, a Little Chatter and a Lot of Wins," New York Times, June 26, 2022.

5 J. D. Rooks et al., "'We Are Talking About Practice': The Influence of Mindfulness vs. Relaxation Training on Athletes' Attention and Well-Being over High-Demand Intervals," Journal of Cognitive Enhancement 1 (2017): 141–53, https://doi.org/10.1007/s41465-017-0016-5.

6 Self-awareness definition: From KeyStepMedia, Emotional Self-Awareness: A Primer (Florence, MA: MoreThanSound, 2017), 34.

7 참고: Amishi Jha et al., "Mindfulness Training Modifies Subsystems of Attention," Cognitive, Affective, & Behavioral Neuroscience 7 (2007): 109–19, https://doi.org/10.3758/CABN.7.2.109. 이 효과를 뒷받침하는 증거는 시간이 지날수록 유력해지고 있다.

8 David Fessell and Cary Cherniss, "Coronavirus Disease 2019 (COVID-19) and Beyond: Micropractices for Burnout Prevention and Emotional Wellness," Journal of the American College of Radiology 17 (2020), doi:10.1016/j.jacr.2020.03.013.

9 Matthew Killingsworth and Daniel Gilbert, "A Wandering Mind Is an Unhappy Mind," Science, November 12, 2010, 32.

10 J. G. Randall et al., "Mind-Wandering, Cognition and Performance: A TheoryDriven Meta-analysis of Attention Regulation," Psychological Bulletin 140, no. 6 (2014): 1411–31, doi:10/1037/a0037428.

11 Michael Mrazek et al., "Mindfulness Training Improves Working Memory Capacity and GRE Performance While Reducing Mind Wandering," Psychological Science 24, no. 5 (2013): 776–81, doi:10.1177/0956797612459659.

12 마음챙김 연구에 관해 자세히 알고 싶다면 참고할 것: Goleman and Da-

vidson, Altered Traits, 2018.

13   Clifford Nass in an NPR interview, as quoted in Fast Company, February 2, 2014.

14   Amishi Jha et al., "Short-Form Mindfulness Training Protects Against Working Memory Degradation over High-Demand Intervals," Journal of Cognitive Enhancement 1 (2017): 154–71, https://doi.org/10.1007/s41465-017-0035-2.

15   Mind and Life Education Research Network, "Contemplative Practices and Mental Training: Prospects for American Education," Child Development Perspectives 6, no. 2 (2012): 146–53, https://doi.org/10.1111/j.1750-8606.2012.00240.x.

16   Amishi Jha et al., "The Effects of Mindfulness Training on Working Memory Performance in High-Demand Cohorts: A Multistudy Investigation," Journal of Cognitive Enhancement 6 (2022): 192–204, https://doi.org/10.1007/s41465-021-00228-1.

17   마크 코너는 캐리 처니스가 진행했던 연구의 피실험자였다. 참고: C. Cherniss, Beyond Burnout: Helping Teachers, Nurses, Therapists, and Lawyers Overcome Stress and Disillusionment(New York: Routledge, 1995).

18   Susie Cranston and Scott Keller, "Increasing the 'Meaning Quotient' of Work," McKinsey Quarterly, January 1, 2013.

19   Daniel Kahneman, Thinking, Fast and Slow (New York: Farrar, Straus & Giroux, 2013).

20   Oprah Winfrey, The Path Made Clear (New York: Flatiron Books, 2019), 14.

21   The EI course: https://www.keystepmedia.com/emotional-intelligence/.

22   Marc Brackett, Permission to Feel (New York: Celadon Books, 2020).

5장 자기 관리 전략

1 Gabriele Gratton et al., "Dynamics of Cognitive Control: Theoretical Bases, Paradigms, and a View for the Future," Psychophysiology 55 (2018), https://doi.org/10.1111/psyp.13016.

2 L. Pruessner, S. Barnow, D. V. Holt, J. Joormann, and K. Schulze, "A Cognitive Control Framework for Understanding Emotion Regulation Flexibility," Emotion 20, no. 1 (2020): 21–29, https://doi.org/10.1037/emo0000658.

3 참고: e.g., Chai M. Tyng et al., "The Influences of Emotion on Learning and Memory," Frontiers in Psychology (2017), https://doi.org/10.3389/fpsyg.2017.01454.

4 Walter Mischel, The Marshmallow Test: Mastering Self-control (New York: Little, Brown, 2018).

5 Philip K. Peake, "Predicting Adolescent Cognitive and Self-Regulatory Competencies from Preschool Delay of Gratification," Developmental Psychology 26, no. 6 (1990): 978–86.

6 Angela Duckworth et al., "What No Child Left Behind Leaves Behind: The Role of IQ and Self-control in Predicting Standardized Achievement Test Scores and Report Card Grades," Journal of Educational Psychology 104 (2012): 439–51.

7 Leah S. Richmond-Rakerd et al., "Childhood Self-control Forecasts the Pace of Midlife Aging and Preparedness for Old Age," PNAS 118, no. 3 (2021): e2010211118, https://doi.org/10.1073/pnas.2010211118.

8 V. M. Dotson et al., "Depression and Cognitive Control across the Lifespan: A Systematic Review and Meta-analysis," Neuropsychology Review 30 (2020): 461–76, https://doi.org/10.1007/s11065-020-09436-6.

9 Ulrike Zetsche et al., "Shedding Light on the Association be-

tween Repetitive Negative Thinking and Deficits in Cognitive Control—Meta-analysis," Clinical Psychology Review 63 (2018): 56–65.

10 그는 어렸을 때 시카고 거리에서 신문을 판매해서 가난한 살림에 보탰다. 하지만 대학에 입학해서 로스쿨에 갔고 기업 전문 로펌을 공동 창립했으며(D'Ancona, Pflaum, Wyatt & Riskind) 결국 허츠사Hertz Corporation의 법무 자문위원이 되었다.

11 A. E. Poropot, "A Meta-analysis of the Five-Factor Model of Personality and Academic Performance," Psychological Bulletin 135 (2009): 322–38, http://dx.doi.org/10.1037/a0014996.

12 Patrick C. L. Heaven and Joseph Ciarrochi, "When IQ Is Not Everything: Intelligence, Personality and Academic Performance at School," Personality and Individual Differences 53 (2012): 518–22.

13 Angela Duckworth, Grit: The Power of Passion and Perseverance (New York: Scribner's, 2016).

14 Angela Lee Duckworth and Patrick D. Quinn, "Development and Validation of Short Grit Scale (Grit-S)," Journal of Personality Assessment 91, no. 2 (2009): 166–74. 그릿을 주제로 한 더크워스의 글 중에 가장 자주 인용되는 글이다. 더크워스는 그릿이 맥클리랜드의 성취동기와 비슷하지만 더 도달하기 어렵고 장기적인 목표라고 주장했다.

15 Teresa Amabile and Steven Kramer, The Progress Principle: Using Small Wins to Ignite Joy, Engagement, and Creativity at Work (Boston: Harvard Business Review Press, 2011).

16 Suniya S. Luthar, Nina L. Kumar, and Nicole Zillmer, "High-Achieving Schools Connote Risks for Adolescents: Problems Documented, Processes Implicated, and Directions for Interventions," American Psychologist 75, no. 7 (2020): 983.

17 Emily Esfahani Smith, "Teen Anguish in the Pandemic," New York Times, May 9, 2021, Week in Review, 8.

18 미국 스트레스 협회American Institute of Stress에 보고된 내용이다. https://www.stress.org/stress-level-of-americans-is-rising-rapidly-in-2022-new-study-finds.

19 KeyStepMedia, Building Blocks of Emotional Intelligence, Achievement Orientation: A Primer (Florence, MA: MoreThanSound, 2017), 24.

20 Angela Duckworth and James J. Gross, "Self-control and Grit: Related but Separable Determinants of Success," Current Directions in Psychological Science 23, no. 5 (2014), https://doi.org/10.1177/0963721414541462.

21 앨릭스 첼닉이 콜린 오브레이디의 말을 인용했다. "Extremely Still," Tricycle, Spring 2022, 58.

22 Carol Dweck, Mindset: Changing the Way You Think to Fulfill Your Potential (New York: Avery, 2016).

23 Daeun Park et al., "The Development of Grit and Growth Mindset During Adolescence," Journal of Experimental Child Psychology 198 (2020), https://doi.org/10.1016/j.jecp.2020.104889.

24 Martin Seligman, Learned Optimism (New York: Vintage, 2006).

25 KeyStepMedia, Building Blocks of Emotional Intelligence, Positive Outlook: A Primer (Florence, MA: MoreThanSound, 2017), 23.

26 Susan David, Emotional Agility (New York: Avery, 2016).

27 Adaptability definition from KeyStepMedia, Building Blocks of Emotional Intelligence: The Twelve Crucial Competencies (Florence, MA: MoreThanSound, 2017).

28 The EI online competence course: see https://courses.keystepmedia.com/.

6장: 번아웃을 넘어 회복탄력성으로

1 Ed Yong, "Why Health-Care Workers Are Quitting in Droves," The Atlantic, November 16, 2021.

2 참고: https://www.kornferry.com/insights/this-week-in-leadership/workplace-stress-motivation.

3 Infinite Potential, The State of Workforce Burnout 2023, https://infinite-potential.com.au/the-state-of-burnout-2023.

4 https://www.stress.org/stress-level-of-americans-is-rising-rapidly-in-2022-new-study-find.

5 감정적 자기 통제 또는 감정적 균형: KeyStepMedia, Building Blocks of Emotional Intelligence, Emotional Self-control: A Primer (Florence, MA: MoreThanSound, 2017).

6 The classic formulation: R. S. Lazarus and S. Folkman, "Transactional Theory and Research on Emotions and Coping," European Journal of Personality 1, no. 3 (1987): 141–69, https://doi.org/10.1002/per.2410010304.

7 코니는 진짜 이름이 아니며, 처니스와 연구 팀이 전문직 신입 사원을 대상으로 진행했던 연구에 참여했다. 참고: Cherniss, Beyond Burnout.

8 S. Toppinen-Tanner et al., "Burnout Predicts Hospitalization for Mental and Cardiovascular Disorders: 10-Year Prospective Results from Industrial Sector," Stress & Health 25, no. 4 (October 2009): 287–96, cited in C. Maslach and M. P. Leiter, "Understanding the Burnout Experience: Recent Research and Its Implications for Psychiatry," World Psychiatry 15, no. 2 (2016): 103–11, https://doi.org/10.1002/wps.20311.

9 Hannah Seo, "Stress Might Age the Immune System, New Study Finds," New York Times, June 17, 2022, https://www.nytimes.com/2022/06/17/well/mind/stress-aging-immune-system.html.

10   https://www.kornferry.com/insights/this-week-in-leadership/workplace-stress-motivation.

11   참고: P. M. Le Blanc et al., "Take Care! The Evaluation of a Team-Based Burnout Intervention Program for Oncology Care Providers," Journal of Applied Psychology 92 (2007): 213-27, doi:10.1037/0021-9010.92.1.213. 추가 참고: Maslach and Leiter, "Understanding the Burnout Experience"; W. Schaufeli and D. Enzmann, The Burnout Companion to Study and Research: A Critical Analysis (London: Taylor & Francis, 1998). 검토 보고서 참고: C. L. Cordes and T. Dougherty, "A Review and Integration of Research on Job Burnout," Academy of Management Review 18 (1993): 621-56; R. T. Lee and B. E. Ashforth, "A Meta-Analytic Examination of the Correlates of the Three Dimensions of Job Burnout," Journal of Applied Psychology 81 (1996): 123-33; W. B. Schaufeli and B. P. Buunk, "Burnout: An Overview of 25 Years of Research and Theorizing," in The Handbook of Work and Health Psychology, edited by M. J. Schabracq, J. A. M. Winnubst, and C. L. Cooper(Chichester, England: Wiley, 2002), 383-425.

12   https://www.kornferry.com/insights/this-week-in-leadership/workplace-stress-motivation.

13   신경 네트워크와 감정에 관해 자세히 알고 싶거나 뇌 영역과 감정을 평가하는 새로운 방법이 궁금하면 참고: David J. Anderson, The Nature of the Beast: How Emotions Guide Us (New York: Basic Books, 2022). 앤더슨은 뇌에 공포가 지나가는 통로가 여러 군데에 있을 가능성이 크며 일부는 편도체와 상관없다고 밝혔다.

14   참고: Joseph Ledoux, "Rethinking the Emotional Brain," Neuron 73 (2012): 653-76. Ledoux, 초기 연구에서 공포와 편도체에 밀접한 관련이 있다고 했으나, 나중에 자신의 연구 결과에 의문을 제기하면서 뇌와 감정의 관계 연구에 동물 모델을 쓰자고 주장했다. 앤더슨의 글 참고. The Nature of the Beast.

15   Judy Lief, "Unraveling Anxiety," Lion's Roar, March 2022, 47.

16 Marc Brackett, Permission to Feel: The Power of Emotional Intelligence to Achieve Well-being and Success (New York: Celadon Press, 2019).

17 Kostadin Kushlev, "Do Happy People Care About Society's Problems?," Journal of Positive Psychology 15, no. 4 (2020): 467–77.

18 Maslach and Leiter, "Understanding the Burnout Experience."

19 American Psychological Association, "Stress in America," annual survey, 2021, https://www.apa.org/news/press/releases/stress/2021/decision-making-october-2021.pdf.

20 M. L. Jordano and D. R. Touron, "Priming Performance-Related Concerns Induces Task-Related Mind-Wandering," Consciousness and Cognition 55 (2017): 126–35, doi:10.1016/concog.2017.08.002.

21 참고: Steven J. Spencer et al., "Stereotype Threat and Women's Math Performance," Journal of Experimental Social Psychology 35, no. 1 (1999): 4–28.

22 Stacey Schaefer, "Purpose in Life Predicts Better Emotional Recovery from Negative Stimuli," PLoS ONE 8, no. 11 (2013).

23 Goleman and Davidson, Altered Traits.

24 Uta Klusmann et al., "Is Emotional Exhaustion Only the Result of Work Experiences? A Diary Study on Daily Hassles and Uplifts in Different Life Domains,"Anxiety, Stress, & Coping 34, no. 2 (2021): 173–90, doi:10.1080/10615806.2020.1845430.

25 Han Liu and Richard Boyatzis, "Focusing on Resilience and Renewal from Stress: The Role of Emotional and Social Intelligence Competencies," Frontiers in Psychology, June 2021, https://doi.org/10.3389/fpsyg.2021.685829.

26 See https://www.keystepmedia.com/shop/psi/#.Y8bk2eLMJ_Q.

27 Fessell and Cherniss, "Coronavirus Disease 2019 (COVID-19)

and Beyond."

7장: 공감의 기술

1 Jean Decety, "The Neurodevelopment of Empathy," Developmental Neuroscience 32 (2010): 257-7.

2 제임스 섀힌과 재클린 스톤Jacqueline Stone, 도널드 S. 로페즈 주니어 Donald S. Lopez Jr의 대화. "How to Read the Lotus Sutra," Tricycle, Spring 2020, 66. 이런 '능숙한 수단'은 인지적 공감에 달렸다.

3 참고: C. Zahn-Waxler and M. Radke-Yarrow, "The Origins of Empathic Concern," Motivation and Emotion 14 (1990): 107-30, https://doi.org/10.1007/BF00991639.

4 KeyStepMedia, Building Blocks of Emotional Intelligence, Empathy: A Primer (Florence, MA: MoreThanSound, 2017), 23.

5 모두가 마스크로 얼굴을 가리면 어떻게 될까: Sarah D. McCrackin et al., "Face Masks Impair Basic Emotion Recognition," Social Psychology 54 (2022), https://econtent.hogrefe.com/doi/10.1027/1864-9335/a000470.

6 "Physician, Care for Yourself," Lion's Roar, March 2020, 23.

7 사례 참고: Rebecca A. Rudd and Livia M. D'Andrea, "Compassionate Detachment: Managing Professional Stress While Providing Quality Care to Bereaved Parents," Journal of Workplace Behavioral Health 30, no. 3 (2015): 287-305, doi:10.1080/15555240.2014.999079.

8 H. Riess et al., "Empathy Training for Resident Physicians: A Randomized Controlled Trial of a Neuroscience-Informed Curriculum," Journal of General Internal Medicine 27 (2012): 1280-86, https://doi.org/10.1007/s11606-012-2063-z.

9 BusinessSolver, "2022 State of Workplace Empathy," https://

www.businessolver.com/resources/state-of-workplace-empathy#gref.

10 Jamil Zaki, "Making Empathy Central to Your Company's Culture," Harvard Business Review, May 30, 2019, https://enterprisersproject.com/sites/default/files/empathy_culture.pdf.

11 Erik C Nook et al., "Prosocial Conformity: Prosocial Norms Generalize Across Behavior and Empathy," Personality and Social Psychology Bulletin 42, no. 8 (August 2016): 1054–62, doi:10.1177/0146167216649932.

12 Tracy Brower, "Empathy Is the Most Important Leadership Skill According to Research," Forbes, September 19, 2021.

13 참고: the classic analysis: Scott Speier et al., "Leadership Run Amok," Harvard Business Review, June 2006.

14 Amabile and Kramer, The Progress Principle.

15 Rob Cross and Andrew Parker, The Hidden Power of Social Networks: Understanding How Work Really Gets Done in Organizations (Boston: Harvard Business Review Press, 2004).

16 Jamil Zaki, "Integrating Empathy and Interpersonal Emotion Regulation," Annual Review of Psychology 71 (2020): 517–40, https://doi.org/10.1146/annurev-psych-010419-050830.

17 Sigal Barsade et al., "Emotional Contagion in Organizational Life," Research in Organizational Behavior, December 2018, doi:10.1016/j.riob.2018.11.005.

18 Ed Yong, "Why Health-Care Workers Are Quitting in Droves," The Atlantic, November 16, 2021.

19 Tania Singer and Olga M. Klimecki, "Empathy and Compassion," Current Biology 24, no. 18 (2014): 875–78, https://doi.org/10.1016/j.cub.2014.06.054.

20 L. Ramarajan, S. G. Barsade, and O. R. Burack, "The Influence of

21 K. Schabram and Y. T. Heng, "How Other- and Self-Compassion Reduce Burnout through Resource Replenishment," Academy of Management Journal 65, no. 2 (2022): 453–78. doi:10.5465/amj.2019.0493.

22 Le Blanc et al., "Take Care!" 참고: C. Maslach, W. B. Schaufeli, and M. P. Leiter, "Burnout," Annual Review of Psychology 52 (2001): 397–422.

23 Richard Boyatzis, in Organizational Awareness: A Primer (Florence, MA: MoreThanSound, 2017), 36.

24 Vinson Cunningham, "Blacking Out," The New Yorker, July 20, 2020, 64.

25 George Packer, Last Best Hope: America in Crisis and Renewal (New York: Farrar, Straus & Giroux, 2021).

26 See, e.g., https://www.benjerry.com/whats-new/2022/06/americans-agree-on-issues.

8장: 인간관계 전략

1 https://www.trustacrossamerica.com/documents/index/Return-Methodology.pdf.

2 KeyStepMedia, Building Blocks of Emotional Intelligence. Coach and Mentor: A Primer (Florence, MA: MoreThanSound, 2017), 24.

3 Conference Board, Global Executive Coaching Survey 2018, https://www.conference-board.org/topics/executive-coaching/global-executive-coaching-survey-2018-report.

4 Anthony Jack et al., "Visioning in the Brain: An FMRI Study of In-

spirational Coaching and Mentoring," Social Neuroscience 8, no. 4 (2013): 369–84, doi:10.1080/17470919.2013.808259.

5   Richard Boyatzis et al., Helping People Change: Coaching with Compassion for Lifelong Learning and Growth (Boston: Harvard Business Review Press, 2021).

6   C. Cherniss, "Instrument for Observing Supervisor Behavior in Educational Programs for Mentally Retarded Children," American Journal of Mental Deficiency 91 (1986): 18–21.

7   Peter Senge, in KeyStepMedia, Building Blocks of Emotional Intelligence, Influence: A Primer (Florence, MA: MoreThanSound, 2017), 38.

8   프랭클린이 국가를 위해 사람들에게 어떻게 영향력을 미쳤는지 자세히 알고 싶다면 켄 번스Ken Burns의 프랭클린 다큐멘터리 참고.

9   KeyStepMedia, Building Blocks of Emotional Intelligence, Influence: A Primer (Florence, MA: MoreThanSound, 2017), 24.

10 https://motivationalinterviewing.org/understanding-motivational-interviewing.

11 영향력 관련 강좌: https://www.keystepmedia.com/emotional-intelligence/.

12 Blake Mycoskie, "The Founder of TOMS on Reimagining the Company's Mission," Harvard Business Review, January–February 2016.

13 KeyStepMedia, Building Blocks of Emotional Intelligence, Inspirational Leadership: A Primer (Florence, MA: MoreThanSound, 2017), 5.

14 Daniel Goleman, "Leadership That Gets Results," Harvard Business Review, March–April 2000.

15 Dr. Albert Bourla, Moonshot: Inside Pfizer's Nine-Month Race to Make the Impossible Possible (New York: HarperBusiness,

2022).

16 Cary Cherniss and Cornelia W. Roche, Leading with Feeling: Nine Strategies of Emotionally Intelligent Leadership (New York: Oxford University Press, 2020).

17 Amy Gallo, HBR Guide to Dealing with Conflict (Boston: Harvard Business Review Press, 2017).

9장: 감성지능의 수많은 이름

1 Raffaella Sadun et al., "The C-Suite Skills That Matter Most," Harvard Business Review, July–August 2022, 42–50.

2 위와 같은 책.

3 Amy Lui Abel and Rebecca L. Ray, Global Executive Coaching Survey 2018, Conference Board, March 2019, https://www.conference-board.org/topics/executive-coaching/global-executive-coaching-survey-2018-report.

4 Jeremy Hunter, "Is Mindfulness Good for Business?" Mindful, April 2013, 54.

5 Sadun et al., "The C-Suite Skills That Matter Most," 47.

6 L. L. Baird, "Do Grades and Tests Predict Adult Accomplishment?," Research in Higher Education 23 (1985): 3–85, https://doi.org/10.1007/BF00974070. 한편 다른 연구에서는 더 높은 상관관계를 발견했다: Philip L. Roth and Richard L. Clarke, "Meta-Analyzing the Relation Between Grades and Salary," Journal of Vocational Behavior 53, no. 3 (1998): 386–400. 학교 성적이 꼭 IQ를 반영하지는 않지만, 동기 부여나 성실성 같은 요인의 영향을 받는다.

7 P. L. Roth, C. A. BeVier, F. S. Switzer, and J. S. Schippmann, "Meta-Analyzing the Relationship Between Grades and Job Performance," Journal of Applied Psychology 81, no. 5 (1996):

548–56, https://doi.org/10.1037/0021-9010.81.5.548.

8 Jeffrey S. Zax and Daniel I. Rees, "IQ , Academic Performance, Environment, and Earnings," Review of Economics and Statistics 84, no. 4 (November 2002); 600–616. IQ를 과대평가하는 경향은 리처드 헌스타인Richard Hernstein과 찰스 머리Charles Murray의 주장에서 나왔다. The Bell Curve (New York: Free Press, 1994).

9 참고: Bryan J. Pesta, "Discounting IQ's Relevance to Organizational Behavior: The 'Somebody Else's Problem' in Management Education," Open Differential Psychology, May 26, 2015, and Ken Richardson and Sarah H. Norgate, "Does IQ Really Predict Job Performance?," Applied Developmental Science 19, no. 3 (2015): 153–69.

10 Signe Spencer and Heather Barnfield, "Emotional Intelligence: Why Now?," Korn Ferry Thought Leadership, 2021, https://www.kornferry.com/content/dam/kornferry-v2/pdf/institute/kfi-thought-leadership-emotional-intelligence-why-now.pdf.

10장: 감성지능으로 리드하라

1 Dana Rubinstein, "The No. 1 Skill Eric Adams Is Looking For (It's Not on a Résumé)," New York Times, December 18, 2021.

2 Brookes Barnes et al., "Iger's Sudden Return to Disney Shocks a Discontented Kingdom," New York Times, November 21, 2022, https://www.nytimes.com/2022/11/21/business/media/disney-bob-iger.html.

3 D. Rosete and J. Ciarrochi, "Emotional Intelligence and Its Relationship to Workplace Performance Outcomes of Leadership Effectiveness," Leadership and Organization Development Journal 26 (2005): 388–99, https://www.emerald.com/insight/content/doi/10.1108/01437730510607871/full/html.

4   R. E. Boyatzis, D. Good, and R. Massa, "Emotional, Social, and Cognitive Intelligence and Personality as Predictors of Sales Leadership Performance," Journal of Leadership and Organizational Studies 19 (2012): 191–201, doi:10.1177/1548051811435793.

5   R. Boyatzis, T. Brizz, and L. Godwin, "The Effect of Religious Leaders' Emotional and Social Competencies on Improving Parish Vibrancy," Journal of Leadership & Organizational Studies 18 (2011): 192–206, doi:10.1177/1548051810369676.

6   S. V. A. Araujo and S. Taylor, "The Influence of Emotional and Social Intelligence Competencies on the Performance of Peruvian Refinery Staff," Journal of Cross Cultural Management 19 (2012): 19–29, doi:10.1108/13527601211195600.

7   C. Miao, R. H. Humphrey, and S. Qian, Journal of World Business 53 (2018): 463–74, https://doi.org/10.1016/j.jwb.2018.01.003. 분석 대상 연구는 12가지, 참여자는 총 2764명이다. 참고: R. J. Emmerling and R. E. Boyatzis, "Emotional and Social Competencies: Cross-Cultural Implications," Cross Cultural Management: An International Journal 19 (2012): 4–18.

8   J. S. Allen, R. M. Stevenson, E. H. O'Boyle, and S. Seibert, "What Matters More for Entrepreneurship Success? A Meta-analysis Comparing General Mental Ability and Emotional Intelligence in Entrepreneurial Settings," Strategic Entrepreneurship Journal 15 (2021): 352–76, https://doi.org/10.1002/sej.1377.

9   Cherniss, Beyond Burnout.

10 Mary Abbajay, "What to Do When You Have a Bad Boss," Harvard Business Review, September 7, 2018, cited in the McKinsey report, https://www.mckinsey.com/business-functions/people-and-organizational-performance/our-insights/the-boss-factor-making-the-world-a-better-place-through-workplace-relationships.

11 McKinsey Quarterly Five-Fifty, "Better Bosses," September

22, 2020, https://www.mckinsey.com/business-functions/people-and-organizational-performance/our-insights/five-fifty-better-bosses; https://www.mckinsey.com/business-functions/people-and-organizational-performance/our-insights/the-boss-factor-making-the-world-a-better-place-through-workplace-relationships.

12 C. Miao, R. H. Humphrey, and S. Qian, "Leader Emotional Intelligence and Subordinate Job Satisfaction: A Meta-analysis of Main, Mediator, and Moderator Effects," Personality and Individual Differences 102 (2016): 13–24, https://doi.org/10.1016/j.paid.2016.06.056.

13 Miao, Humphrey, and Qian, "A Cross-Cultural Meta-analysis."

14 Falahat N. Mohammad, Lau T. Chai, Law K. Aun, and Melissa W. Migin, "Emotional Intelligence and Turnover Intention," International Journal of Academic Research Part B, 6, no. 4 (2014): 211–20, doi:10.7813/2075-4124.2014/6-4/B.33.

15 Microsoft WorkLab, "Great Expectations: Making Hybrid Work Work," Annual Work Trend Index 2022 Report, https://www.microsoft.com/en-us/worklab/work-trend-index.

16 B. A. Scott, J. A. Colquitt, E. L. Paddock, and T. A. Judge, "A Daily Investigation of the Role of Manager Empathy on Employee Well-being," Organizational Behavior and Human Decision Processes 113 (2010): 127–40.

17 J. Skakon, K. Nielsen, V. Borg, and J. Guzman, "Are Leaders' Well-being, Behaviours and Style Associated with the Affective Well-being of Their Employees? A Systematic Review of Three Decades of Research," Work & Stress 24, no. 2 (2010): 107–39, doi:10.1080/02678373.2010.495262. See also F. Rasulzada, I. Dackert, and C. R. Johansson, "Employee Well-being in Relation to Organizational Climate and Leadership Style," in Proceedings of the Fifth European Conference of the European Academy of Occupational Health Psychology, Berlin (Nottingham, UK: Insti-

18　R. S. Vealey, L. Armstrong, W. Comar, and C. A. Greenleaf, "Influence of Perceived Coaching Behaviours on Burnout and Competitive Anxiety in Female College Athletes," Journal of Applied Sport Psychology 10 (1998): 297–318.

19　P. Moyle, "Longitudinal Influences of Managerial Support on Employee Well-being," Work & Stress 12 (1998): 29–49, https://doi.org/10.1080/02678379808256847.

20　Sigal Barsade and Olivia A. O'Neill, "Manage Your Emotional Culture," Harvard Business Review, January–February 2016.

21　이 딜레마는 특히 여성 리더가 많이 경험한다. '따뜻하고 친절하면서도 유능하거나 냉정하길' 기대받기 때문이다. 참고: Wei Zeng, Ronit Kark, and Alyson Meister, "How Women Manage the Gendered Norms of Leadership," Harvard Business Review, November 28, 2018, https://hbr.org/2018/11/how-women-manage-the-gendered-norms-of-leadership.

22　펜실베이니아 와튼 스쿨 교수로 일터에서의 감성 역량을 연구한 낸시 로스바드Nancy Rothbard에 따르면 여성 리더와 비백인 리더는 감정을 표현했을 때 더 비싼 대가를 치른다고 한다. 루빈스타인이 인용, "The No. 1 Skill Eric Adams Is Looking For (It's Not on a Résumé)."

23　K. Lanaj, R. E. Jennings, S. J. Ashford, and S. Krishnan, "When Leader Selfcare Begets Other Care: Leader Role Self-compassion and Helping at Work," Journal of Applied Psychology 107, no. 9 (2022): 1543–60, https://doi.org/10.1037/apl0000957.

24　C. Cherniss, L. Grimm, and J. P. Liautaud, "Process-Designed Training: A New Approach for Helping Leaders Develop Emotional and Social Competence," Journal of Management Development 29 (2010): 413–31.

25　R. Gilar-Corbi et al., "Can Emotional Intelligence Be Improved? A Randomized Experimental Study of a Business-Oriented EI Training Program for Senior Managers," PLoS ONE 14, no. 10 (2019): e0224254, https://doi.org/10.1371/journal.pone.0224254.

26   Dina Denham Smith and Alicia A. Grandey, "The Emotional Labor of Being a Leader," Harvard Business Review, November 2, 2022.

27   처니스와 코닐리아 로슈가 연구했던 리더 중의 한 명이다. 참고: Cherniss and Roche, Leading with Feeling.

28   G. Cummings, L. Hayduk, and C. Estabrooks, "Mitigating the Impact of Hospital Restructuring on Nurses: The Responsibility of Emotionally Intelligent Leadership," Nursing Research 54, no. 1 (2005): 2–12.

29   리더 감성지능을 측정할 때는 간호사들이 골먼-보야치스 모델의 13가지 감성지능 역량을 기준으로 자기 상사의 점수를 매겼다. 그다음 각 리더의 감성지능 특성에 따라 연상되는 리더십 스타일을 한 가지 이상 선택했다(선구자, 코치, 친밀함, 민주적). 참고: Daniel Goleman, Richard Boyatzis, and Annie McKee, Primal Leadership: Realizing the Power of Emotional Intelligence (Boston: Harvard Business Review Press, 2002).

30   R. E. Boyatzis, K. Thiel, K. Rochford, and A. Black, "Emotional and Social Intelligence Competencies of Incident Team Commanders Fighting Wildfires,"Journal of Applied Behavioral Science 53 (2017):498–516, doi:10.1177/0021886317731575. 사고 현장 지휘관 15명과 사고 60건에 관해 인터뷰하여 사고 관리 리더십의 감성지능 역량 및 사회적 지능 역량을 분석했다.

31   루빈스타인의 글을 카루소Caruso가 인용. "The No. 1 Skill Eric Adams Is Looking For (It's Not on a Résumé)."

32   Emma Goldberg가 인용, "When Your Boss Is Crying, but You're the One Being Laid Off," New York Times, August 24, 2022.

33   E. L. Carleton, J. Barling, A. M. Christie, M. Trivisonno, K. Tulloch, and M. R. Beauchamp, "Scarred for the Rest of My Career? Ca-

reer-Long Effects of Abusive Leadership on Professional Athlete Aggression and Task Performance," Journal of Sport and Exercise Psychology (2016): 409-22.

34 Allie Caren, "Why We Often Remember the Bad Rather Than the Good," Washington Post, November 1, 2018, https://www.washingtonpost.com/science/2018/11/01/why-we-often-remember-bad-better-than-good/.

35 Shawn McClean, Stephen H. Courtright, Troy A. Smith, and Junhyok Yim, "Stop Making Excuses for Toxic Bosses," Harvard Business Review (2021), https://hbr.org/2021/01/stop-making-excuses-for-toxic-bosses.

36 J. A. Colquitt et al., "Justice at the Millenium: A Meta-Analytic Review of Organizational Behavior Research," Journal of Applied Psychology 86 (2001): 425-45.

37 이 연구에 관해 자세히 알고 싶으면 참고: C. Cherniss and C. W. Roche, "How Outstanding Leaders Use Emotional Intelligence," Leader to Leader 98 (Fall 2020): 45-50, https://doi.org/10.1002/ltl.20517. 두 사람은 다양한 조직의 리더 25명(남성 12명, 여성 13명)으로부터 126건의 사례를 수집했다.

38 감정 관리 기술을 더 자세히 알고 싶으면 참고: Marilee Adams, Change Your Questions, Change Your Life: 10 Powerful Tools for Life and Work, 2nd ed. (San Francisco: Berrett-Koehler, 2009).

11장: 감성지능이 높은 팀

1 참고: Gerardo A. Okhuysen, David Lepak, Karen Lee Ashcraft, Giuseppe Labianca, Vicki Smith, and H. Kevin Steensma, "Theories of Work and Working Today," Academy of Management Review 38, no. 4 (2013): 491-502.

2   참고: Vipula Gandhi and Jennifer Robinson, "The 'Great Resignation' Is Really the 'Great Discontent,'" Gallup, July 22, 2021, https://www.gallup.com/workplace/351545/great-resignation-really-great-discontent.aspx.

3   N. C. Carpenter, D. S. Whitman, and R. Amrhein, "Unit-Level Counterproductive Work Behavior (CWB): A Conceptual Review and Quantitative Summary," Journal of Management 47 (2020): 1498–1527, https://doi.org/10.1177/0149206320978812.

4   Spencer and Barnfield, "Emotional Intelligence: Why Now?"

5   팀원과 리더, 이 팀과 친한 경영자가 바라봤을 때 사람들이 얼마나 협력을 잘하는지 조사해서 팀의 효과성을 판단했다. 매출 실적 같은 객관적 데이터도 참고했다.

6   집단의 심리적 안전 개념에 관해 자세히 알고 싶으면 참고: A. Edmondson, "Psychological Safety and Learning Behavior in Work Teams," Administrative Science Quarterly 44, no. 2 (1999): 350–83, doi:10.2307/2666999.

7   "Guide: Understand Team Effectiveness," in re:Work, https://rework.withgoogle.com/print/guides/5721312655835136/. 연구 관련 자세한 설명이 필요하면 참고: Charles Duhigg, "What Google Learned from Its Quest to Build the Perfect Team," New York Times, February 28, 2016, https://www.nytimes.com/2016/02/28/magazine/what-google-learned-from-its-quest-to-build-the-perfect-team.html.

8   N. Campany et al., "What Makes Good Teams Work Better: Research-Based Strategies That Distinguish Top-Performing Cross-Functional Drug Development Teams," Organization Development Journal 25, no. 2 (2007): P179–P186.

9   V. U. Druskat and S. B. Wolff, "Building the Emotional Intelligence of Groups," Harvard Business Review 79, no. 3 (2001): 81–90.

10 For details of Druskat's team EI work see https://golemancon-

sultinggroup.com/.

11   Team EI: see https://golemanconsultinggroup.com/.

12   Vanessa Druskat et al., "The Influence of Team Leader Competencies on the Emergence of Emotionally Competent Team Norms," presented at the Annual Academy of Management Conference, San Antonio, TX, August 2011.

13   A. W. Woolley et al., "Evidence for a Collective Intelligence Factor in the Performance of Human Groups," Science 330 (2010): 686–88.

14   Duhigg, "What Google Learned from Its Quest to Build the Perfect Team."

15   A. Rezvani, P. Khosravi, and N. M. Ashkanasy, "Examining the Interdependencies Among Emotional Intelligence, Trust, and Performance in Infrastructure Projects: A Multilevel Study," International Journal of Project Management 36, no. 8 (2018): 1034–46, https://doi.org/10.1016/j.ijproman.2018.08.002.

16   F. Zhu, X. Wang, L. Wang, and M. Yu, "Project Manager's Emotional Intelligence and Project Performance: The Mediating Role of Project Commitment," International Journal of Project Management 39 (2021): 788–98.

17   E. S. Koman and S. B. Wolff, "Emotional Intelligence Competencies in the Team and Team Leader: A Multi-level Examination of the Impact of Emotional Intelligence on Team Performance," Journal of Management Development 27, no. 1 (2008): 5575.

18   A. Mazur, A. Pisarski, A. Chang, and N. M. Ashkanasy, "Rating Defence Major Project Success: The Role of Personal Attributes and Stakeholder Relationships," International Journal of Project Management 32 (2014): 944–57; A. C. Troth, P. J. Jordan, S.A. Lawrence, and H. H. Tse, "A Multilevel Model of Emotional Skills, Communication Performance, and Task Performance in Teams," Journal of Organizational Behavior 33 (2012): 700–22.

팀 감성지능과 팀 기능의 긍정적 연관성을 보여주는 연구 두 가지: P. J. Jordan, N. M. Ashkanasy, C. E. J. Hartel, and G. S. Hooper, "Workgroup Emotional Intelligence Scale Development and Relationship to Team Process Effectiveness and Goal Focus," Human Resource Management Review 12 (2002): 195–214; and J. W. Chang, T. Sy, and J. N. Choi, "Team Emotional Intelligence and Performance: Interactive Dynamics between Leaders and Members," Small Group Research 43 (2012): 75–104, doi:10.1177/1046496411415692.

19 2022년 〈포브스〉에 따르면 '공학과 공학 기술 학사 학위 수여자 가운데 여성 비율은' 최근 증가했지만 '21퍼센트에 불과하다.' https://www.forbes.com/sites/markkantrowitz/2022/04/07/women-achieve-gains-in-stem-fields/?sh=225ef085ac57. 여성은 공대 환경을 적대적으로 느낀다고 한다. 2019년 여성 엔지니어 협회Society of Women Engineers에 따르면 대학에서 STEM 분야를 전공하는 여성의 32퍼센트 이상이 전공을 변경했다. https://alltogether.swe.org/2019/11/swe-research-update-women-in-engineering-by-the-numbers-nov-2019/.

20 A. G. Greenwald et al., "Implicit-Bias Remedies: Treating Discriminatory Bias as a Public-Health Problem," Psychological Science in the Public Interest 23 (2022): 7–40, doi:10.1177/15291006211070781; Jesse Singal, "What If Diversity Trainings Are Doing More Harm Than Good?" New York Times, January 17, 2023, https://www.nytimes.com/2023/01/17/opinion/dei-trainings-effective.html.

21 Michael Jacoby Brown, 편집자에게 보내는 편지, New York Times, 1/27/23.

22 Singal, "What If Diversity Trainings Are Doing More Harm Than Good?"

23 https://ascent.net/stephen-kelner.

24 프로그램 및 평가에 관해 자세히 알고 싶으면 참고: C. Cherniss, L. Grimm, and J. P. Liautaud, "Process-Designed Training: A

New Approach for Helping Leaders Develop Emotional and Social Competence," Journal of Management Development 29 (2010): 413–31.

25 K. Holtz, V. Orengo Castella, A. Zornoza Abad, and B. González-Anta, "Virtual Team Functioning," Group Dynamics: Theory, Research, and Practice 24, no. 3 (2020): 153–67, doi:10.1037/gdn0000141.

26 "Guide: Understand Team Effectiveness," https://rework.withgoogle.com/print/guides/5721312655835136/.

27 P. M. Le Blanc et al., "Take Care! The Evaluation of a Team-Based Burnout Intervention Program for Oncology Care Providers," Journal of Applied Psychology 92 (2007): 213–27, doi:10.1037/0021-9010.92.1.213.

12장: 효과적인 감성지능 교육

1 제이미 다이먼이 〈위대한 인물과의 커피Coffee with the Greats〉 팟캐스트에 나와서 인터뷰했다. July 15, 2021, https://cnb.cx/32N4W1C.

2 https://www.eeoc.gov/laws/guidance/employment-tests-and-selection-procedures.

3 David Noble et al., Real-Time Leadership (Boston: Harvard Business Review Press, 2023).

4 자세히 알고 싶으면 학업 및 사회 학습 협회Academic and Social Learning 웹사이트 참고: https://casel.org/fundamentals-of-sel/what-does-the-research-say/.

5 참고: R. Gilar-Corbi et al., "Can Emotional Intelligence Be Improved? A Randomized Experimental Study of a Business-Oriented EI Training Program for Senior Managers," PLoS One (2019), https://doi.org/10.1371/journal.pone.0224254.

6   조직 개발 컨설턴트인 로라 걸리엄Laura Gulliam이 프로그레시브의 감성지능 교육 결과를 연구하고 있다. 이 연구에서는 감성 및 사회 역량 지표(ESCI)를 평가한 뒤 스스로 웹사이트에서 공부했을 때와 ESCI를 평가한 뒤 개인 코칭을 받았을 때의 효과가 어떻게 차이 나는지 분석한다.

7   마셜 골드스미스는 M&M 쇼에서 프로그레시브의 연구를 언급했다. February 22, 2022

8   Cherniss, Grimm, and Liautaud, "Process-Designed Training."

9   The Daniel Goleman Emotional Intelligence courses: see https://www.keystepmedia.com/.

10 남아프리카공화국 크리켓 선수 연구는 표본 규모가 비교적 작지만 2년에 걸쳐 서로 다른 그룹에 2번씩 교육을 진행했다. 교육받은 그룹은 두 번 다 감성지능이 13퍼센트 이상 증가했으며 비교군은 1년 차에 2퍼센트 증가하고 2년 차에 3퍼센트 이상 감소했다. 참고: See D. Crombie, C. Lombard, and T. Noakes, "Increasing Emotional Intelligence in Cricketers: An Intervention Study," International Journal of Sports Science and Coaching 6 (2011): 69–86. MBA 연구는 케이스웨스턴 리저브대학교 웨더헤드경영대학원 리처드 보야치스와 동료들이 진행한 획기적인 연구 결과 참고. 요약본 참고: R. E. Boyatzis and K. V. Cavanagh, "Leading Change: Developing Emotional, Social, and Cognitive Competencies in Managers During an MBA Program," in K. Keefer, J. Parker, and D. Saklofske, eds., Emotional Intelligence in Education: The Springer Series on Human Exceptionality (New York: Springer, 2018), 403–26.

11 J. W. Dugan et al., "A Longitudinal Study of Emotional Intelligence Training for Otolaryngology Residents and Faculty," JAMA Otolaryngology Head Neck Surgery 140 (2014): 720–26, doi:10.1001/jamaoto.2014.1169; M. Beigi and M. Shirmohammadi, "Effects of an Emotional Intelligence Training Program on Service Quality of Bank Branches," Managing Service Quality: An International Journal 21 (2011): 552–67, doi:10.1108/09604521111159825; G. E. Gignac, R. J. Harmer, S. Jennings, and B. R. Palmer, "EI Training and Sales Perfor-

mance During a Corporate Merger," Cross Cultural Management 19 (2012): 104–16, doi:10.1108/13527601211195655.

12   R. Turner and B. Lloyd-Walker, "Emotional Intelligence (EI) Capabilities Training: Can It Develop EI in Project Teams?," International Journal of Managing Projects in Business 1 (2008): 512–34, doi:10.1108/17538370810906237; M. Slaski and S. Cartwright, "Emotional Intelligence Training and Its Implications for Stress, Health and Performance," Stress and Health 19 (2003): 233–39; N. Clarke, "The Impact of a Training Program Designed to Target the Emotional IntelligenceAbilities of Project Managers," International Journal of Project Management28 (2010): 461–68, doi:10.1016/j.ijproman.2009.08.004.

13   I. Kotsou, M. Mikolajczak, A. Heeren, J. Grégoire, and C. Leys, "Improving Emotional Intelligence: A Systematic Review of Existing Work and Future Challenges," Emotion Review 11 (2019): 151–65.

14   MD 앤더슨 암 센터 관련 정보의 출처는 대부분 리더십 협회Leadership Institute 임원 커트니 홀러데이Courtney Holladay다.

15   D. Nelis, I. Kotsou, J. Quoidbach, M. Hansenne, F. Weytens, P. Dupuis, and M. Mikolajczak, "Increasing Emotional Competence Improves Psychological and Physical Well-Being, Social Relationships, and Employability," Emotion 11 (2011): 354–66.

16   Gilar-Corbi et al., "Can Emotional Intelligence Be Improved?"

17   Boyatzis and Cavanagh, "Leading Change." 이 프로그램의 기반이 되는 전체 이론은 의도적 변화 이론에 관한 리처드 보야치스의 책에서 다룰 예정이다.

18   ESCI 구하는 법 참고: https://store.kornferry.com/en/search?-search=ESCI.

19   감성 및 사회 역량 지표는 다른 감성지능 측정 수단보다 일터에서의 고성과를 잘 판별하는 것으로 보인다. R. E. Boyatzis, "The Behavioral Level of Emotional Intelligence and Its Measurement," Frontiers in Psychology 9 (2018), https://doi.org/10.3389/fpsyg.2018.01438.

20   Steve Miller, "Developing Next Generation Leadership Talent in Family Businesses" (PhD diss., Case Western Reserve University, 2014).

21   D. H. Gruenfeld, D. Keltner, and C. P. Anderson, "The Effects of Power upon Those Who Possess It: An Interpersonal Perspective on Social Cognition," in G. Bodenhausen and A. Lambert, eds., Foundations of Social Cognition: A Festschrift in Honor of Robert S. Wyer, Jr. (Hilldale, NJ: Erlbaum, 2003), 237–62.

22   Amy Lui Abel and Vivian Jaworsky, "COVID-19 Reset and Recovery: Coaching Leaders into the Future with Empathy and Emotional Intelligence," Conference Board, February 12, 2021.

13장: 감성지능을 문화로

1   이 정보는 대부분 회사 대표이자 CEO인 캐럴린 스탠워스가 제공했다.

2   Satya Nadella, Hit Refresh: The Quest to Rediscover Microsoft's Soul and Imagine a Better Future for Everyone (New York: HarperBusiness, 2017). 나델라는 임원들에게 마셜 로젠버그의 책을 추천했다. Non-Violent Communication: A Language of Life (Encinitas, CA: PuddleDancer Press, 2003).

3   '동료 코칭' 참고: P. Parker, D. T. Hall, and K. E. Kram, "Peer Coaching: A Relational Process for Accelerating Career Learning," Academy of Management Learning and Education 7 (2008).

14장: 시너지를 일으키는 조합

1   Chloe Taylor, "Tim Cook Says He Uses 'a Very Good Formula' to Look for Apple Employees—These Are the Four Traits He Seeks Out," Fortune, October 3, 2022.

2   Claudio Fernández-Aráoz et al., "From Curious to Competent," Harvard Business Review, September–October, 2018.

3   Conference Board, "Key Themes and Trends Emerging in 2018," in Global ExecutiveCoaching Survey 2018, https://www.conference-board.org/topics/executive-coaching/global-executive-coaching-survey-2018-report.

4   Lorraine Whitmarsh et al., "Climate Anxiety," Journal of Environmental Psychology vol. 83, October 2022, 101866

5   Guangrong Dai et al., "They Who Have a 'Why' to Live For: Purpose Facilitates Positive Employment Experience," Research Association for Interdisciplinary Studies, June 2020, doi:10.5281/zenodo.3909861.

6   Shawn Achor et al., "Nine Out of Ten People Are Willing to Work for Less Money for More Meaningful Work," Harvard Business Review, November 8, 2018.

7   A. M. Carton, "'I'm Not Mopping the Floors; I'm Putting a Man on the Moon': How NASA Leaders Enhanced the Meaningfulness of Work by Changing the Meaning of Work," Administrative Science Quarterly 63, no. 2 (2018): 323–69.

8   T. A. Judge et al., "The Relationship Between Pay and Job Satisfaction: A Meta-analysis of the Literature," Journal of Vocational Behavior 77, no. 2 (2010).

9   For example, "The Most and Least Meaningful Jobs," Payscale, http://www.payscale.com/data=packages/most-and-least

10 앨피 콘의 중대한 주장은 에드워드 데시Edward Deci의 추가 연구를 뒷받침한다. 참고: Edward Deci et al., "A Meta-Analytic Review of Experiments Examining the Effects of External Rewards on Intrinsic Motivation," Psychological Bulletin 125, no. 6 (1999).

11 Edward Deci and Richard Ryan, Intrinsic Motivation and Self-determination in Human Behavior (New York: Plenum Press, 1985).

연구 결과 요약본 참고: R. Ryan and E. Deci, "Self-determination Theory and the Facilitation of Intrinsic Motivation, Social Development, and Well-being," American Psychologist 55, no. 1 (2000): 68–78, https://doi.org/10.1037/0003-066X.55.1.68.

12　Daniel H. Pink, Drive: The Surprising Truth about What Motivates Us (New York: Riverhead Books, 2009).

13　Beth Hennessey et al., "Extrinsic and Intrinsic Motivation," in Cary L. Cooper, ed., Wiley Encyclopedia of Management (London: Wiley, 2014).

14　C. J. Fong et al., "A Meta-analysis of Negative Feedback on Intrinsic Motivation," Educational Psychology Review 31 (2019): 121–62, https://doi.org/10.1007/s10648-018-9446-6.

15　C. J. Fong et al., "When Feedback Signals Failure but Offers Hope for Improvement: A Process Model of Constructive Criticism," Thinking Skills and Creativity (2018), https://doi.org/10.1016/j.tsc.2018.02.014.

16　프랭클의 유고에서 이 이야기가 등장한다. 프랭클이 나치의 강제 노동 수용소에서 풀려난 지 몇 달 만에 빈에서 했던 강의를 바탕으로 한 책이다. 잊혔던 강의가 최초로 재발견되어 영어로 출판됐다(골먼이 서문을 쓰는 영광을 안았다). 책 제목에 프랭클의 인생관이 요약돼 있다. Say Yes to Life in Spite of Everything (Boston: Beacon Press, 2020).

17　T. B. Kashdan and P. E. McKnight, "Commitment to a Purpose in Life: An Antidote to the Suffering by Individuals with Social Anxiety Disorder," Emotion 13, no. 6 (2013): 1150–59, doi:10.1037/a0033278.

18　트레이시 프랭클린Tracey Franklin, 에덤 피오르Adam Piore가 인용, "Wanted: College Grads Seeking Adventure," Newsweek, June 28, 2019, 30.

19　Paul Hawken, Regeneration (New York: Penguin, 2021).

20　Kathy Kram, presentation at CREIO, Boston, May 3, 2019.

15장: 혁신과 시스템

1   시드니 브레너의 리보솜에 관한 창의적 통찰: Siddhartha Mukherjee, The Gene: An Intimate History (New York: Scribner, 2013).

2   M. E. Raichle, "The Brain's Default Mode Network," Annual Review of Neuroscience 38 (2015): 433–47, https://doi.org/10.1146/annurev-neuro-071013-014030.

3   R. E. Beaty et al., "Creativity and the Default Network: A Functional Connectivity Analysis of the Creative Brain at Rest," Neuropsychologia 64 (2014): 92–98, doi:10.1016/j.neuropsychologia.2014.09.019.

4   M. J. Gruber and C. Ranganath, "How Curiosity Enhances HippocampusDependent Memory," Trends in Cognitive Science, November 6, 2019, https://doi.org/10.1016/j.tics.2019.10.003

5   T. Kashdan et al., "The Five-Dimensional Curiosity Scale," Journal of Research in Personality 73 (2018): 130–49.

6   Frank Rose, "Very Personal Computing: In Artist's New Work A.I. Meets Fatherhood," New York Times, August 27, 2021, https://www.nytimes.com/2021/08/27/arts/design/ian-cheng-shed-life-after-bob.html.

7   Melissa Dassori, "Inspiration versus Perspiration," Writersdigest.com, July 30, 2022.

8   Amabile and Kramer, The Progress Principle

9   Howard Gardner, Creating Minds (New York: Basic Books, 2011).

10 Teresa Amabile and Steven Kramer, "The Power of Small Wins," in Purpose, Meaning, and Passion (Boston: Harvard Business Review Press, 2018), 120.

11 Kevin Crowley, "Exxon's Exodus: Employees Have Finally Had Enough of Its Toxic Culture," Bloomberg Businessweek, October

13, 2022, https://apple.news/AU93JES9cRIGbBO0CLCAzCw.

12   Julie Battilana and Tizania Cascario, "The Network Secrets of Great Change Agents," Harvard Business Review, July 1, 2013, https//hbr.org/2013/07/the-network-secrets-of-great-change-agents.

13   KeyStepMedia, Organizational Awareness: A Primer (Florence, MA: MoreThanSound, 2017), 23.

14   자세히 알고 싶으면 참고: Graham Lawton, "Our World Against Us," New Scientist, January 29, 2022, 44–47.

15   이렇게 우려 범위와 영향 범위를 구분하는 기준은 스티븐 코비Stephen Covey가 개발했다. The 7 Habits of Highly Effective People (New York: Simon & Schuster, 1989).

16   James S. Russell, "At Columbia's $600 Million Business School, Time to Rethink Capitalism," New York Times, January 6, 2023.

옵티멀

초판 1쇄 인쇄 2025년 9월 10일
초판 1쇄 발행 2025년 9월 24일

지은이 대니얼 골먼, 캐리 처니스
옮긴이 김잔디
펴낸이 고영성

책임편집 유형일 | **저작권** 주민숙

펴낸곳 주식회사 상상스퀘어
출판등록 2021년 4월 29일 제2021-000079호
주소 경기 성남시 분당구 성남대로43번길 10, 하나EZ타워 3층 307호 상상스퀘어
팩스 02-6499-3031
이메일 publication@sangsangsquare.com
홈페이지 www.sangsangsquare-books.com

ISBN 979-11-94368-61-8 (03190)

- 상상스퀘어는 출간 도서를 한국작은도서관협회에 기부하고 있습니다.
- 이 책은 저작권법에 따라 보호를 받는 저작물이므로 무단 전재와 복제를 금지하며,
  이 책 내용의 전부 또는 일부를 사용하려면 반드시 저작권자와 상상스퀘어의 서면 동의를 받아야 합니다.
- 파손된 책은 구입하신 서점에서 교환해 드리며 책값은 뒤표지에 있습니다.